Klaus Kellmann

Die kommunistischen Parteien in Westeuropa

Entwicklung zur Sozialdemokratie oder Sekte?

Klett-Cotta

CIP-Titelaufnahme der Deutschen Bibliothek
Kellmann, Klaus:
Die kommunistischen Parteien in Westeuropa : Entwicklung zur Sozialdemokratie oder Sekte? / Klaus Kellmann.
- Stuttgart : Klett-Cotta, 1988.
ISBN 3-608-91478-1

Verlagsgemeinschaft Ernst Klett Verlage - J. G. Cotta'sche Buchhandlung

Printed in Germany
Umschlag: Klett-Cotta-Design
Übernahme der vom Autor erfaßten Daten und Fotosatz sowie Offsetdruck auf säurefreiem und holzfreiem Werkdruckpapier der Firma Cartiere del Garda von der Zechnerschen Buchdruckerei in Speyer
Buchbinderische Verarbeitung von Wilhelm Röck in Weinsberg

Inhaltsverzeichnis

I
Vorwort

Eine Untersuchung, die die Entstehung und Entwicklung der kommunistischen Parteien im freien Teil Europas in ihrem jeweiligen nationalen Umfeld und in vergleichender Perspektive in den Blick nimmt, lag bislang in der deutschen Sprache nicht vor. Die inhaltlich und thematisch ähnlich gelagerten oder benachbarten Arbeiten von Wolfgang Leonhard, Heinz Timmermann oder Hans-Joachim Veen sind zumeist (über) zehn Jahre alt. Sie beschränken sich zudem nicht auf die kommunistischen Parteien, oder aber sie sind, wie im Falle Leonhards, methodisch außerordentlich umstritten, weil ein zweifelsfrei konstatierter Transformationszustand innerhalb der westeuropäischen Linken, nämlich der Eurokommunismus, auch im östlichen, sowjetisch beherrschten Teil Europas wie auch in der übrigen Welt identifiziert wird.

In der Tat spielt das in den 70er Jahren genauso über- wie heute unterschätzte Phänomen des Eurokommunismus in der vorliegenden Untersuchung eine gewichtige Rolle, weil sich in ihm das Grunddilemma des westeuropäischen Kommunismus offenbart: Er muß sich, um seine einmal gewonnene Stärke zu erhalten oder gar zu vergrößern, reformieren und wandeln oder aber zur orthodoxen Sekte verkommen und untergehen. Dieses ist die Leitfrage der vorliegenden Untersuchung. Euro- und reformkommunistische Transformationsprozesse, die in unterschiedlicher Intensität und Reichweite in fast allen westeuropäischen KPen feststellbar sind oder aber zu konkurrierenden Neugründungen neben der orthodoxen Ursprungspartei geführt haben, werden in diesem Zusammenhang als notwendige historische Zwischenstadien aufgefaßt, denen gegenüber das Sich-Öffnen das Überleben und die politische Potenz garantiert, während das Sich-Verschließen in den meisten Fällen den sicheren Weg ins politische Nichts bedeutet (so bei der DKP, der KP Frankreichs und der KP Österreichs; die große Ausnahme ist und bleibt die portugiesische KP). Der Durchgangscharakter und die Historizität dieses ideologischen Wandel dokumentierenden Phänomens werden schon dadurch sichtbar, daß man in einzelnen, aber nicht unwesentlichen nationalen Ausformungen dieses Teils des westeuropäischen Parteiensystems hinsichtlich der Abfolge historischer Transformationsprozesse nach dem Marxismus-Leninismus und dem Eurokommunismus bereits im Vorhof der Sozialdemokratie gelandet ist. In der dänischen SF und der internen griechischen KP, vor allem aber in der Kommunistischen Partei Italiens (KPI) sind in jüngster Zeit Diskussionen virulent geworden, die darauf abzielten, den Partikel „kommunistisch" endgültig aus der Parteibezeichnung zu verbannen und sich als Partei linkssozialistischen Typs zu definieren, so wie es bei der SF mehr oder weniger von Anfang an der Fall war.

Der Eurokommunismus, dessen Spezifika im folgenden näher zu umreißen sind, entpuppt sich deshalb aus der Rückschau als *das* eigentliche historische Bindeglied, durch das Parteien bolschewistischer Herkunft im freien Teil Europas auf den Weg einer im Vollsinne des Wortes pluralistischen Entwicklung geführt wurden. Welches sind seine charakteristischen Merkmale?

Die kommunistischen Parteien Westeuropas haben sich praktisch seit dem Tag ihrer Begründung im Schnittpunkt zweier Welten und Loyalitäten bewegt: der internationalen kommunistischen Bewegung einerseits und dem jeweiligen nationalen Umfeld andererseits. Die daraus resultierende, praktisch tagtägliche Frage „Wie verhalten sich revolutionäre Parteien, um in einer nichtrevolutionären Situation erfolgreich zu sein?" hat in der Folge eine langsame, sukzessive, letztlich aber unumkehrbare Verlagerung der Wertorientierung in Richtung auf die westliche Demokratie gezeitigt, als deren letzte, bislang größte Artikulationsform die „eurokommunistische Häresie" anzusehen ist. Dieses seit Mitte der 70er Jahre zu beobachtende Wandlungsphänomen zeichnet sich durch das Zugestehen der Glaubens-, Gewissens-, Meinungs- und Religionsfreiheit aus sowie durch das Bekenntnis zur Unabhängigkeit der Justiz von der Regierung des Staates, zur Versammlungs- und Streikfreiheit, zur freien Betätigung von politischen Parteien, zum demokratischen Wechsel von Mehrheiten und Minderheiten nach Wahlen, zur Absage an das Marxsche

Zentralpostulat von der „Diktatur des Proletariats“ und zum mehr oder weniger unverhohlenen Bekenntnis einer pluralistischen Gesellschaft.

Gerade was dieses letzte Bekenntnis zur Pluralität von Meinungen, Strömungen und Interessen innerhalb der KP angeht, ergibt sich die Frage, wie sich die innerparteiliche Organisation des Herausbildens von Beschlüssen, der Delegation von Leitungsträgern und des Umgangs mit von der offiziellen Linie abweichenden Minoritäten zu dem für die Gesamtheit von Wirtschaft, Staat und Gesellschaft ordnungspolitisch propagierten Pluralismusmodell verhält. Deshalb ist dem auf Lenin zurückgehenden, in orthodox-kommunistischen Parteien bis heute gültigen Organisations- und Führungsprinzip des „demokratischen Zentralismus“, das die Parteispitze bevollmächtigt, nach einmal getroffenen Entscheidungen unbedingten Gehorsam auf allen Ebenen zu verlangen, das jegliche Fraktionsbildung strikt untersagt und das die Partei insgesamt streng hierarchisch durchgliedert und straff diszipliniert, eine herausgehobene Aufmerksamkeit zu schenken, weil der Grad, in dem dieses Prinzip diskutiert, angezweifelt oder eliminiert ist, als Spiegelbild für den ideologischen Wandel überhaupt gelten kann.

Andere, das Verhalten der westeuropäischen KPen „nach außen“ bezeichnende Identifikationsmerkmale von großer Relevanz treten hinzu. Durch sie wird das verortet, was gemeinhin mit dem Wort von der „Lagerwahl“, der „Blockorientierung“ oder der sonstigen außen- bzw. gesellschafts- oder weltanschaulichen Ausrichtungen festgehalten und fixiert ist. Das Polarisationsspektrum der zwei Welten und zwei Loyalitäten kommt hier wieder voll zum Tragen. NATO oder Warschauer Pakt, Europäische Gemeinschaft oder Comecon, sozialdemokratisch oder kommunistisch repräsentierte Arbeiterbewegung, Bundesrepublik Deutschland oder DDR, freie Markt- oder sozialistische Planwirtschaft, Marxismus oder Christentum, West oder Ost - diese unvermindert konträren Bezugsgrößen, Aktionsfelder und Handlungsmaßstäbe sind es, zwischen denen man sich einmal wird entscheiden müssen, wenn auch nicht über Nacht und wohl auch nicht durch formellen Parteitagsbeschluß. Der KPI-Vorsitzende Enrico Berlinguer preschte mit seinem (inzwischen in der Gesamtpartei verankerten) Votum für die NATO Mitte der 70er

Jahre ganz allein vor. Auch hier gilt es, den Grad der Verlagerungen und Gewichtsverschiebungen von Partei zu Partei exakt zu analysieren, um im Schlußkapitel zu einem auf ganz Westeuropa und diesen Teil der Arbeiterbewegung bezogenen Urteil zu kommen.

Die Präformierungen für die Kritik am sowjetischen Primat im Weltkommunismus reichen historisch weit zurück. Schon Stalins 1928 formulierte Version des „proletarischen Internationalismus", die von einer bedingungslosen Ausrichtung aller KPen auf die Interessen der Sowjetunion ausging, überhöhte das Mutterland des Sozialismus derart über Gebühr, daß man hierin den Keim, wenn nicht zur Spaltung, wohl aber zur Abwendung entdecken kann. Es war der KPI-Vorsitzende Palmiro Togliatti, der nach Chruschtschows sensationellen Enthüllungen über Stalin auf dem 20. Parteitag der KPdSU 1956 erstmals davon sprach, daß die Sowjetunion nicht mehr das Recht beanspruchen dürfe, das alleinige Zentrum im Weltkommunismus zu sein, sondern daß sich ein „polyzentrisches System" herausbilde. Zwanzig Jahre später, auf der letzten gemeinsamen Konferenz der kommunistischen Parteien im gesamteuropäischen Maßstab in Ost-Berlin 1976, wird die Stalinsche Version des „proletarischen Internationalismus" von 1928 endgültig fallengelassen.

Die Gründe und Ursachen für Wandel bzw. Abspaltung und Neugründung der KPen sind meist unterschiedlicher Natur. Einmal ist es vorwiegend das nationale Umfeld mitsamt der Ausformung und Kräfteverteilung in seinem Parteiensystem, das die Transformation der Landes-KP beeinflußt, im anderen Fall waren es eher die von der Sowjetunion in ihrem Herrschafts- und Einflußbereich vorgenommenen oder inspirierten Zwangsstabilisierungen (Ungarn 1956, Tschechoslowakei 1968, Afghanistan 1979, Polen 1981), nicht selten war es aber auch das Wirken bedeutender Parteiführer und ihre Verarbeitung der globalen, nationalen, ökonomischen und gesellschaftlichen Zusammenhänge und Umschichtungen. Männer wie Aksel Larsen (Dänemark), Palmiro Togliatti (Italien) und – für einen gewissen Zeitraum – Santiago Carrillo (Spanien), denen als Gegenpole in der Gesellschaft des westeuropäischen Kommunismus Stalinisten wie Otto Kuusinen (Finnland), Maurice Thorez (Frankreich) und Alvaro Cunhal (Portugal) gegenüberstehen, ließen sich durch ihr Bekenntnis zum Marxismus-Leninismus nicht den Blick für Veränderungen im internationalen (kommunistischen) System wie auch im eigenen nationalen Gesellschaftsgefüge, z. B. der sukzessiven Entproletarisierung der arbeitenden Schichten und der daraus abzuleitenden ideologischen Konsequenzen, verstellen. Als eigentlicher Urvater in dieser Hinsicht muß der Italiener Antonio Gramsci gelten, dessen bis heute fortwährende Ausstrahlung sich längst nicht mehr auf die KPen in Südeuropa beschränkt. Der westdeutsche Sozialdemokrat Peter Glotz bescheinigt seinem Denken im Hinblick auf die heutige Arbeiterbewegung eine unverminderte, wenn auch nicht bruchlos zu übernehmende Aktualität. Die KPI besitzt durch das Werk ihres Begründers Gramsci eine eigene nationalmarxistische Tradition, die den Keim zur Überwindung des Leninismus in sich birgt. Er entwickelte in seiner elfjährigen, durch Mussolini persönlich erzwungenen Haft von 1926 bis 1937 ein Konzept zur sozialistischen Gesellschaftsumwandlung, das die Lehren Lenins auf den Kopf stellt. Was die Eroberung des bürgerlichen Machtapparates angeht, so lehnte Gramsci es ab, das Modell der Oktoberrevolution auf die fortgeschrittenen Industriegesellschaften Westeuropas zu übertragen. An die Stelle der „Diktatur des Proletariats" setzte er die „Hegemonie der Werktätigen". Diese bilde sich keineswegs nur aufgrund von ökonomischen Zwängen, und ihre vorrangige Aufgabe sei es, vor der eigentlichen politischen Machtübernahme die „kulturelle Führung" im Lande zu übernehmen, was einen gewaltsamen, revolutionären Waffengang erübrige. Auch wenn von hier kein direkter Weg zu pluralistischen Gesellschaftsvorstellungen führt, so ist doch die Distanzierung vom leninistischen Zwangsstaat augenfällig.

Abschließend noch einige Erklärungen und Hinweise inhaltlich-technischer Natur. Die Einführung folgt in ihren drei Hauptteilen der geographischen Gestalt Westeuropas: zunächst widmet sie sich der unterschiedlich potenten Rolle, die die KPen in Skandinavien und Nordeuropa spielen; alsdann wendet sie sich den im konkreten politischen Geschäft faktisch bedeutungslosen kommunistischen Parteien in der kontinentalen Mitte Westeuropas zu. Hier ist nicht zuletzt die Frage zu klären, ob durch das Auftauchen grüner und ökologischer Gruppierungen die diesbezügliche Redundanz im parteipolitischen System dieser Staaten aufgefüllt wird. Gerade hinsichtlich des Beispiels der Bundesrepublik Deutschland muß deshalb die (auch personelle) Kontinuität geprüft werden, durch die gewährleistet wird, daß trotz des Bedeutungsverlustes der sogenannten K-Gruppen das Fortbestehen ihrer gesellschaftlichen Veränderungsvorstellungen im neuen parteipolitischen Gewande gewährleistet ist. Der dritte Hauptteil beschäftigt sich mit den kommunistischen Parteien im romanischen und mediterranen Europa, wo sie in der weitaus überwiegenden Zahl der Staaten und deren sozialem, gewerkschaftlichem und wirtschaftlichem Gefüge einen nach wie vor gewichtigen Machtfaktor darstellen. Deshalb beschränkt sich die Analyse hier nicht nur darauf, die Entwicklungslinien der jeweiligen KP nachzuzeichnen, sondern sie verfolgt deren Weg im Gesamtzusammenhang des parteipolitischen Systems und des allgemeinhistorischen Umfelds in den Staaten Südeuropas.

Der Begriff des Eurokommunismus ist erst um die Mitte der 70er Jahre entstanden. Da es sich aber in der Marxismusforschung eingebürgert hat, ihn (zum Beispiel im Hinblick auf die skandinavischen KPen) auch für inhaltlich gleichartige Transformationsprozesse zu verwenden, die bereits vor seiner eigentlichen terminologischen Prägung einsetzen, wird auch hier so verfahren. Um den - durchaus auch zu konstatierenden - entgegengesetzten Typus kommunistischer Parteien in Westeuropa zu kennzeichnen, wird das Attribut „orthodox“ gebraucht, womit sowohl die bedingungslose Orientierung auf Moskau und die akzeptierte sowjetische Führungsrolle im Weltkommunismus als auch die auf das innere Gefüge der Partei und deren Maßstäbe zur Realitätsverarbeitung bezogene ideologisch leninistisch-stalinistische Beharrung zum Ausdruck gebracht werden soll.

Insgesamt wird in der vorliegenden Einführung der Versuch unternommen, in narrativ-deskriptivem Vorgehen parteigeschichtliche Portraits unter Berücksichtigung der jeweiligen Landesspezifika und ohne Überfrachtung durch soziologische und statistische Details zu zeichnen. Vergleiche, Querverbindungen, Übereinstimmungen und Ähnlichkeiten zwischen den Bruderparteien in Westeuropa werden überall dort aufgezeigt, wo es möglich und notwendig ist.

In einem Zeitalter, in dem sich die Europäische Gemeinschaft ständig vergrößert, regelmäßig in direkten Wahlen ihr eigenes Parlament bestimmt und der freie Teil des Alten Kontinents auf allen politischen und wirtschaftlichen Ebenen unaufhaltsam weiter zusammenwächst, werden vergleichende Überblicke zu den Parteien, Gewerkschaften, Organisationen und Verbänden Westeuropas wieder und wieder für die Arbeit in Schule, Hochschule, Erwachsenen- und politischer Bildung gefordert. Gleichwohl sind sie Mangelware oder veraltet. Wenn mit dieser Einführung auf der äußersten parteipolitischen Linken begonnen wird, dann verbindet sich hiermit die Hoffnung, daß durch sie die Anregung gegeben wird, Gleiches mit den liberalen, christdemokratischen, sozialdemokratischen, sozialistischen und alternativen Parteien in Westeuropa zu unternehmen. Die vorliegende Arbeit versteht sich in diesem Zusammenhang als Fortsetzung, Aktualisierung und thematische Verbreiterung meiner 1984 vorgelegten Detailstudie „Pluralistischer Kommunismus? – Wandlungstendenzen eurokommunistischer Parteien in Westeuropa und ihre Reaktion auf die Erneuerung in Polen".

Auch einige Erklärungen formaler Art sind vorwegzuschicken. Die für die kommunistischen Parteien Italiens, Spaniens, Frankreichs und der Türkei gewählten Abkürzungen sind der deutschen Sprache entnommen, weil sie sich im deutschen Sprachraum einer gewissen Gebräuchlichkeit erfreuen; alle anderen Abkürzungen, nicht nur diejenigen für die politischen Parteien, folgen der jeweiligen Landessprache. Die Orthographie und Schreibweise in den zitierten Titeln und Textstellen wurde der Vorlage entsprechend realisiert. Eine Aufschlüsselung der verwendeten Abkürzungen in der Landessprache wurde überall dort vorgenommen, wo es als notwendig erschien. Alle verwendeten Titel sind in den Anmerkungen voll zitiert, so daß es als überflüssig und unnötige Aufblähung erschien, sie anschließend noch einmal in einem eigenen Literaturverzeichnis aufzuführen. Die für die Beschäftigung mit dem westeuropäischen Kommunismus grundlegenden Arbeiten finden sich allerdings in einer speziellen Übersicht am Schluß dieses Bandes zusammengestellt.

Kein Buch schreibt sich von allein. Es bedarf hierzu eines produktiven, harmonischen und hilfreichen Umfelds. Dieses verkörperten die Herren Arno Meyer und Lutz Sellmer für mich, die mir bei der meist über den auswärtigen Leihverkehr zu bewerkstelligenden Literaturbeschaffung unverdrossen mitgeholfen haben. Dies verkörperten für mich aber nicht weniger Silke und Nicolas: indem sie mir die Erlaubnis gaben, 134 Spaziergänge ausfallen zu lassen, sowie dadurch, daß sie die unvermeidbare familiäre Anspannung nie in Anklage haben umschlagen lassen.

Kiel-Meimersdorf, im Januar 1988

II
Zwischen Machtfaktor und Sekte: Die kommunistischen Parteien Skandinaviens und Nordeuropas

1. Finnland

Die kommunistische Partei Finnlands (KPFi, finnisch: *Suomen Kommunistinen Puolue* = SKP) wurde im August 1918 von finnischen Sozialisten in Moskau gegründet, die seinerzeit nach Rußland geflüchtet waren. Die hieraus resultierenden sowjetisch-finnischen Kommunikations-, ja Kommandostrukturen bestimmen die Politik und Programmatik der SKP/KPFi teilweise bis auf den heutigen Tag. Keine andere westeuropäische KP kann auf ein derart historisch gewachsenes Sonderverhältnis zur KPdSU verweisen, „das sich aus sowjetischer Sicht als ein Patronageverhältnis mit weitreichenden Rechten zu Eingriffen in die inneren Angelegenheiten der finnischen KP darstellt".[1] Das Verbundenheitsgefühl der finnischen Arbeiterbewegung mit der russischen reicht zurück bis in die Zeit der Zugehörigkeit des finnischen Großherzogtums zu Rußland. Außerdem machen es die 1300 Kilometer gemeinsame Grenze für jede, besonders aber für die kommunistische Partei praktisch unmöglich, in der Sowjetunion nicht den Orientierungspunkt des eigenen Tuns zu sehen. Wenn dieses Verhältnis auch nur irgendwo sichtbar wird, dann wohl in der Person des langjährigen KPFi-Vorsitzenden Otto Kuusinen (1881–1964), der 1918 wie 1939 als Chef einer sowjetisch gestützten Gegenregierung amtierte und der sowohl von 1952 bis 1953 unter Stalin als auch von 1957 bis 1964 unter Chruschtschow Mitglied des Politbüros der KPdSU war. Ist eine engere personelle Verflechtung über die Ost-West-Grenze hinweg überhaupt denkbar?

Andere Gemeinsamkeiten treten hinzu. Die Revolutionen von 1905 und 1917/18 werden als gemeinsam empfunden. Der Sowjetmythos hat das Handeln der Partei praktisch noch bis in die 60er Jahre dieses Jahrhunderts bestimmt. Andererseits hat es die KPdSU immer wieder verstanden, die KPFi dergestalt für ihre Interessen zu instrumentalisieren, daß sie sie - ihre Beteiligung an der Regierung befürwortend - als Garanten der finnischen Neutralität in ihrem Sinne ansah. Aber es gab auch spektakuläre Brüche. Einer von ihnen ist durch die Person Arvo Tuominens gekennzeichnet, der in den Gründungsjahren lange Zeit die „Nummer Zwei" hinter Kuusinen war. Tuominen wurde in den 30er Jahren Generalsekretär der KP Finnlands und erlebte in Moskau aus nächster Nähe den von Stalin gegen die eigenen Genossen inszenierten Terror. Als er den sowjetischen Krieg gegen sein Heimatland von Moskau aus unterstützen sollte, wandte er sich von der Partei ab und ging ins schwedische Exil.[2]

Erst im September 1944, nachdem der sowjetisch-finnische Waffenstillstand zustande gekommen war, wurde die Partei legalisiert. Eine Reihe von Mitgliedern, die eine direkte Machtübernahme mit Hilfe der Roten Armee befürworteten, konnte sich allerdings nicht durchsetzen. Das eigentliche Spezifikum aber, das die KPFi von vielen anderen KPen in Westeuropa abhebt, besteht darin, daß sie zu Wahlen nicht allein, sondern im Rahmen des jahrzehntelang von ihr dominierten „Demokratischen Bundes des Finnischen Volkes" (*Suomen Kansan Demokraattinen Liitto* = SKDL) antritt. Dieser war nur einen Monat nach der Legalisierung der KP gegründet worden. Die einzige hiermit verbundene Absicht bestand darin, entsprechend der gesamteuropäischen Strategie Stalins alle „progressiven" Massenorganisationen und Parteien zu einem „demokratischen Block" zu vereinigen, der stark genug war, um die Macht im Lande zu übernehmen, mithin: die SKDL war die finnische Variante der Volksfronttaktik. Die Fiktion dieses breiten Linksbündnisses wurde noch bis 1967 aufrechterhalten, obwohl es bereits seit der Stunde seiner Entstehung mit einem entscheidenden, seinen Einfluß schwächenden Geburtsfehler behaftet war. Die sozialdemokratische Partei Finnlands (*Sosialdemokraattinen Puolue* = SDP) war dem Block von Anfang an ferngeblieben. An der Spitze der Parlamentsfraktion der SKDL stand von 1945 bis 1966 Hertta Kuusinen, die Tochter des legendären Altkommunisten, die überdies von 1944 bis 1970 Mitglied des Politbüros der KPFi war.

Die KPFi der Nachkriegszeit reifte mit einem um die 50 000 zählenden Mitglieder- und einem um die 20% schwankenden Wählerpotential neben der SDP zu einer der führenden Parteien heran. Rund 70% der Mitgliedschaft entstammen dem industriellen Süden, nur 10% kommen aus dem bevölkerungsarmen Norden. In fünf der insgesamt 28 Branchengewerkschaften des finnischen Einheitsgewerkschaftsverbandes sind Kommunisten derzeit tonangebend, vor allem in der mächtigen Bauarbeitergewerkschaft. Seit dem Beginn der 70er Jahre allerdings geht der Einfluß der KPFi genauso langsam wie unaufhaltsam zurück. Die Zahl der Mitglieder war 1983 bis auf 33 000 (SDP: 101 000) und der Anteil ihrer Wähler auf 14% (SDP: 26,8%) herabgesunken. Konservative und Zentrum brachten es dagegen auf fast 40%.

Stalins Tod, der 20. Parteitag der KPdSU 1956, die Entstalinisierung und die Niederschlagung des ungarischen Aufstands haben sich auf die KPFi nicht ausgewirkt. Die eigentliche Wende setzte erst mit dem Beginn der 60er Jahre ein, und zwar auf zwei Ebenen. Zum einen begann die SKDL, sich von der KPFi zu emanzipieren, und zum anderen spaltete sich die letztere immer deutlicher in einen reformkommunistischen und in einen stalinistischen Flügel auf. Auch das Ableben Kuusinens im Mai 1964, der derartige Eigenentwicklungen sofort mit massiver sowjetischer Hilfe unterbunden hätte, hat hier seine Rolle gespielt. Ele Alenius, der im Februar 1965 an die Spitze der SKDL trat, plädierte im Gegensatz zu seinem Vorgänger Mauno Tamminen für einen friedlichen, national-finnischen Weg zum Sozialismus. Er hat zeit seines Lebens (erfolgreich) dafür gekämpft, den „Demokratischen Bund" nicht zu einem gefügigen Anhängsel *(apujärjestö)* oder gar zu einer Stützorganisation *(tukijärjestö)* der SKP verkommen zu lassen. In einer Erklärung des Zentralkomitees der KPFi vom Oktober 1965 hieß es präziser: „Gegenwärtig weiß niemand genau, wie der Sozialismus in Finnland erreicht werden wird, welche Kräfte und Gegenkräfte die Form des Kampfes beeinflussen werden. Die Position und der Wille der Partei sind jedoch klar. In ihrer gesamten Tätigkeit und Planung ist die SKP bestrebt, die sozialistische Revolution mit friedlichen Mitteln zu verwirklichen."[3] Das lag ohne Zweifel auf der Linie von Alenius, den ein KPdSU-Organ Jahre später mit Bernstein und Kautsky verglich.

Den entscheidenden Umschwung innerhalb der Partei erbrachte der 14. Parteitag 1966. Anstelle des Stalinisten Aino Aaltonen, der zwei Jahrzehnte an der Spitze der Partei gestanden hatte, wurde Aarne Saarinen zum neuen Vorsitzenden gewählt. Bei den unmittelbar nach dem Parteitag stattfindenden Wahlen erhielten die Sozialdemokraten 27,2 und die SKDL 21,2% der Stimmen, was zu einer Regierungsbildung unter Einschluß der Kommunisten führte. Der eigentliche reformerische Sprengsatz des 14. Parteitages aber, das neubeschlossene Programm, wurde erst im Herbst 1967 veröffentlicht. Es enthält in nuce bereits all diejenigen eurokommunistischen Grundpositionen, die Mitte der 70er Jahre durch die Propagierung der kommunistischen Parteien im romanisch-mediterranen Europa für so viel Furore sorgen sollten. In ihm werden das parlamentarische Mehrheitsprinzip und das Recht auf Opposition konzediert. Es ist ein Plädoyer für den nationalen Weg zum Sozialismus und eine Bestandsgarantie für alle demokratischen Institutionen des finnischen Staatswesens. Und vor allem fehlte - wie erst ein Jahrzehnt später spektakulär von KPI, KPF und KPS nachvollzogen - der Begriff der „Diktatur des Proletariats" in dem Programm; statt dessen ist lediglich von den „theoretischen Grundlagen von Marx, Engels und Lenin" die Rede. In wirtschaftspolitischer Hinsicht wird von einem lediglich graduellen Übergang zum Sozialismus *(asteittainen siirtyminen kohti sosialismia)* gesprochen. Das Zentralkomitee erklärte außerdem, es sei für die finnischen Verhältnisse wesentlich zutreffender, von „Arbeitermacht" *(työväenvalta)* statt von „Diktatur des Proletariats" zu sprechen. In der Folge setzte ein erbitterter Streit zwischen Reformern und Stalinisten um die Annahme dieses Programms ein.

Die Feiern für das 50jährige Bestehen der KPFi am 23. August 1968 waren trotz dieses innerparteilichen Zerwürfnisses lange und sorgfältig vorbereitet worden, aber dadurch, daß am gleichen Tage die Panzer des Warschauer Paktes das Experiment Alexander Dubčeks niederwalzten, wurde der Konflikt innerhalb der finnischen Kommunisten einem neuen Höhepunkt zugeführt. Die Feierlichkeiten mußten abgesagt werden, weil Saarinens und Aaltonens Flügel gegensätzliche Stellungnahmen zu den Ereignissen in der Tschechoslowakei abgaben. Alenius sprach von einem „tragischen Fehler".

Unmittelbar vor dem 15. Parteitag im April 1969 organisierte die orthodoxe Minderheit ihre eigene Konferenz, aber sie konnte es auch mit dieser sezessionistisch-separatistischen Methode nicht verhindern, daß das neue Programm mit großer Mehrheit angenommen wurde. Wörtlich hieß es nun: „Der Übergang zum Sozialismus ist erst dann möglich, wenn eine große Mehrheit des finnischen Volkes, vor allem die Arbeiterklasse, die Notwendigkeit des Sozialismus direkt empfindet und dafür zum entscheidenden Massenkampf *(joukkotaistelu)* gegen die Kräfte der Reaktion bereit ist."[4] Saarinen erläuterte später, daß unter „Massenkampf" eine sowohl parlamentarische als auch außerparlamentarische, letztlich aber gewaltlose Auseinandersetzung zu verstehen sei, bei der gleichwohl die gesamte Bevölkerung in Bewegung geraten müsse *(todella liikkeellä)*. Ein anderes KPFi-Mitglied hatte schon 1968 in gesundem finnischem Menschenverstand formuliert, man könne eine Nation eingefleischter Saunabesucher nicht für den Sozialismus gewinnen, indem man ihr die bewaffnete Revolution androht.

Im neuen Parteistatut wurde überdies jedem Mitglied die Freiheit der religiösen Auffassung zugestanden. Als die Stalinisten Ende des Monats erneut einen Gegenparteitag einberiefen und die Spaltung als unabwendbar erschien, schaltete sich die Sowjetunion ein. Auf einem außerordentlichen Kongreß vom Februar 1970 wurde das Zentralkomitee neu bestimmt. 20 Mitglieder entstammten dem Reform- und 15 dem sowjetorientierten Flügel. Diese innerparteilichen Auseinandersetzungen blieben in der finnischen Öffentlichkeit nicht ohne Resonanz. Bei den Märzwahlen des gleichen Jahres sackte die KPFi/SKDL auf 16,6% der Stimmen ab. Saarinen erklärte die Partei auf ihrem 16. Kongreß 1972 für de facto gespalten. Ein Jahr später verloren die Stalinisten fast alle ihre Positionen im Volksbund SKDL. Bei Parteifeierlichkeiten 1974 entbot sich dem Zuschauer erstmals das groteske Bild, daß sich die Reformer in roten und die Sowjetorientierten in blauen Hemden präsentierten. Beim Kongreß des darauffolgenden Jahres kam es dann zu dem kaum weniger grotesken Beschluß, daß die stalinistische Minderheit die Mehrheit nicht mehr als „rechts-revisionistisch" kennzeichnen durfte, während die reformerische Mehrheit auf die Minderheit nicht mehr als „links-sektiererisch" herabblicken durfte. Bei den 1975er

Wahlen erhielt die SKDL 19% der Stimmen. Sie entsandte drei Vertreter in die Regierung, die alle dem Reformflügel angehörten. Dies war insofern untypisch, als die Besonderheit des finnischen Kommunismus seit dem Ende der 60er Jahre gerade darin bestand, daß bei der Besetzung aller Gremien, Ämter und Positionen beidseitig peinlich genau auf die Einhaltung des Proporzes geachtet wurde. Von einer Einheit der Partei konnte seitdem eigentlich nur noch im formalen Sinne gesprochen werden, de facto aber besaßen Reformer wie Dogmatiker ihren eigenen Apparat, ihre eigenen Territorialorganisationen und ihre eigene Zeitung (erstere das Organ *Kansan Uutiset*, letztere *Tiedonantaja*). Der Prozeß innerparteilicher Fraktionierung, wenn nicht Spaltung, war damit auf den Weg gebracht.

In den zehn Wahlen von 1945 bis 1975 war der Stimmenanteil aller Linksparteien zusammen jeweils unter 50% geblieben. Erstmalig 1966 an der Regierung beteiligt, können die finnischen Kommunisten mit inzwischen weit über einem halben Dutzend Koalitionspartnerschaften zwar auf die häufigste Regierungsbeteiligung kommunistischer Parteien in Westeuropa verweisen, ihr Macht- und Programmpotential ist aber fast immer durch die gleich starke agrarische Zentrumspartei aufgewogen worden, die gerade im Wirtschaftspolitischen als der eigentliche Gegenspieler der KPFi angesehen werden muß.

Das Verhältnis zwischen den finnischen Kommunisten und ihren sowjetischen Genossen muß als in mehrfacher Hinsicht inkonsequent beurteilt werden. In außenpolitischer Hinsicht war das Paradoxon zu konstatieren, daß die KPdSU die eurokommunistische Mehrheit in der KPFi und damit zumeist auch innerhalb der Regierung unterstützte, weil diese für sie der Garant der finnischen Blockfreiheit war. In ideologisch-programmatischer Hinsicht allerdings blieb ihr Prae für die an der Revolutionstheorie Lenins festhaltende dogmatische Minderheit unstreitig. Der in unmittelbarer Reichweite gelegenen Leningrader Parteiorganisation fiel dabei die Aufgabe zu, diesen eklatanten Widerspruch zu wahren und so unauffällig wie möglich die Mehrheit zu stärken. Aarne Saarinen fand für dieses Vorgehen nur das Wort von der künstlich aufrechterhaltenen „Zwangsehe“. Auch verwahrte er sich strictu sensu gegenüber dem Führungsanspruch der KPdSU in der kommunistischen Weltbewegung, weil jede KP das Recht auf „eigene Identität und Selbstachtung" habe, gleichwohl waren und sind einige essentielle Übereinstimmungen mit Moskau mit den Händen zu greifen. So ist die antieuropäische und anti-atlantische Ausrichtung aller finnischen Kommunisten unübersehbar. Hier wird auch die eigentliche Trennlinie zu den „klassischen" eurokommunistischen Parteien Südeuropas, insonderheit zur KPI, deutlich: eine KPFi, die für den Eintritt Finnlands in die EG und/oder die NATO votiert, ist schlichtweg undenkbar, und die Sowjetunion weiß dies zu nutzen.

Das Jahr 1982 wurde für die jüngsten Entwicklungen im finnischen Kommunismus zur entscheidenden Zäsur. Zunächst in personeller Hinsicht: Ele Alenius legte die Leitung der SKDL und Aarne Saarinen die der KPFi nieder. Alenius hatte zum Zeitpunkt seines Ausscheidens praktisch alle Dogmatiker aus den Reihen seines Verbandes ausgeschlossen. Saarinen verfügte in neun der siebzehn Parteibezirke über eine Mehrheit für seine Richtung, insbesondere in der Hauptstadt Helsinki, in Wirklichkeit war das Übergewicht mittlerweile aber bereits weit stärker als mit diesen Zahlen zum Ausdruck gebracht. Die von Taisto Sinisalo angeführte Minderheit, die sich wie in den Jahren der Illegalität nach wie vor als Gralshüter der leninistischen Ideologie und als revolutionäre Avantgarde der finnischen „Arbeiterklasse" versteht, hat ihre Hochburgen im industriellen Süden des Landes, besonders in Turku. „Als Erbe der radikalen Arbeiterbewegung und der Jahrzehnte der Illegalität begegnet sie ihrer Umwelt mit einem an Verfolgungswahn grenzenden Mißtrauen."[5] Bedingt durch die Tatsache, daß Saarinens Nachfolger Arvo Aalto mehr oder weniger unverblümt Kurs auf einen „historischen Kompromiß" mit den Sozialdemokraten und der Zentrumspartei nahm, um, wie er sagte, zusammen mit ihnen „die Investitionen zu lenken, die industriellen Strukturen zu ändern sowie den Sektor der Betriebe mit Staatsbeteiligung zu stärken und zu erweitern"[6], gewann die Realspaltung der KPFi immer deutlichere Züge. „Two Parties in One"[7], so war bereits eine wissenschaftliche Analyse über die finnischen Kommunisten vom Beginn der 80er Jahre überschrieben.

Aalto war – wie nicht anders zu erwarten – weder problemlos noch kontinuierlich zu Saarinens Nachfolger bestimmt worden. Dies konnte vielmehr erst 1984, nach einem fast zweijährigen, die Partei in ihren Grundfesten erschütternden Interregnum erfolgen, dessen einzelne Stationen hier nur kurz geschildert werden können. Auf dem Sonderparteitag im Mai 1982 war Jouko Kajanoja zum neuen Vorsitzenden gewählt worden, eine glanzlose Kompromißfigur, unter dem die Partei immer mehr Einfluß an die Organe der SKDL verlor, die unter ihrem neuen nichtkommunistischen Vorsitzenden Kalevi Kivistö ein zusehends eigenständiges Profil herausbildete. Im Dezember des gleichen Jahres begründete sich die „Zentralorganisation der Sozialisten der SKDL", die sich expressis verbis zum bestehenden parlamentarischen System und zum politischen Pluralismus bekannte. Spätestens jetzt mußte nach der KPFi auch ihre Mantelorganisation als in sich gespalten gelten. Mit diesem Bild innerer Zerrissenheit ging man in die Wahlen vom März 1983. Sie erbrachten für den finnischen Kommunismus das bis dahin schlechteste Ergebnis in seiner Geschichte. Die SKDL errang im *Eduskunta*, dem finnischen Parlament, nur noch 27 Mandate (was 14% der Wählerstimmen entsprach, wovon ca. ein Drittel auf das Konto des dogmatischen Flügels gingen), während es der sozialdemokratische Erzrivale auf mehr als doppelt so viele Parlamentssitze brachte (57). So stark war die SDP nach dem Kriege noch nie gewesen.

In tiefer Resignation begann man sich die Wunden zu lecken. Hauptsächlicher Streitpunkt war die Frage der Regierungsbeteiligung, die besonders von den Minderheitskommunisten für die schwere Niederlage verantwortlich gemacht wurde. Die Mehrheitskommunisten plädierten für das Verbleiben auf den Kabinettssesseln, aber die Frage erübrigte sich. Den Sozialdemokraten erschienen die Organisationen des niedergehenden Kommunismus als Koalitionspartner nicht mehr attraktiv genug. Statt ihrer holten sie die Bauernpartei in die Regierung. Indes, es war nicht nur die elektorale Schwäche, die den Prozeß der Abwendung von KPFi und SKDL beschleunigte, es war auch ihre mangelnde Bereitschaft, sich zur Gesundung von Wirtschaft, Staat und Gesellschaft von Linkskeynesianismus und Verschuldungsprinzip als probatem Gegenmittel zu verabschieden. Daß eben dies zur gleichen Zeit in einem schmerzhaften, letztlich zum Bruch führenden Vorgang von einer sozialistisch-kommunistischen Regierungskoalition in Frankreich vollzogen wurde, nahmen die finnischen Genossen und ihre Presseorgane nicht einmal wahr. Das Zentralkomitee der KPFi verlangte auch weiterhin eine Erhöhung der Reallöhne zur Stimulierung der Konjunktur. Der einzige, der seine Stimme dagegen erhob, war das Führungsmitglied Arvo Aalto, und er war es auch, der nach der katastrophalen Wahlniederlage die einzige, letztmögliche Konsequenz forderte: das Verbot der Parallelorganisationen der Minderheit und ihres Sprachrohrs *Tiedonantaja*. Wie immer eilte in solchen Momenten, in denen die brüchige Einheit der finnischen Bruderpartei endgültig zu scheitern drohte, der Vorsitzende des Leningrader Parteibezirks der KPdSU, der traditionell für die „Betreuung" der KPFi zuständig ist, herbei. Das Politbüromitglied Grigorij Romanow ließ unter schweren Angriffen auf Kivistö und Aalto in Helsinki verlautbaren, die Sowjetunion könne nur mit einer „revolutionären" Partei Beziehungen aufrecht erhalten, zur allgemeinen Überraschung nannte er bei der Aufzählung der die Einheit gefährdenden Organe aber auch *Tiedonantaja*. Eine daraufhin anberaumte Sitzung des KPFi-Zentralkomitees verlief im Ergebnislosen. Erkennbar waren lediglich der Versuch des Vorsitzenden Kajanoja, einen „dritten Kurs" zwischen Mehrheit und Minderheit zu steuern, und das Bestreben der Dogmatiker, sich auf die von ihnen beherrschten Kreisverbände zurückzuziehen und im übrigen die Dinge treiben zu lassen.

Im Mai 1983 hielt die „Zentralorganisation der Sozialisten der SKDL" ihren ersten Kongreß ab. Auf ihm wurde unisono gefordert, daß der gesamte Bund das Bild einer kommunistischen Hilfsorganisation in der finnischen Gesellschaft ablegen müsse. Von nun an überschlugen sich die Ereignisse. Auf dem Parteitag im Frühjahr 1984 wurden Taisto Sinisalo und alle Vertreter des moskauorientierten Flügels aus den Führungsgremien abgewählt und Arvo Aalto trotz erneuter Intervention und mehrfacher scharfer Warnungen Romanows zum neuen Vorsitzenden bestimmt. Man sah also in der Herabstufung, wenn nicht Absonderung der Orthodoxen die letzte Chance, die Anbindung an die SKDL nicht zu verlieren bzw. deren sozialistische Verselbständigung zu verhindern. Natürlich provozierte dies gleichzeitig eine Verschärfung der Attacken aus Moskau. Romanow warf der neuen Leitung „parteischädigendes Verhalten", ja

„Betrug“ vor und stellte klipp und klar fest, daß eine Spaltung der KPFi von seiten der KPdSU nicht „erlaubt“ sei. Als Aalto im Frühjahr 1985 zur Beerdigung des KPdSU-Generalsekretärs Konstantin Tschernjenko eilte, wurde ihm ein regelrechter „Nichtempfang“[8] bereitet. Bei den Kommunalwahlen im Herbst blieben die Kommunisten in ihrem historischen Tief. Die SKDL erzielte wiederum nur 14% der Stimmen, während die Sozialdemokraten trotz leichter Einbußen auf 24,8% kamen. Aber mehr noch: erstmals waren die Dogmatiker in einigen Distrikten unabhängig von der KPFi mit eigenen Listen angetreten - und bei schmählichen 0,7% gelandet. Derjenige, der nun seinerseits von „parteischädigendem Verhalten“ und der Möglichkeit von Ausschlußverfahren sprach, war Aalto. Als auch diese Drohung nichts half, drehte er den Spieß um. In Espoo bei Helsinki, einer Hochburg der Minderheit, wurde eine eigene Regionalorganisation der Mehrheit gegründet. Aalto kündigte an, in allen anderen vom Sinisalo-Flügel beherrschten Parteibezirken genauso zu verfahren, falls dieser nicht von seinen eigenmächtigen Aktivitäten ablasse. Mit der Spaltung, von der seit zwanzig Jahren die Rede war, wurde es nun ernst. „Auch die wiederholten Einflußnahmen Moskaus, die bis zu der Androhung gingen, daß der Ausschluß der Minderheit zu irreparablen Schäden für die Freundschaft zwischen den beiden Parteien und (!) Ländern führen würde, vermochten es nicht mehr, die Mehrheitskommunisten davon abzubringen, die Minderheit in die Knie zwingen zu wollen.“[9] Auf einem Sonderparteitag im Frühjahr 1985 wurde der Hinauswurf der innerparteilichen Opposition eingeleitet. Mit Erfolg betrieb Aalto hier nämlich eine Statutenänderung, nach der in Zukunft nicht der Parteitag, sondern allein das Zentralkomitee für den Ausschluß „abweichender“ Distrikte und Bezirke zuständig sei. Und kein halbes Jahr später war es soweit. Nachdem die Mehrheitsfraktion Sinisalo eine bis zum Oktober reichende - ungenutzte - Galgenfrist eingeräumt hatte, um auf den Kurs der Parteileitung einzuschwenken und vor allem die Verbreitung von *Tiedonantaja* einzustellen, schloß das ZK alle acht orthodox-moskauorientierten Distriktorganisationen aus der KPFi aus. Der Zustand der Schizophrenie, in dem es in den anderthalb Jahrzehnten der Regierungsbeteiligung von 1966 bis 1982 durchaus gang und gäbe war, daß die Sinisalisten gegen Gesetzesvorlagen der

Saarinisten stimmten, hatte sich in den offenen Bruch verwandelt. Die orthodoxen finnischen Kommunisten wie auch der Kreml selbst taten zunächst so, als ob sie von diesen neuesten Entwicklungen nichts mitbekommen hätten. Die Einladung zum 27. Parteitag der KPdSU 1986 erhielt Aalto erst in allerletzter Minute, und als er dann ohne einen Vertreter der Traditionalisten erschien, wurde er auf eine der letzten Hinterbänke verbannt.

Arvo Aalto ist mit bewundernswerter Konsequenz den einzig richtigen Weg gegangen, um die Wählerflucht von seiner Partei aufzuhalten und sie wieder zum „verläßlichen Zusammenarbeitspartner" zu machen, wie er selbst es ausdrückte. Einer der Hoffnungsträger in dieser Hinsicht ist auch der KPdSU-Generalsekretär Michail Gorbatschow, von dem man erwartet, daß er ähnlich wie in seinem Verhalten zu den italienischen Kommunisten nicht die kleine Gruppe der Dogmatiker, sondern den großen eurokommunistischen Flügel bevorzugt. Das würde im finnischen Fall allerdings einem ideologischen *renversement des alliances* gleichkommen, obwohl Moskau die nordischen Genossen schon immer lieber in der Regierung als in der Opposition gesehen hatte. Aaltos langfristiges Ziel jedenfalls ist es, eine starke, kooperationsfähige, demokratisch sozialistische Linke aus SDP, SKDL sowie (ehemaliger) KPFi-Mehrheit aufzubauen und der als historisch überkommen angesehenen marxistisch-leninistischen (ehemaligen) KPFi-Minderheit den Status einer Sekte zuzuweisen. 1958 waren die finnischen Kommunisten schließlich einmal mit 50 von 200 Parlamentssitzen die stärkste Partei im Lande gewesen.

Der endgültige Bruch der KP Finnlands wurde dann im Frühsommer 1986 vollzogen. Von nun an bestanden zwei getrennte Parteiorganisationen nebeneinander. Zwar lehnte es die reformorientierte Partei ab, sich selbst als eurokommunistisch zu bezeichnen – sie sprach statt dessen lieber vom „finnischen Kompromiß" bzw. vom „finnischen Weg" – in ihrem Anfang 1986 vorgelegten Programmentwurf fehlten aber analog zum Vorgehen ihrer südeuropäischen Genossen Begriffe wie Marxismus-Leninismus, Diktatur des Proletariats oder demokratischer Zentralismus. Als bevorzugte Partner wurden die Sozialdemokratie und die ökologischen Bewegungen genannt. Gleichzeitig nominierte die orthodoxe Minderheit ihr eigenes Zentralkomitee, ihr eigenes Politbüro und ließ sich unter der Bezeichnung „Demokratische Alternative" offiziell als neue Partei registrieren. Gorbatschow hielt sich in dieser Situation alle Optionen offen, wartete ab und pflegte Beziehungen zu beiden kommunistischen Parteien, wobei ein leichtes Prae für die Hardliner unübersehbar war. Im Reichstagswahlkampf des Jahres 1987 entbehrte es dann allerdings nicht einer gewissen Ironie, daß Aalto sich mit seinem Kurs auf frappierende ideologische Deckungsgleichheiten mit dem sowjetischen Generalsekretär berufen konnte. Insofern sprach das Ergebnis eine eindeutige Sprache: Die Zahl der kommunistischen Mandate insgesamt ging von 27 auf 20 zurück, wobei die Reformer nur ein, die Orthodoxen indes sechs Mandate verloren. Aaltos „Volksdemokratische Union" brachte es auf 16, die „Demokratische Alternative" nur auf vier Sitze. Den Löwenanteil der Abgeordneten stellten die Sozialdemokraten (56), die Konservativen (53) und das Zentrum (40). Gorbatschow, der inhaltlich den Reformkommunisten näher steht, wird es sich auf die Dauer nicht erlauben können, die stärkere kommunistische Partei Finnlands zu ignorieren, und dann könnte vielleicht auch wieder der Tag kommen, an dem sie bei der Regierungsbildung im Land der 10 000 Seen ein gewichtiges Wörtchen mitreden wird.

2. Schweden

In Schweden sind es nicht nur die Industriegebiete und die Großstädte, in denen die Kommunisten ihre Hochburgen haben, sondern auch „in erheblichem Maße die entlegenen, dünnbesiedelten Landstriche, die dürftig erschlossenen Täler und Regionen um den Polarkreis".[10] Dieser sogenannte *ödermarkskommunismen* („Einödkommunismus") ist in seiner Ausrichtung seit jeher antiintellektuell, antireformistisch und moskauorientiert. Die eurokommunistischen Wandlungen hatten und haben bei den „Norbotten-Kommunisten" aus den Hinterwäldern keine Chance. Gleichwohl rekrutiert die (kleine) schwedische KP einen Großteil ihres Potentials immer noch aus dem Süden, und hier sind es weniger die Arbeiter, sondern Mittelschichtzugehörige und Intellektuelle, die kommunistisch wählen.

Dieses Neben- und Gegeneinander von Norden und Süden, von Arbeitern und Akademikern steigerte sich zum Teil bis zum „innerparteilichen Klassenhaß“.[11]

Die Geschichte der schwedischen KP ist die Geschichte ihrer Auf- und Abspaltungen. Auch sie selbst ist das Produkt einer solchen Abspaltung, die sie im Februar 1917, also noch vor den russischen Revolutionen, vollzog, als sich *Sveriges Socialdemokratiska Vänsterparti* („Schwedens Sozialdemokratische Linkspartei“) von der Mutterpartei lossagte. Auf ihrem 4. Kongreß im März 1921 akzeptierte sie die 21 Bedingungen der Leninschen Internationale und nannte sich fortan *Sveriges Kommunistika Parti* (SKP). Bei den Wahlen im Herbst des gleichen Jahres erhielten die Sozialdemokraten 36%, die SKP hingegen 5% der Stimmen. Schon in den späten 20er und frühen 30er Jahren standen sich die Kominternanhänger und die Nationalkommunisten so unerbittlich gegenüber, daß man im Grunde von zwei Parteien sprechen mußte. Insofern ist der schwedische Kommunismus von heute genau dort, wo er vor über 50 Jahren schon einmal war. 1934 nannte man sich in *Socialistika Parti* um, aber „die Schizophrenie überlebte“[12], und auch der Gültigkeitszeitraum des neuen Namens war nur von kurzer Dauer.

Dunkel, unaufgelöst und unbewältigt sind die Kriegsjahre 1939-1945, nicht nur für die schwedischen Kommunisten. Zwar wahrte das Land offiziell strikte Neutralität zwischen Stalin und Hitler, in Wirklichkeit aber klaffen „in der immer noch verdunkelten Geschichte Schwedens dieser Jahre“ empfindliche Wunden, „die die offizielle Neutralitätspolitik erheblich in Zweifel ziehen“.[13] Hauptleidtragende waren die Kommunisten. Für sie wurden Arbeitslager errichtet. Rechtsradikale, die ihre Parteibüros und Zeitungshäuser in Flammen setzten, blieben praktisch ungeschoren, und die schwedischen Behörden arbeiteten mit der Gestapo zur Erfassung der schwedischen KP-Mitglieder (immerhin ca. 60 000 zum damaligen Zeitpunkt) reibungslos zusammen. Diese Spielart der Verständigung mit den Deutschen ist so gut wie überhaupt noch nicht erforscht, warum eigentlich nicht? Auf jeden Fall überrascht es keineswegs, daß Hilding Hagberg, der die Partei später von 1951 bis 1964 führte, seine Genossen unmittelbar nach dem Krieg zum bewaffneten Kampf gegen die eigene Regierung aufrief.

Die staatlichen Neuformationen nach 1945 ausnutzend, gleichzeitig aber auch die alte Ostsee-Anrainertradition aus den vergangenen Jahrhunderten wiederaufleben lassend, fand die Ausbildung der schwedischen KP-Führungsmitglieder in der SED-Parteischule in Bad Doberan bei Rostock statt. Aber auch diese – zweifelsohne von Moskau gesteuerte – „Auslandshilfe" konnte zur Einebnung der alten Konfliktlinien nichts beitragen.

Hatte man bei den Parlamentswahlen 1944 noch 10,5% der Stimmen erreicht, so sank dieser Anteil bis 1962 auf 3,8%. Erst dieses schlechte Abschneiden und die bedrohliche Aussicht, in die völlige Bedeutungslosigkeit abzurutschen, erzwangen einen ideologischen Wandel, der ganz anders verlief als zum Beispiel bei den dänischen Kommunisten. Hatte die Partei zuvor eher die Rolle eines „freundlichen Antreibers" (*vänlig pådrivare*) gespielt, der es sich zur Aufgabe machte, die Sozialdemokratie vom unrechten Weg zu alten Kampfpositionen zurückzuführen, so ging die Entwicklung nun in die andere Richtung. Der 20. Parteitag 1964 brachte den entscheidenden Wendepunkt. Ungarn-Aufstand und Berliner Mauerbau waren nicht ohne langfristige Auswirkung geblieben. Carl-Henrik Hermansson wurde zum neuen Vorsitzenden gewählt. Er hat zehn Jahre vor Berlinguer und Carrillo eurokommunistisches Gedankengut in Reinkultur propagiert, auch wenn dies in der europäischen Öffentlichkeit weit weniger Beachtung fand. Hermansson distanzierte sich vom sowjetischen Überfall auf Finnland 1939, von der kommunistischen Machtübernahme in der ČSSR 1948, von der Unterdrückung des Volksaufstandes 1953 in der DDR und 1956 in Ungarn sowie vom Berliner Mauerbau 1961. Außerdem verlangte er, daß die Schulung des Führungsnachwuchses nicht mehr in Bad Doberan stattfinden sollte. Aber damit nicht genug. Als noch im gleichen Jahr Chruschtschow gestürzt wurde, klagte er dies als im Widerspruch zur sowjetischen Verfassung stehend an. Schließlich erklärte er, daß für ihn Begriff und Inhalt des von Stalin 1928 geprägten „proletarischen Internationalismus" nicht mehr gültig seien, weil dieser faktisch auf eine Unterordnung unter die Sowjetunion hinauslaufe. Statt dessen schlug er vor, von „internationaler Solidarität" (ohne Berührungsängste mit Linkssozialisten und Sozialdemokraten) zu sprechen – womit die auf der Konferenz der europäischen KPen 1976 in Ostberlin in der Hochzeit des Eurokommunismus gefundene Formulierung fast wortgleich vorweggenommen wurde.

Eine weitere entscheidende Neuerung faßt der Schweden-Spezialist Bernd Henningsen so zusammen: „Angesichts ihrer politischen Vergangenheit ist es deshalb als sensationell zu werten, angesichts ihres politischen Gewichts als unerheblich, wenn nicht gar lächerlich, wenn die Kommunisten Schwedens bereits 1965 konzedierten - und damit wahrscheinlich als erste kommunistische Partei Westeuropas -, daß sie auch *aus* der Macht gewählt werden könnten und daß sie dies akzeptieren würden."[14]

Auf dem 21. Parteitag 1967 wurde der Reformkurs konsequent fortgesetzt. Es wurde ein Programm verabschiedet, in dem erstmals kein Bezug auf die Sowjetunion enthalten war. Zentraltermini des Marxismus-Leninismus wie „Diktatur des Proletariats", „demokratischer Zentralismus" oder „Revolution" fehlten, das Mehrparteiensystem sowie die Presse- und Versammlungsfreiheit wurden hingegen ausdrücklich konzediert. Auch der Name wurde (wieder einmal) gewechselt: von nun an nannte man sich *Vänsterpartiet Kommunisterna* („Linkspartei Kommunisten"). Aber schon bald sollte es sich zeigen, daß Hermansson zu schnell zu weit gegangen war. Das Pendel schlug zurück. Bereits in den beiden Bestandteilen des neuen Namens war ein nicht ausgefochtener Kompromiß zwischen Modernisten und Traditionalisten sichtbar geworden. Daß die alte Garde sich noch nicht geschlagen gab, zeigten die zwei Jahre später vorgenommenen scharfen Verurteilungen von Sozialdemokratie, Revisionismus und Reformismus.

Hermanssons langfristiges Ziel war es gewesen, die *Vänsterpartiet Kommunisterna* (VPK) zu einem Sammelbecken ähnlich den sozialistischen Volksparteien in Dänemark und Norwegen zu machen, aber eine endgültige Herausdefinition aus dem System kommunistischer Parteien - sollte Hermansson sie je angestrebt haben - wurde durch die nach wie vor gegebene Präsenz der Hagberg-Richtung in den Führungsgremien der VPK verhindert. Der Einmarsch der Warschauer-Pakt-Truppen in die ČSSR 1968 markierte allerdings auch für die schwedischen Kommunisten in ihrem Verhältnis zu Moskau eine neue Evaluationszäsur. Hermansson forderte als einziger westeuropäischer KP-Vorsitzender seine Regierung auf, ihre Beziehungen zur Sowjetunion auf Eis zu legen. In diesem Moment hatte er den Bogen auch in den Außenbeziehungen seiner Partei überspannt. Während die Prager Ereignisse den Zug bei etlichen KPen im romanisch-mediterranen Europa endgültig in Richtung Eurokommunismus lenkten, stellten sie im Falle der VPK die Weichen in die andere Richtung. Die Zeitung *Norrskensflamman*, das Organ des Hagberg-Flügels, der seinen Rückhalt nicht zuletzt in den einsamen Nordprovinzen hatte, verteidigte die Okkupation der ČSSR. Mit dieser Situation fortwährender, ja sich verschärfender innerer Spaltung ging die Partei in die Septemberwahlen des Jahres 1970, in denen sie mit 4,8% der Stimmen zum Mehrheitsbeschaffer für die allein nicht mehr regierungsfähigen Sozialdemokraten wurde. Zwar bedeutete dies einen enormen Prestigegewinn, aber gesunden konnte die VPK hierdurch nicht. Auf dem 28. Parteitag 1972 wurde Hermansson als Vorsitzender bestätigt, der Preis für diese Wiederwahl war indes in Form von personellen und programmatischen Zugeständnissen zu entrichten. Auf einmal war wieder vom „proletarischen Internationalismus" die Rede, desgleichen von der Forderung nach einer „revolutionären Regierung". Trotzdem wäre es falsch, den Parteitag im Sinne einer Restauration traditioneller Grundbestandteile des Marxismus-Leninismus zu werten. So wurde der Antrag, den „demokratischen Zentralismus" erneut in der Satzung zu verankern, wohl abgelehnt, die Kompromißformel, daß die Beschlüsse höherer Instanzen für die unteren bindend seien, lief de facto aber auf eine Reinstallation des alten Leninschen Organisationsprinzips kommunistischer Parteien hinaus. Andererseits wurde das Bekenntnis zur Presse- und Informationsfreiheit wiederholt, und im entscheidenden 26. Abschnitt heißt es genauso sibyllinisch wie national-orientiert: „Die Entwicklung des Sozialismus ist teilweise durch von Land zu Land wechselnde Situationen bedingt, wie den Stand der Industrialisierung, die Klassenbedingungen, die ideologische und politische Tradition. Der Aufbau des Sozialismus in Schweden muß auf den hiesigen Bedingungen fundiert sein."[15] Von der Forderung nach Vergesellschaftung der Produktionsmittel wurde schließlich nicht abgegangen. Alles in allem erscheint es als zutreffend, das Bekenntnis der VPK zum Pluralismus seit 1972 als in „einen revolutionären Mantel“[16] gehüllt anzusehen. Der Name Lenins wurde im neuen Programm ausdrücklich wieder erwähnt.

Während in KPI, besonders aber in KPF und KPS sich reformerische Kräfte erst zu regen begannen, wurden sie im größten Land des skandinavischen Nordeuropa aus innerparteilichen Zwängen bereits wieder zurückgeschraubt. Aber Hermanssons Entgegenkommen wider besseres Wissen trug keine Früchte. Auf dem Parteitag 1975 verbündete sich der oppositionelle Norden mit dem KP-Vorsitzenden von Göteborg, Rolf Hagel, einem Hagberg-Mann, um die Integrationsfigur Hermansson aus dem Amt zu jagen. Dies gelang zwar, aber der mit zwei Dritteln der Delegiertenstimmen zum Nachfolger bestimmte Lars Werner stand ohne Wenn und Aber zum eurokommunistischen Kurs. („Wir haben die Bezeichnung nicht erfunden, aber wir schämen uns ihrer auch nicht.“) Insofern besaß er für seine Aufgabe, es in der VPK nicht zu einer „finnischen Situation“ kommen zu lassen, schon von vornherein eine schlechte Ausgangsposition. Der Verlust der „linken Mehrheit“ ein Jahr später tat ein übriges. Und so geschah, was kommen mußte: 1977 spaltete sich die schwedische KP erneut. Die neugegründete „Arbeiterpartei Kommunisten“ (APK) unter ihrem Vorsitzenden Rolf Hagel lehnte jede „Neutralität im Klassenkampf“ und jede selbständige Haltung gegenüber der Sowjetunion ab. *Norrskensflamman* und *Ny Dag*, die Organe der beiden Flügel, traten in einen erbitterten Zeitungskampf ein. Bald gab es im Reichstag zwei kommunistische Parteien: 16 der insgesamt 19 Abgeordneten vertraten die VPK, hingegen nur drei die APK. Bei der am 1. März 1977 vollzogenen endgültigen Spaltung spielte es auch eine Rolle, daß sich Lars Werner scharf gegen die Ausbürgerung des Liedermachers Wolf Biermann aus der DDR gewandt hatte.

Die Reichstagswahlen des Jahres 1976 hatten erstmals seit fast einem halben Jahrhundert den Machtverlust für die Sozialdemokraten gebracht. Auch die VPK war aufgrund des evidenten innerparteilichen Spaltungsprozesses von 5,3% 1973 auf 4,8% abgesunken, allerdings gelangte sie schon drei Jahre später wieder auf den alten Prozentsatz von 1973, während die erstmalig kandidierende APK mit 0,2% gleich von Anbeginn im sektiererischen Redundanzbereich landete. In ihrer Marge bewegte die VPK sich auch während der

Reichstagswahlen der 80er Jahre (1982 5,6%, 1985 5,4%). Das wiederum hatte zur Folge, daß Ministerpräsident Olof Palme nach seiner erneuten Regierungsübernahme auf die Stimmen des unbequemen Partners angewiesen war. Noch in seinen ersten beiden Amtsperioden 1970 bis 1976 hatte er darauf vertrauen können, daß Bürgerliche, Liberale oder Zentrum ihm in wichtigen Gesetzesvorhaben immer beisprangen, um sich nicht den Vorwurf einzuhandeln, den Kommunisten Einfluß auf die schwedische Politik einzuräumen. So war es bereits in den Tagen des legendären Tage Erlander gewesen, aber nach dem bürgerlichen Zwischenspiel an der Macht war es damit vorbei. Nun indes drehte Palme den Spieß um, indem er wie selbstverständlich mit dem Potential der ca. 16 000 Mitglieder starken und im Reichstag 19 Mandate bekleidenden Eurokommunisten als stillschweigendem Koalitionspartner umsprang. (Die APK, die von sich selbst behauptete, 5 000 Mitglieder zu haben, war zu den 1985er Wahlen interessanterweise nicht mehr angetreten, weil sie das Votum für die Linke außerhalb der Sozialdemokratie nicht aufsplittern wollte!) Zu Palmes letzten, vor dem im Frühjahr 1986 an ihm verübten abscheulichen Mord geäußerten Sätzen gehörte die eher beiläufige, auf die Regierungsarithmetik im allgemeinen und das Verhalten der VPK im besonderen bezogene Fragestellung: „Eine sozialdemokratische Regierung wagen die nicht zu Fall zu bringen."[17] Sein Nachfolger Carlsson dürfte nicht anders verfahren.

Immer noch gibt Lars Werner in der VPK den Ton an, auch wenn sich Jörn Svensson in letzter Zeit mächtig in den Vordergrund drängt. Er erregte Ende der 80er Jahre dadurch Aufsehen, daß er den amerikanischen Geheimdienst CIA des Mordes an Olof Palme bezichtigte, ohne allerdings irgendeinen Beweis beibringen zu können.

Die Sozialdemokratie ist und bleibt in Schweden der eigentliche Repräsentant der Arbeiterschicht und gleichzeitig Volks-, Regierungs- und Staatspartei. Demgegenüber sind die Kommunisten für jeden absehbaren Zeitraum eine kleine Minderheit. Das eigentliche Verhaltensmuster dieser beiden ungleichen Rivalen bestand allzeit darin, daß die VPK immer dann am heftigsten gegen die Sozialdemokratie agitierte, wenn diese zum Regieren auf die kommunistischen Stimmen angewiesen war. So sehr es die Kommunisten sich auch gewünscht haben mögen: Verhandlungen oder Absprachen zwischen beiden Parteien hinsichtlich ihres Verhaltens im Reichstag hat es nie gegeben. Die Sozialdemokraten zählten wie selbstverständlich auf die Stimmhilfe der VPK, indem sie sie gleichzeitig praktisch ignorierten, und die Kommunisten brauchten andererseits die Linkspartei, um nicht ganz ins politische Abseits zu geraten, gleichzeitig mußten sie sich aber von den „Verrätern der reinen Lehre“ abgrenzen. Sie mußten so gesehen also mit „Honig und Vitriol“[18] zur selben Zeit umgehen können.

Die schwedische KP, die hinsichtlich ihrer Mitglieder immer noch zu über 50% von Arbeitern repräsentiert wird, ist zwar frühzeitiger und konsequenter als alle anderen zum Eurokommunismus konvertiert, aber um an den Einfluß etlicher südeuropäischer Bruderparteien anknüpfen zu können, müßte sie grundlegende außenpolitische Bestandteile dieses Begriffs mit Inhalt füllen. Die Rede ist von der EG- und NATO-Feindlichkeit der VPK, die diese allerdings nicht nur mit ihren skandinavischen Genossen teilt, sondern auch mit einem Großteil der in diesem Abschnitt Nordeuropas beheimateten bürgerlichen Parteien. Dadurch, daß europäische oder gar atlantische Optionen nicht zum Eurokommunismus in den Farben der skandinavischen Staaten gehören, kann dieser gerade in seiner außenpolitischen Dimension auch nicht als einheitliches Phänomen des Alten Kontinents angesehen werden.

3. Norwegen

Die Kommunistische Partei Norwegens (*Norges Kommunistiske Parti*, NKP) ist 1923 als Abspaltung von der 1887 gegründeten Norwegischen Arbeiterpartei (*Det Norske Arbeiderparti*, DNA) entstanden. Sie wurde schnell zum verlängerten Arm der Komintern im Land der Fjorde. Selbst als Stalin im August 1939 seinen Pakt mit Hitler abschloß, unterwarf sie sich bedingungslos diesem abrupten sowjetischen Kurswechsel, ja, als die deutsche Wehrmacht im April 1940 in das Land eindrang, strebte sie sogar die Zusammenarbeit mit den nationalsozialistischen Besatzungsbehörden an – ein Makel, der der Partei praktisch bis heute anhaftet. Emil Lovlien, ihre erste große

Führungsfigur, hielt die NKP auch nach dem Krieg in moskautreuem Fahrwasser. Dafür mußte er mit ansehen, wie ihr immer mehr Mitglieder davonliefen. An dieser Entwicklung änderte sich erst etwas, als Reidar Larsen 1958 als Chefredakteur in die Parteizeitung *Friheten* eintrat. Im Moskau-Peking-Konflikt Anfang der 60er Jahre bezog die NKP keine eindeutige Position. Dieser überaus vorsichtige Emanzipationsversuch lief zeitgleich mit neuerlichen Verselbständigungstendenzen im linken Flügel der DNA.

Aus den Abweichlern beider Parteien bildete sich 1961 die Sozialistische Volkspartei (SF), ähnlich, jedoch nicht völlig vergleichbar mit der bereits 1959 in Dänemark etablierten Gruppierung. In Dänemark war es vorwiegend eine Fraktion der KP, die das Potential für die Neugründung stellte, in Norwegen hingegen war es die DNA-Linke, die ihrer Partei vorwarf, sie habe den Sozialismus an die USA und die NATO verraten. Die norwegische SF verlangte (wie die dänische) die Wahrung strikter Neutralität für ihr Land.

Damit war ein Rivale zwischen sozialistisch-sozialdemokratischer und marxistisch-leninistischer Arbeiterbewegung entstanden. Im Oktober 1945 hatte die NKP noch 11,8% der Stimmen erzielt und kurzzeitig sogar zwei Minister in die Regierung entsandt, 1961 brachte sie es nur noch auf ganze 2,9%, was nicht einmal mehr zum Einzug ins Parlament reichte. Das eigentlich Verblüffende an dieser Entwicklung war, daß nicht die DNA als personeller Wegbereiter der SF nach der Begründung der neuen Partei einbrach, sondern die NKP. 1965 erhielt sie noch ganze 1,4% der Stimmen (SF: 6%) - der moskautreue Kommunismus zog nicht mehr, nachdem sich eine Vorform des Eurokommunismus am Horizont abzeichnete. So brachte dieses Jahr wie in Dänemark und Schweden auch in Norwegen die Wende. Auf dem 13. Parteitag übernahm Reidar Larsen an Stelle von Emil Lovlien den Vorsitz der NKP. Er erklärte, die Partei sei in ihren Entscheidungen souverän und lasse sich nicht von außen leiten. Allerdings blieb auch der dogmatische Flügel weiter im Vorstand vertreten. Somit blieb auch die kleine Partei im Land zwischen den Fjorden nicht von dem Grundleiden des westeuropäischen Kommunismus verschont, einen moskauhäretischen und einen moskauhörigen Flügel unter einem Dach beherbergen zu müssen.

Wohin würde die Entwicklung gehen – Dominanz des einen und Absterben des anderen Flügels oder (erneute) Spaltung?

Im Gegensatz zu Finnland und Schweden, aber genauso wie in Dänemark hatte man es in Form der bereits gegründeten SF mit einem potenten Konkurrenten auf der Linken zu tun, und deshalb entschied man sich, wohin der Zug parteiintern auch immer gehen würde, für eine Umarmungstaktik mit allen Linkskräften: das von 1965 bis 1975 reichende Jahrzehnt war von dem kommunistischen Versuch gekennzeichnet, aus NKP, SF und DNA-Linker eine Einheitsfront zu bilden. Der Schock der Wahlniederlage von 1965 und die Angst, in die völlige Isolierung zu geraten, zeitigten langfristig ihre Wirkung. Aber schon der erste potentielle Bündnisgenosse zeigte sich alles andere als willig. Zwar stürzte die SF noch 1963 eine sozialdemokratische Regierung aufgrund von Streitigkeiten um die Kohlegruben auf Spitzbergen und verursachte dadurch ein kurzes bürgerliches Zwischenspiel, die sich anschließenden vier Minderheitsregierungen der DNA wurden aber von der SF unterstützt. Unterdessen tat die NKP alles, um ein Image als unabhängige Partei zu gewinnen. Auf ihrem 12. Parteitag im Frühjahr 1968 wurde Reidar Larsen mit 71 gegen 22 Stimmen der prosowjetischen Fraktion als Vorsitzender bestätigt. In deutlicher Anlehnung an das Vermächtnis Togliattis sprach er von der „Einheit in der Vielfalt" hinsichtlich der Entwicklung des Weltkommunismus, und im Herbst des gleichen Jahres verurteilte die Partei die Invasion in die ČSSR. Aber so schnell ließ sich der in über vierzig Jahren erworbene Ruf von der antidemokratischen, moskaugesteuerten und schließlich sektiererischen Truppe nicht abschütteln. Erst als Trygve Bratteli in der Führung der DNA an die Stelle des erklärten Kommunistenfeindes Haakon Lie trat und überdies die Wahl von 1969 für die beiden kleinen Linksparteien NKP und SF eine vernichtende Niederlage brachte (nunmehr blieben auch die letzteren vor den Toren des Parlaments), verbesserte sich das Klima für eine Zusammenarbeit. Indes, all dies hätte der NKP nichts genützt, wäre ihr nicht eine das ganze Land spaltende Streitfrage zu Hilfe gekommen.

Für den September 1972 war das Referendum über den norwegischen Beitritt zur EG angesetzt worden, und die NKP zögerte nicht einen Moment, sich zum Vorreiter eines breiten Anti-EG-Bündnisses zu machen. In dieser Hinsicht reichte und reicht in Skandinavien die Abneigung gegen das Europa von Brüssel bis tief in die Sozialdemokratie hinein, so daß sich vor dem Referendum in Form der „Sozialistischen Wahlallianz“ gewissermaßen eine natürliche Einheitsfront aus DNA-Linker, SF und NKP bildete. Sie stand unter der Leitung des SF-Vorsitzenden Finn Gustavsen. Sympathien flossen ihr sogar aus der Schicht der Fischer und Bauern zu, die um ihre nationalen Privilegien fürchteten und die deshalb mit linkssozialistischen Gruppen eine als „rot-grüne Allianz“ bekanntgewordene Plattform eingegangen waren.

Die Volksabstimmung erbrachte ein Votum gegen den EG-Beitritt, und, mehr noch, die „Sozialistische Wahlallianz“ erhielt bei den Wahlen des Folgejahres 11,6% der Stimmen, was sechzehn Mandaten im *Storting* entsprach. Hiervon erhielt die SF neun, die DNA-Linke, die sich inzwischen unter dem Kürzel AIK (dt.: „Informationskomitee der Arbeiterbewegung“) auch formell von der Mutterpartei losgesagt hatte, sechs und die NKP eines.

Es wurde von Reidar Larsen bekleidet. Der Wahlausgang erhielt noch dadurch ein zusätzliches Gewicht, daß Bratteli ohne die Stimmen der Wahlallianz nicht regieren konnte – was deren Einigungsbestrebungen eher noch verstärkte. Unmittelbar nach dem 1973er Urnengang kam man überein, eine weitere Integration, wenn nicht Fusion der drei Parteien ins Auge zu fassen. Überraschenderweise war nun Larsen derjenige, der die skeptischste Position bezog: „Ein Zusammenschluß kann erst dann erfolgen, wenn alle wesentlichen Fragen geklärt sind und über die ideologischen Grundlagen der (neuen) Partei Einigkeit besteht.“[19] Auch ging aus weiteren Zusätzen hervor, daß die Orientierung nach Osten die Priorität in den auswärtigen Beziehungen einnehmen sollte.

Für die 300 Delegierten der Wahlallianz-Parteien, die sich im April 1974 in Trondheim mit dem Ziel der Vereinigung trafen, erwies sich dies als schwere Belastung. Finn Gustavsen als ehemaliger Sozialdemokrat stand der NKP eh’ mißtrauisch gegenüber und war nicht bereit, einer leninistischen Ausrichtung der neuen Partei tatenlos zuzusehen. Aber auch innerhalb der NKP wuchsen die Spannungen. Gunnar Knutsen, der Vertreter ihres prosowjetischen Flügels, erklärte, daß nur ein eigener Parteitag über die Auflösung der NKP und ihr Aufgehen in einer größeren Einheit befinden könne. Unter diesen Schwierigkeiten wurde in Trondheim ein einjähriger Fahrplan für die Vereinigung festgelegt, in dem vor allem eine Verschmelzung der Parteiorgane in einem neuen, gemeinsamen Blatt *Ny Tid* zugesagt wurde. Von seiten der NKP wurden aber keine Anstalten unternommen, mit ihrer Zeitung *Friheten* wie vereinbart zu verfahren. Zwar wurde Mitte März 1975 die Vereinigung zur neuen Linkspartei *Sosialistik Venstreparti* (SV) beschlossen, aber für die NKP begannen damit nur wieder die altbekannten Probleme. Als die Prawda am 25. März 1975 bemängelte, daß das Programm der neuen Partei nicht die entscheidenden Lehrmeinungen des Marxismus-Leninismus einbeziehe, erklärte Knutsen den Vereinigungsbeschluß für „null und nichtig". Larsen, der den eurokommunistischen Weg gehen und seinen Gegnern durch temporäres Entgegenkommen den Wind aus den Segeln nehmen wollte, mußte mitansehen, wie ihm nun immer mehr NKP-Mitglieder die Gefolgschaft aufkündigten. In den Septemberwahlen des Jahres 1975 erreichte die neugegründete Sozialistische Linkspartei mit 5,7% nur die Hälfte der Stimmen wie zwei Jahre zuvor. Nur wenige Wochen später fand der 15. Parteitag der kommunistischen Partei Norwegens statt. Auf ihm wurde beschlossen, die NKP als selbständige Organisation fortbestehen zu lassen. Damit war die erneute Spaltung programmiert. Reidar Larsen trat mit ca. einem Drittel der Mitglieder zur neuen Linkspartei über, während Knutsen den Rest wieder auf prosowjetischen Kurs führte. Im übrigen bestand kein Zweifel daran, daß Moskau - Knutsen fernlenkend - bei dem Parteitag Regie führte. Eben jener war es, der, wenig überraschend, zum neuen Vorsitzenden der NKP von Kremls Gnaden gewählt wurde. Er erklärte den „proletarischen Internationalismus" alter Prägung zum Leitmaßstab für die zukünftige Arbeit. Für die neue Linkspartei indes bedeutete Marxismus nationalistischen Neutralismus. Larsen, der sich als „Berlinguer Nordeuropas"[20] ansah, zog in seiner alten Partei den kürzeren, aber nicht in der Wählergunst. Zwar fiel die SV auch bei den 1977er Wahlen weiter - auf 4,2%, gleichwohl, die NKP fiel auf 0,4%. Dies war ihr niedrigstes Ergebnis seit 1923. „Die KP Norwegens ist damit heute nur noch existent, um bei Moskauer Weltkonferenzen eine prosowjetische Stimme abgeben zu können."[21] Selbst in den Gebieten wie der Hedmark in Ost-Norwegen und der Finnmark im Norden, die man (in ihrem bescheidenen Rahmen) bis dato als „Hochburgen" der Partei hatte bezeichnen können, waren ihr die Wähler davongelaufen. Damit waren langfristig die Macht- und Stärkeverhältnisse auf der Linken des norwegischen Parteiensystems festgelegt. Die DNA als reformistische Arbeiterpartei blieb mit einer Marge knapp über und unter 40% der dominierende Faktor, die SV, die ihren Weg zwischen Sozialdemokratie und Marxismus-Leninismus sucht, erreichte mit knapp 5% die Stärke der SF aus den 60er Jahren, und die moskauorientierte NKP setzte unbeirrt ihren Weg in Redundanz und Sektenstatus fort. 1981 sank sie auf 0,3, 1985 gar auf 0,2%. Das Kölner Bundesinstitut für ostwissenschaftliche und internationale Studien schätzt die Zahl ihrer Mitglieder für 1984 auf nicht mehr als 2 000. (In der SV sind mit 10 500 zum Beispiel mehr Mitglieder organisiert als in den beiden dänischen Linksparteien zusammen.) Derzeitiger Vorsitzender der NKP ist der Orthodoxe Hans Kleven.

Wenn man abschließend die Aussagekraft des norwegischen Beispiels in einem Satz zusammenfassen will, dann ist hier vorexerziert worden, wie eine Partei sich selbst ins Abseits stellt. Dies gilt auch für das Unterbreiten sozialistischer und marxistischer Positionen. Das Feld ist in dieser Hinsicht längst von der SV besetzt, die - trotz unterschiedlicher Einstellungen zur europäischen Integration - über gute Beziehungen zur KPI verfügt. Die Nicht-Hinwendung der NKP zum Eurokommunismus bedeutete somit ihren eigenen Untergang.

4. Island

Die kommunistische Partei in Island ist nach der italienischen, portugiesischen und zypriotischen die stärkste Westeuropas, sie ist vom Tage ihrer Gründung an nie moskauorientiert gewesen, und sie hat nachweislich als erste Positionen bezogen, die später als eurokommunistisch bezeichnet wurden, sie war häufiger als alle anderen KPen der freien Welt an der Regierung beteiligt, ja sie ist - ein symbolischer Akt - 1977 sogar mit der Regierungsbildung beauftragt worden, und sie hat der Sozialdemokratie auf der Linken des isländischen Parteiensystems über Jahre und Jahrzehnte den Rang abgelaufen. Und doch haben alle diese Superlative weder den wandlungsgläubigen Westeuropäer in übermäßige Euphorie versetzt, noch haben sie dem skeptisch-wachsamen Bürger schlaflose Nächte bereitet.

Island ist ein kleines Land fernab der Machtzentren. Seine Einwohnerzahl entspricht in etwa derjenigen Kiels (241 000). Mag die KP im nationalen Maßstab auch noch so stark sein, in europäischer Dimension gehört sie mit ihren 2 000 Mitgliedern[22] zu den kleinsten des Alten Kontinents. Sie ist - auch hierin unterscheidet sie sich von den meisten anderen - erst 1930 als Abspaltung von der Sozialdemokratie entstanden, als die Leninsche Internationale bereits ihren ersten Impetus verpufft hatte. Zwei weitere Abspaltungen, die ihr 1938 und 1956 von der Mutterpartei zugeführt wurden, machten sie zur regierungsfähigen Größe. Schon 1942 erreichte sie unter dem Namen „Sozialistische Einheitspartei" 19,5% aller Stimmen. Zwei Jahre später trat sie in eine Koalitionsregierung aus Sozialdemokraten und Konservativen ein, in der sie die Minister für Volksbildung und Arbeit stellte. Bryjolfur Bjarnasson, der seit 1938 ihr Generalsekretär, und Einar Olgeirsson, der seit 1939 ihr Vorsitzender war, prägten für lange Zeit das Gesicht der Partei. Beide hatten sich während ihres Studiums im Berlin der frühen 20er Jahre dem Kommunismus zugewandt, als auch die deutsche KP noch nicht bolschewisiert und moskauorientiert war.

1947 brach die Regierung auseinander, weil die Kommunisten die amerikanischen Stützpunkte in Keflavik nicht akzeptieren wollten. Erst 1956 gelangten sie, als *Altydubandalagid* („Volksallianz") neu formiert, wieder auf die Kabinettsbänke. Wieder konnten sie sich, wie schon im Kriege, auf fast 20% des Stimmenpotentials stützen. Aber auch diesmal währte die Regierungsbeteiligung nur kurz (bis 1958). Auf dem 16. Parteitag im November 1961 trat Olgeirsson den Vorsitz an Ragnar Arnalds ab, der den Reformkurs seines Vorgängers konsequent fortsetzte. In einem neuen Programm wurde der friedliche Übergang zum Sozialismus proklamiert; in neuen Statuten wurde festgelegt, daß die Parteitage öffentlich sein sollten und daß Minderheiten ihre abweichenden Voten bis in die höchsten Gremien artikulieren dürfen. All diese Neuerungen formten aus der seit 1956 eher den lockeren Charakter einer Wahlallianz tragenden Volksallianz eine eigene linkssozialistisch-eurokommunistische Partei, die dem Wähler seit der Jahreswende 1967/68 als „Arbeiterbund" gegenübertrat. Vor seine erste große außenpolitische Bewährungsprobe wurde er durch den Einmarsch der Warschauer-Pakt-Truppen in die ČSSR gestellt. In einer Reaktion, die schärfer als die aller anderen westlichen KPen ausfiel, brach der „Arbeiterbund" seine Beziehungen zu den „Staatsparteien" der Länder, die an der Gewaltaktion teilgenommen hatten, de facto ab. Konsequenterweise nahm die isländische als eine der ganz wenigen europäischen KPen auch nicht an der Ostberliner Konferenz 1976 teil, ja die Vorstellung von irgendeinem Zentrum des Weltkommunismus wurde als absurd abgetan.[23] Bei den Juni-Wahlen im Jahre 1971 erhielt der Arbeiterbund 17,2% der Stimmen, die Sozialdemokratie hingegen nur 10,5%. In der anschießend gebildeten Mitte-Links-Regierung stellten die Kommunisten die Minister für Fischerei und Handel sowie für Industrie. Allerdings zerbrach auch dieses Bündnis bereits wieder nach drei Jahren. Von außerordentlicher Bedeutung wurde der Urnengang 1978. „Arbeiterbund" und Sozialdemokraten schnellten auf 22,9 bzw. 22% hinauf, während die konservativen Parteien schwer einbrachen. In der erneuten Mitte-Links-Koalition, in der die Kommunisten drei Minister stellten, wurde vereinbart, daß weder Islands Mitgliedschaft in der NATO noch die amerikanischen Militärbasen in Keflavik angetastet werden sollten. Damit hatte der „Arbeiterbund" ähnlich wie die italienischen Kommunisten, ja sogar noch ein Jahr vor ihnen, in Fragen der westlichen Verteidigungsgemeinschaft die Linie der „Äquidistanz" erreicht. „The Icelandic Communists are therefore the original 'Eurocommunists'"[24], und im Gegensatz zu den anderen skandinavischen Staaten fällt der Kurs in der Weltabgeschiedenheit dieser Insel auf einen derart fruchtbaren Boden, daß die Sozialdemokratie um die Position der zweitstärksten Kraft auf der Linken ringt. Auch unter seinem neuen Vorsitzenden Svavar Gestsson erreichte der „Arbeiterbund" 1983 noch 17,3% der Stimmen, die Sozialdemokratie indes blieb demgegenüber mit 11,9% deutlich zurück – wohl auch, weil mit den „Liberalen Sozialisten" (7,3%) und der Frauenpartei (5,5%) erstmals zwei Parteien ins *Althing*, das isländische Parlament, einzogen, die sich als Linksabspaltungen von den Sozialdemokraten gebildet hatten. Der „Arbeiterbund“ wurde trotz seiner elektoralen Stabilisierung erneut in die Oppositionsrolle verwiesen, weil die beiden konservativen Parteien über eine souveräne Mehrheit der Mandate verfügten. Ähnlich verhielt es sich nach den Aprilwahlen des Jahres 1987, in denen die Kommunisten mit 17,4% (was acht von 63 Sitzen im isländischen Parlament entsprach; konservative Parteien 31, Sozialdemokraten 10, Frauenpartei 6 Mandate) ihre praktisch gleichbleibende Stärke unter Beweis stellen konnten.

5. Dänemark

Schon einmal, für den kurzen von 1917 bis 1920 reichenden Zeitraum, hatte sich eine „Linkssozialistische Partei Dänemarks“ von der Sozialdemokratie des Landes abgespalten. Diese wurde - wie die Genossen in Norwegen und Schweden - Mitglied der Leninschen Komintern. Seit dem Kongreß in Fredericia 1922 nannte sie sich „Dänische Kommunistische Partei“ (DäKP oder kürzer DKP). In den Anfangsjahren blieb der Partei irgendein nennenswerter Erfolg versagt. Sie war „eine Sekte von Rebellen“.[25]

Über dem dänischen Kommunismus steht - eigentlich bis heute - eine Persönlichkeit, die seine Begründung, seinen Weg und seine notwendig gewordene Reform entscheidend begleitet hat: Aksel Larsen. Er stand seit 1932 offiziell an der Spitze der DKP und genoß als ihr charismatischer Vorsitzender weit über die eigenen Parteigrenzen hinaus Achtung und Anerkennung im dänischen Volk.

Von 1927 bis 1931 weilte Larsen zur politischen Schulung in der UdSSR. Das erklärte Ziel dieser moskowitischen Instruktion war es, den bei 0,4% stagnierenden Wähleranteil der DKP aufzubessern. Aber selbst in der Weltwirtschaftskrise kam sie nicht über 1,1% der Stimmen hinaus.

In den 30er Jahren lieferten Justiz und Polizei Dänemarks politische Flüchtlinge wieder an Deutschland aus! Vor 1939 lehnte die DKP einen Vorschlag der dänischen Regierung über einen Nichtangriffspakt mit Deutschland noch ab, nach dem August 1939 nahm sie das Abkommen zwischen Deutschland und der Sowjetunion aber widerspruchslos hin. Selbst nachdem am 9. April 1940 deutsche Truppen in Dänemark einmarschiert waren, konnte von einer Kritik an den Besatzungsbehörden keine Rede sein, statt dessen kritisierte die DKP unreflektiert den „englischen und französischen Imperialismus“. Das stillschweigende Einvernehmen hinsichtlich des Pakts wurde auch dadurch sichtbar, daß die dänische Regierung von den deutschen Besatzern nicht gezwungen wurde, die DKP zu verbieten. Dies geschah erst nach dem deutschen Angriff auf die Sowjetunion im Juni 1941. Kommunisten - unter ihnen 1942 auch Aksel Larsen - wurden brutal ins KZ geworfen. Vorher war es ihm noch gelungen, einen über alle Parteigrenzen hinweg reichenden Widerstand zu organisieren, was der DKP in den Jahren nach Kriegsende einen enormen Vertrauensvorsprung einbrachte. Bei den Folketingwahlen im Oktober 1945 erzielte sie mit 12,5% den größten Erfolg ihrer Parteigeschichte. Larsen trat in die Regierung ein, allerdings nicht als Mitglied seiner Partei, sondern als Vertreter aus der Widerstandsbewegung. Bis 1948 sprach er sich gegen jegliche Streiks und Arbeitskämpfe aus. Auf dem 1949er Kongreß bezeichnete die DKP sich als Hüterin der „besten nationalen Traditionen des dänischen Volkes gegen Ausbeutung, Unterdrückung und Fremdherrschaft“ während der Besatzungszeit, und ihr Vorsitzender hielt sie weiter stramm auf Moskauer Kurs.

Angesichts des über drei Jahrzehnte währenden Unterwürfigkeitsverhältnisses wirkte Chruschtschows Geheimrede auf dem 20. Parteitag der KPdSU und mehr noch der erneute stalinistische Rückfall als Antwort auf die ungarische Revolution kurz danach auf den mittlerweile gereiften Kommunistenführer wie ein Schock. Kein anderer der in Moskau versammelten KP-Chefs formulierte nach der Rückkehr in seine Metropole eine so offene und scharfe Kritik wie Aksel Larsen, auch der KPI-Vorsitzende Palmiro Togliatti nicht. Larsens Hinwendung zu später als eurokommunistisch bezeichneten Positionen und die Spaltung seiner Partei waren praktisch von dieser Stunde an vorgezeichnet. Als er einen neuen Kurs der Unabhängigkeit und Selbständigkeit verlangte, weil die DKP in der Bevölkerung als „undänisches“ Anhängsel der Sowjetunion angesehen werde, stieß er auf eine starke Opposition in den eigenen Reihen, und es kam zu der „grotesken Situation“ (Wolfgang Leonhard), daß Larsens

Beiträge für das Parteiorgan *Land og Folk* in der gleichen Ausgabe mit einer Erwiderung versehen wurden. Jetzt spitzten sich die Dinge zu. Larsen setzte seinen Wandlungsprozeß konsequent fort, indem er schrieb, Erklärungen aus Moskau seien keine „päpstlichen Bannbullen, wonach sich alle zu richten haben, wenn sie nicht in das Dunkel der Verdammnis verstoßen werden sollen".[26] Daraufhin erhielt er Redeverbot in den Parteidistrikten Århus, Ålborg und Odense. Gleichzeitig arbeitete er unter dem Titel „Wo stehen wir? Was ist zu tun?" ein Memorandum aus, das für die Hinführung zum Eurokommunismus eine ähnlich gewichtige Rolle spielte wie Togliattis Interview mit der Zeitschrift *Nuovi Argomenti* vom Juni 1956. Nochmals wendete Larsen sich scharf gegen jede Form der Sowjetorientierung, und er verlangte außerdem, innerparteilich das Leninsche Organisationsprinzip des „demokratischen Zentralismus" abzubauen. Als das Memorandum nach langen Auseinandersetzungen schließlich am 28. August 1958 in *Land og Folk* veröffentlicht wurde, kam es zum offenen Kampf. Auf dem außerordentlichen 20. Parteitag vom 31. Oktober bis 2. November 1958 wurde Larsen als Vorsitzender abgesetzt und kurz danach aus der Partei ausgeschlossen. Mit Knut Jespersen („der rote Knut") kam ein Chruschtschow unbedingt ergebener Mann an die Spitze der DKP. Larsen indes traf sich noch im gleichen Monat mit 76 „Sezessionisten" und Ausgeschlossenen, um die Gründung einer eigenen „Sozialistischen Volkspartei" (*Socialistisk Folkeparti*, SF) vorzubereiten, deren erster Vorsitzender er 1959 wurde. Sieht man vom isländischen Sonderfall ab, dann war die SF die erste eurokommunistische Partei. Sie suchte ihren Weg gleichermaßen in Abgrenzung zum Pragmatismus der sozialdemokratischen Partei wie auch zur Kaderpolitik der DKP.[27] In einer ersten Erklärung klagte sie die Sozialdemokratie an, ihr sozialistisches Ziel aus den Augen verloren zu haben, und der kommunistischen Partei warf sie vor, über keinerlei Kontakt mehr zur dänischen Bevölkerung zu verfügen. In ihrem neuen Statut unternahm sie den Versuch, den „demokratischen Zentralismus" durch horizontale Entscheidungsprozesse zurückzudrängen, was jedoch nur teilweise gelang. Als 1963 nach langen Diskussionen das erste Grundsatzprogramm verabschiedet wurde, da fand sich dort das Postulat einer sozialistischen Demokratie, der Abschaffung der Eigentumsrechte auf die von der Gesellschaft produzierten Werte und der Aufhebung aller Privilegien aufgrund von wirtschaftlicher Stellung, Erbe oder Titel verankert. Dieses Ziel sollte allerdings nicht revolutionär, sondern parlamentarisch erreicht werden, unter Aufrechterhaltung des Mehrparteiensystems. Dabei sei die Achtung der „fundamentalen Menschenrechte" und der bürgerlichen Grundrechte wie Meinungs-, Rede- und Versammlungsfreiheit selbstverständlich. Eine „Diktatur des Proletariats" wurde abgelehnt. Außenpolitisch galt die Neutralität und Blockfreiheit Dänemarks als kategorischer Maßstab. (Auch einseitige) Abrüstung und Austritt aus der NATO sollten der erste, gewichtige Schritt auf diesem pazifistischen Weg sein. Das übergreifende Ziel der neuen Partei bestand darin, die Sozialdemokratie derart stark zu beeinflussen, daß sie (vor allem in der Regierung) nicht mehr mit den bürgerlich-konservativen Parteien zusammenarbeitete. Larsen selbst formulierte es so: „Wir sind nicht so sektiererisch, daß wir uns als Ziel gesetzt hätten, die ganze Arbeiterklasse und die Bevölkerungsmehrheit als Anhänger unserer Partei zu gewinnen … Aber wir werden für praktische, fühlbare soziale Fortschritte arbeiten, … um die Bevölkerungsmehrheit davon zu überzeugen, daß für sie ein gesellschaftlich betonter Weg besser ist als der von den bürgerlichen Parteien vorgeschlagene."[28]

Bei den Folketingwahlen im November 1960, ihrem ersten Auftritt auf der politischen Bühne, fegte die SF mit 6,1% der Stimmen die DKP zum erstenmal in deren Geschichte aus dem Parlament. Sie sackte mit 1,1% zurück auf den Stand von 1932. Eine Wahlanalyse ergab, daß jeder zweite der neuen SF-Wähler von der sozialdemokratischen und jeder dritte von der kommunistischen Partei übergewechselt war. Praktisch von jenem Tage an war die SF ein etablierter Bestandteil des dänischen Parteiensystems. Sie zählte zu dem Zeitpunkt 5 000 Mitglieder und war auf Anhieb die viertgrößte Partei im dänischen Parlament geworden, aber zur Erreichung einer „Arbeitermajorität" fehlte Sozialdemokratie und SF ein einziger Sitz: sie verfügten zusammen über 87 von 175 Folketingmandaten (Sozialdemokratie 76, SF 11). Auch 1964 reichte es wiederum nicht zur „Arbeitermajorität". Diesmal fehlten zwei Sitze, woraufhin der sozialdemokratische Ministerpräsident Jens Otto Krag „wie in alten Zeiten" Unterstützung bei den bürgerlichen Parteien suchte. Als auch dies nicht den gewünschten Erfolg zeitigte, schrieb er 1966 überraschend Neuwahlen aus. Der Ausgang war spektakulär: er brachte zum ersten und bisher einzigen Male in Dänemark und im ganzen skandinavischen Raum eine linke, gleichwohl nichtkommunistische Mehrheit. Zwar verloren die Sozialdemokraten sieben Mandate (69), die SF aber verdoppelte die Zahl ihrer Sitze (20), während die DKP mit katastrophalen 0,8% weiter an der Zwei-Prozent-Klausel des dänischen Regierungssystems scheiterte und vor den Toren des Parlaments blieb. In Kopenhagen war die SF zur zweitstärksten Partei geworden. Offensichtlich wurde sie nicht mehr als kommunistisch im herkömmlichen Sinne angesehen. Krag bot Larsen an, zusammen die Regierung zu bilden. Die Verhandlungen zogen sich hin. Als schießlich bereits das Protokoll für ein gemeinsames Regierungsprogramm unterzeichnet war, mußte Larsen unter dem Druck des linken Flügels in seiner Partei, der vor tödlichen Umarmungen mit der Sozialdemokratie warnte, wieder zurückziehen. Nachdem 1967 aber trotzdem ein Kontaktausschuß zwischen beiden gebildet wurde, kam es nach 1917 und 1959 zur dritten großen Spaltung auf der Linken des dänischen Parteiensystems. „Mit der Wahl 1966 zog eine junge Generation von SF-Parlamentariern ins Folketing, für die die Kooperationspläne Larsens nur eine falsch verstandene Identifizierung mit dem bestehenden System darstellten.“[29] Larsen bezeichnete diese Gruppe nüchtern als „unreif“.[30] Die Zustimmung der SF-Mehrheit zum Verteidigungshaushalt wurde zum *casus belli.* Für die Studenten und Intellektuellen unter den Neuwählern bedeutete das den Verrat an den Prinzipien, mit denen die SF angetreten war. Am 15. Dezember 1967 stimmten sechs der zwanzig SF-Parlamentarier gegen Vorlagen, die von den Sozialdemokraten und der eigenen Partei eingebracht worden waren, spalteten sie dadurch, gründeten zwei Tage später die neue „Linkssozialistische Partei“ (*Venstresocialisterne Partiet*, VS) und stürzten damit letztlich die Regierung Krag. Die „rote Koalition“ von Kopenhagen war zerbrochen, ehe sie überhaupt richtig zu existieren begonnen hatte. Seitdem streiten sich nunmehr drei Parteien um das links von der Sozialdemokratie liegende, ca. 10% starke Wählerpotential. Larsen trat ein Jahr später als SF-Vorsitzender zurück und starb Ende Januar 1972. Er gilt bis heute als die größte Figur der nichtsozialdemokratischen Linken in Dänemark, von der Impulse für einen Weg jenseits von Washington und Moskau bis weit über die Landesgrenzen ausgingen. Indessen formierte sich die neue VS-Partei als ein bunter Haufen aus studentischem Protest, Hippies und Kernkraftgegnern. Ernesto Che Guevara hieß das erste Idol. Der Kopenhagener „Freistaat" Christiania war die eigentliche „Parteizentrale". Das Programm war genauso unverbindlich wie die Organisationsform, was weitere Aufsplitterungen und Sektenbildungen geradezu heraufbeschwören mußte. Der extreme Pendelschlag ihrer Mitgliederzahl war gewissermaßen ein Spiegelbild ihres Grundcharakters: 1968 3 500, 1973 300 und 1980 2 000. Von irgendeinem nennenswerten Zugang zur (theoretisch unendlich diskutierten) Arbeiterschicht kann erst vom Jahre 1975 an die Rede sein. Die VS bezeichnete und bezeichnet systemimmanente Reformen als „Verschleierung" des wahren Charakters des Kapitalismus, und sie betrachtet ihre Mitarbeit im Parlament als „Entlarvung der tatsächlichen vom Folketing vertretenen Politik".[31]

Wie würde der Wähler auf das neuartige Gebilde und das heterogene Szenario der dänischen Linken insgesamt reagieren? Die Sozialdemokraten fielen 1968 auf 62 Mandate, die SF erhielt mit 11 Sitzen ihren „alten" Anteil, die DKP blieb mit einem Prozentpunkt der Stimmen weiter in der politischen Redundanz, und die VS schaffte mit 2% (4 Abgeordnete) aufs Komma die parlamentarische Hürde. Unterm Strich hatte man es nun aber schwarz auf weiß, daß die neuerliche Spaltung die Linke – sofern man diese Einheit suggerierende Vokabel überhaupt noch verwenden durfte – weiter geschwächt hatte. Eine „Arbeitermajorität" war in weite Ferne gerückt. Von entscheidender Bedeutung für diesen Teil des Parteiensystems mußte sein, wohin die SF sich wenden würde: zur reformistischen Sozialdemokratie oder zurück zur radikalen Linken, aus der sie sich gebildet hatte? Natürlich war der Geist Larsens noch weiter in der Partei präsent, aber mit dem Aufrücken von Gert Petersen an die Spitze der SF (1974) wehte ein neuer Wind. Ganz entgegen dem Vermächtnis seines großen Vorgängers suchte er eine anti-sozialdemokratische Zusammenarbeit aus SF, VS und DKP zu formen. Die alten „Larsenisten" wurden Schritt für Schritt aus der Partei herausgedrängt. Schon 1977 gehörte von ihnen keiner mehr der Parlamentsfraktion an. Zwar ähnelte das 1974 beschlossene Grundsatzprogramm stark dem ersten aus dem Jahre 1963, zwar wurde beschlossen, Kontakte zu den europafreundlichen Kommunisten in Italien und Spanien zu knüpfen, aber eigentlich war es doch gerade diese Entscheidungsfrage Dänemarks und Skandinaviens, die die drei Parteien gegen die Sozialdemokratie einte. Die Führungsrolle in der „Volksbewegung gegen die EG" bedeutete für die von einem zwischenzeitlichen Schwächeanfall befallene SF sogar einen neuen Lebensimpuls. Die 1967 noch 7 000 Mitglieder zählende Partei war nach Gründung der VS auf 3 000 beitragszahlende Genossen abgesunken, und erst ihr antieuropäisches Engagement brachte sie 1972 wieder auf den alten Stand. Immer noch machten die Arbeiter den geringsten Anteil ihrer Wähler aus (1975 6%), während die Angestellten und Beamten den Löwenanteil stellten (1975 61%). Der Kampf gegen die EG verschaffte auch der DKP nach 13jähriger Abstinenz wieder die parlamentarische Hoffähigkeit.

Ihr Vorsitzender Knut Jespersen - seinerzeit Nachfolger Aksel Larsens - hatte durch leise Kritik am Sturz Chruschtschows und an der Prager Invasion eigene Gehversuche unternommen. „Er wurde aber stets auf Reisen nach Moskau eines Besseren belehrt."[32] Sein Geschäftsbericht auf dem 1969er Parteitag der DKP beginnt mit der Feststellung: „Wir sind eine dänische Partei." Dies sollte nicht nur von der Sowjethörigkeit ablenken, dies sollte auch der Versuch sein, die Verdienste aus dem Widerstand ein Vierteljahrhundert nach Kriegsende neu zu beleben und eine bruchlose Kontinuität zwischen der deutschen Besatzung und der „revanchistischen" Bundesrepublik Deutschland herzustellen, um das vorrangige außenpolitische Ziel - die Herauslösung Dänemarks aus der NATO - gewissermaßen mit einem historischen Fundament zu untermauern. Die Tatsache, daß es ein gemeinsames deutsch-dänisches NATO-Kommando gibt, wird „als Auslieferung an den deutschen Imperialismus interpretiert".[33] Ähnliches wiederholte sich, als der Beitritt des Königreichs zu der von der Bundesrepublik dominierten Europäischen Gemeinschaft „drohte". Selbst die auf dieser Grundlage in den 70er Jahren initiierte Zusammenarbeit mit den beiden anderen Linksparteien SF und VS hat an der ideologischen Grundhaltung der DKP nichts geändert. Sie ist nach wie vor nach den Prinzipien des „demokratischen Zentralismus" organisiert und hält an der Solidarität mit der Sowjetunion fest. Die DKP will innerhalb der dänischen Bevölkerung ein „Klassenbewußtsein" und eine Gesellschaftsordnung mit der „Arbeiterklasse" an der Spitze schaffen. Eben dieser Partei klassisch marxistisch-leninistischen und orthodoxen Zuschnitts gelang es, 1973 ins Folketing zurückzukehren.

Der Urnengang jenes Jahres wird mit gutem Recht als „Katastrophenwahl" bezeichnet. Die Sozialdemokraten brachen nach dem erfolgten EG-Beitritt, für den die Mehrheit der Partei votiert hatte, um 24 Mandate ein (25,7%), die Konservativen verloren fast die Hälfte ihrer Sitze (9,2%), und es kamen gleich fünf Parteien neu ins Parlament. Weit mehr als die Rückkehr der DKP schockte dabei der Sturmlauf der „Fortschrittspartei" des Steuerrebellen Mogens Glistrup, die auf Anhieb zur zweitstärksten Fraktion im Folketing avancierte (16%). Anstelle der DKP (3,6% bzw. 6 Mandate) blieben diesmal die Linkssozialisten VS (1,5%) vor den Toren des Parlaments, während SF einen gewohnten Stimmenanteil verbuchen konnte (6% bzw. 11 Mandate). Gert Petersen erwog danach für einen Moment, die sich bildende sozialdemokratische Minderheitsregierung Anker Jörgensens wegen deren pro-europäischer Haltung zu stürzen, aber dann rang er sich doch dazu durch, der SF diese „Wüstenwanderung über Jahre hinweg"[34] zu ersparen.

Bereits 1977 schwang sich die Sozialdemokratie mit 37,1% wieder auf alte Höhen, während die DKP (3,7%) und die VS (2,7%) stärkemäßig mit der SF (3,9%) fast gleichzogen. So tief war sie seit ihrer Gründung noch nie gesunken. Immer noch hatte die inzwischen 5 500 Mitglieder zählende Partei sich nicht eindeutig für oder gegen die Sozialdemokratie entschieden. Erst mit dem neuen Grundsatzprogramm aus dem Jahre 1980 wurde ein Linksruck sichtbar und festgeschrieben, in dessen Konsequenz die Zusammenarbeit mit der VS intensiviert wurde. Parlamentarische Arbeit und außerparlamentarische Bewegungen wurden von nun an als gleichwertig angesehen. Auch die Einführung des Rätesystems wird – je nach gesellschaftlicher Lage und Entwicklung – nicht mehr grundsätzlich abgelehnt. Diese (bewußte oder unbewußte) Umarmungsstrategie marginalisierte die VS, während sie den eigenen Reihen zu neuen Kräften verhalf. Bei den Folketingwahlen 1984 erzielte die SF das Rekordergebnis von 11,5%, die VS hingegen blieb auf 2,7%. Um im politischen Geschehen Dänemarks einen Machtfaktor zu bilden, sind beide Parteien auf Kooperation angewiesen. Diese äußert sich unter anderem darin, daß in der Leitung des SF-Organs *Socialistisk Dagblad* auch Mitglieder der VS vertreten sind. Ob dies allerdings die organisatorische Vorstufe zur Wiedervereinigung ist, erscheint zum gegebenen Zeitpunkt als fraglich.[35]

Die vorübergehend erstarkten dänischen Kommunisten sind unterdessen erneut in die politische Bedeutungslosigkeit zurückgefallen. Jorgen Jensen, der 1977 die Nachfolge von Knut Jespersen antrat, gelang es im Vorfeld der ersten Direktwahlen zum Europäischen Parlament, sich an die Spitze der erneuerten „Volksbewegung gegen die EG" zu setzen, die am 10. Juni 1979 21% der Stimmen gewann und vier Europagegner ins Europaparlament entsandte, unter denen sich auch ein Führungsmitglied der DKP befand. Aber der Erfolg war genauso trügerisch wie kurz. Nach den Nationalwahlen noch im gleichen Jahr mußte die Partei ihre sieben Parlamentssessel räumen, und 1984 wurde sie mit einem Votum von 0,7% gänzlich zur politischen Sekte degradiert. Moskauorientierte, orthodoxe, marxistisch-leninistische Politik hat auch in Dänemark keine Chancen mehr. Überdies ist es zweifelhaft, ob der Mitgliederstand von 10 000, den die Partei offiziell für sich reklamiert, auch wirklich den Tatsachen entspricht.

Seitdem im September 1982 mit Poul Schlüter erstmals seit dem Beginn dieses Jahrhunderts wieder ein Konservativer die Regierung bildete, ist im Königreich zwischen Nord- und Ostsee eine völlig neue politische Situation entstanden. Inwieweit dies auf die in die Opposition verwiesene, mindestens dreifach gespaltene Linke einigend wirkt, ist gegenwärtig noch nicht abschätzbar. Noch im Frühjahr 1985 lehnte Anker Jörgensen das Angebot der SF ab, ein gemeinsames Alternativprogramm zu Schlüters konservativer Regierung zu erarbeiten. Mithin bestanden Mitte und Ende der 80er Jahre die alten Konflikt- und Grenzlinien zwischen den Sozialdemokraten (1984 31,6%) auf der einen und der SF/VS auf der anderen Seite sowie der redundanten DKP in unveränderter Schärfe fort.[36] Der Prozeß der Selbstentkräftung der dänischen Linken durch Spaltung setzte sich 1986 fort, als sich mit der VS eine der Linksparteien erneut zweiteilte. Prompt landete sie bei den vorgezogenen Neuwahlen ein Jahr später mit 1,4% im Abseits, während die SF mit 14,6% neuen Rekorden zustrebte und die Sozialdemokraten mit 29,3% weiter verloren. Eine gewisse Aufmerksamkeit konnte der während der Osterfeiertage 1987 abgehaltene 28. Kongreß der DKP auf sich ziehen, weil auf ihm der erst 32jährige Ole Sohn zum Nachfolger des kurz zuvor verstorbenen Parteivorsitzenden Jorgen Jensen gewählt wurde. Sohn setzte durch, daß in den Kongreßbeschlüssen das Gorbatschowsche Prinzip der *Glasnost* auch im dänischen Kommunismus durchgesetzt werden solle, um auf diese Weise wieder eine Attraktivität auf breitester Ebene zu entfalten. Trotzdem gelangte man nicht wieder ins Parlament.

Mit dieser Zustandsbeschreibung der dänischen Linken ist der kurze Durchgang durch Geschichte und Gegenwart der kommunistischen und nicht-sozialdemokratischen Linksparteien im skandinavischen Nordeuropa beendet. Abschließend seien noch einige vergleichende Beobachtungen angefügt, in denen sowohl die Verhältnisse in Finnland, Schweden, Norwegen, Island und Dänemark in den Blick genommen werden, die aber auch die Übereinstimmungen und Unterschiede mit den anderen Teilen des Alten Kontinents herauszustellen versuchen.[37] Unübersehbar ist, daß die KP überall dort zur einflußlosen Sekte degenerierte, wo sie auf die Sowjetunion fixiert blieb. Unübersehbar ist auch, daß sich in allen Staaten Skandinaviens eine neue Linkspartei herausgebildet hat, die ihren Weg außen- und gesellschaftspolitisch zwischen den Blöcken sucht. In Finnland steht sie unter dem Dach zweier kommunistischer Parteien, in Dänemark hat sie sich aus ihr heraus entwickelt, in Norwegen entsprang sie dem Schoß der Sozialdemokratie, und in Island war sie praktisch unabhängig von Anfang an. Einen „Eurokommunismus“ hat es so gesehen in Skandinavien schon gegeben, längst bevor Berlinguer, Marchais und Carrillo dem Begriff in der Mitte der 70er Jahre zu so spektakulärer Weihe verhalfen. Aber er war - und insofern ist mit dem Erstlingsrecht vorsichtig umzugehen - an einer entscheidenden Stelle amputiert, nämlich was den ersten Bestandteil des Begriffs angeht. „Europa“ war und ist eher ein Fluchtpunkt denn eine Beziehungsgröße. Lediglich die dänische SF arbeitet im Straßburger Europaparlament fruchtbar mit der KPI zusammen. Alle anderen beharren auf der Position, der sie, wenn nicht ihre Entstehung, so doch einen Großteil ihres Erfolgs verdanken: der schroffen Ablehnung der (west)europäischen Integration und, mehr noch, des westlichen Verteidigungsbündnisses. Statt dessen fordern sie eine Intensivierung der wirtschaftlichen und politischen Zusammenarbeit der skandinavischen Länder, insbesondere die Schaffung einer atomwaffenfreien Zone in diesem Teil Europas.

Kommunistische und linkssozialistische Regierungsbeteiligungen werden in Skandinavien nicht mehr als politische Sensation empfunden. Allerdings vollzog sich dies öfter im Rahmen einer bürgerlichen Mehrheitsregierung (Finnland, Island) als innerhalb einer „Volksfront“ zusammen mit den Sozialdemokraten. Diese kam, nur einmal im Dänemark der 60er Jahre praktiziert, über ein embryonales Stadium nicht hinaus. Ansonsten blieb es das Schicksal der skandinavischen Kommunisten und Linkssozialisten, den Mehrheitsbeschaffer für die Sozialdemokratie zu spielen, ohne auf den Kabinettssesseln Platz nehmen zu dürfen (Schweden, Norwegen, Dänemark).

Die elektorale Stärke der hier behandelten Parteien reicht nur im finnischen und isländischen Sonderfall an die 20% der Wählerstimmen heran. Die Herausbildung eurokommunistischer und linkssozialistischer Parteien seit dem Ende der 50er Jahre ging eher auf das Konto der alten KPen, als daß sie der Sozialdemokratie Schaden eintrug. Auch ist das gesamte linke Stimmenpotential durch diese parteipolitischen Neulinge nicht vergrößert worden, vielmehr geht es um die Umverteilung des Zuspruchs für die Linke in toto.

6. Großbritannien

Die *Communist Party of Great Britain* (CPGB) ist 1920 unter anderem als Zusammenschluß bereits links von der *Labour Party* bestehender Gruppierungen entstanden, so z. B. der 1911 gegründeten *British Socialist Party* und der *Socialist Labour Party*. Im Gegensatz zu den kommunistischen Parteien des europäischen Festlands ist sie also nicht aus der Sezession des linken Flügels der sozialdemokratischen oder sozialistischen Parteien „geboren“. Sie stand vom Tage ihrer Gründung an im Schatten der *Labour Party*, an die sie sich lange angliedern wollte, was *Labour* jedoch strikt ablehnte. Gemäß Beschluß ihrer Gründungskonferenz vom 10. August 1920 richtete die CPGB einen Antrag auf Affiliation - das Wort, das von nun an ihr Schicksal werden sollte - an die Labour Party, die sich ihr jedoch wegen unüberbrückbarer Unvereinbarkeiten hinsichtlich Prinzipien, Satzung und Programm versagte. Daraufhin trat die CPGB der III. Internationale bei und erfüllte deren Forderungen nach „demokratischem Zentralismus" und Bolschewisierung von Parteiapparat und Ideologie rigoros. Seitdem steht sie in dem für insulare Verhältnisse tödlichen Ruf einer „unbritischen" Partei. Die Phase der Ausrichtung auf die Sowjetunion fand ihren Abschluß mit dem 11. Parteitag 1929. Von da an war praktisch bis 1969 kein kritisches Wort an den vom „Mutterland des Sozialismus" ausgehenden Gebaren zu hören.

Trotzdem blieb die Affiliation als das große innenpolitische Ziel für die CPGB noch jahrzehntelang bestehen. Dieses wurde mit einer derartigen Intensität verfolgt, daß sich das Exekutivkomitee der Komintern bemüßigt fühlte, wegen zu starker Einheitsfronttaktiken Rügen an die Adresse der Londoner Genossen auszusenden. Erst daraufhin wandte sich die britische KP gegen die Labour Party, insbesondere gegen den Regierungschef MacDonald. Im November 1928 erklärte das Zentralkomitee der CPGB, daß die Affiliation an die Labour Party nicht mehr zur Debatte stehe. Aber dieses Bekenntnis war nur von kurzer Dauer. Schon in den frühen 30er Jahren wurde das kommunistische Liebeswerben wieder so stark, daß die Führungsgremien der Labour Party im Mai 1934 die Zusammenarbeit mit der KP für unvereinbar mit der Labour-Mitgliedschaft erklärten. Die Reaktion der CPGB sah so aus, daß sie Labour im Parlamentswahlkampf 1935 in jeder ihr möglichen Form unterstützte und - erneut den Antrag auf Affiliation stellte. Die Begründung für dieses Vorgehen - eine drohende faschistische Entwicklung - hatte zumindest in gesamteuropäischer Perspektive einiges für sich. Labour aber lehnte erneut kategorisch ab.

Die zwischenzeitlich durchaus erstarkende KP (Mitgliederstand 1938: 15 600) sah sich im August 1939 mit dem Stalin-Hitler-Pakt konfrontiert. Ihr ZK verabschiedete eine Resolution, in der erklärt wurde, daß der Kampf des britischen Volkes gegen Chamberlain und Churchill die wirksamste Hilfe für das deutsche Volk in dessen

Kampf gegen Hitler sei. Getreu der (andernorts bereits abgelegten) Sozialfaschismusthese hieß es kurz darauf, der Krieg sei nicht von Hitler, sondern von Großbritannien (!) und Frankreich provoziert worden, und schuld an diesem Ausbruch seien die Sozialdemokraten. Insofern brachte auch für die britische KP der deutsche Überfall auf die Sowjetunion das unheilvolle Erwachen aus einer zweijährigen ideologischen Selbstumnebelung. Man machte es sich einfach, indem man sofort auf die neuen Frontlinien umschaltete und sich nun auf einmal auf die Seite des sowjetisch-westalliierten Kampfes gegen den „Hitlerfaschismus" stellte, was in der englischen Bevölkerung allerdings nicht ohne Resonanz blieb. Im September 1942 zählte die Partei den höchsten Mitgliederstand ihrer Geschichte (56 000). Die Auflösung der Komintern durch Stalin 1943 wurde sofort dazu genutzt, der Labour Party den alten Vorschlag der Affiliation zu unterbreiten, weil ein klassisches Gegenargument, die kommunistische Weltorganisation, nunmehr entfallen sei, aber Labour blieb hart. Aus einzelnen, im *Trade Union Congress* vereinigten Mitgliedsgewerkschaften ließen sich allerdings andere Signale vernehmen. Der 18. CPGB-Kongreß im Januar 1946 stieß sofort nach, forderte die Affiliation im Sinne einer auch parteipolitischen Einheit der Arbeiterklasse und erklärte sich in diesem Zusammenhang sogar dazu bereit, sich den Statuten und Regeln der Labour Party voll unterzuordnen. Es fruchtete alles nichts, man stieß bei den nichtkommunistischen Genossen auf taube Ohren. Noch der 25. Parteikongreß 1957 skizzierte die Affiliation in einem Dreischritt, nach dem von der Aktionseinheit auf lokaler Ebene der Weg zu einer einzigen Partei der Arbeiterklasse auf der Basis der marxistischen Lehre beschritten werden sollte - vergebens. Und dies, obwohl sich der ideologische Wandel der CPGB bereits deutlich abzeichnete. Je deutlicher aber der Weg der Affiliation scheiterte, um so intensiver versuchte man ihn über die Einflußnahme und Infiltration in den Gewerkschaften zu gehen, obwohl sich hier auf der Linken verstärkt trotzkistische und andere Gruppen ausbreiteten.

Die Führung der CPGB war und ist von großer Kontinuität gekennzeichnet. Von 1929 bis 1956 stand Harry Pollit, von 1956 bis 1975 John Gollan und seit 1975 steht Gordon McLennan an ihrer Spitze. „Seit ihrer Gründung im Jahre 1920 sind der CPGB Wahlerfolge in einem für den lediglich mit der kontinentaleuropäischen Politik Vertrauten geradezu unbegreiflichen Maße versagt geblieben."[38] Nur einmal, in der in jeder Hinsicht außergewöhnlichen Situation nach 1945, hat die Partei zwei Sitze im *House of Commons* erringen können. Es ist bis heute ihr größter Erfolg. Die Mitgliederzahl der CPGB sank seit dem Kriege unentwegt. Für das Ende der 70er Jahre wurde sie auf ca. 30 000 geschätzt, zehn Jahre später muß man davon ausgehen, daß sich dieser Bestand praktisch halbiert hat. Schon nach Togliattis Polyzentrismus-Formel und der Niederschlagung des ungarischen Aufstandes 1956 verließen 7 000 Mitglieder die Partei.[39] Immerhin hatte die CPGB nach dem 20. Parteitag der KPdSU offiziell erklärt: „Wir stimmen mit den Bemerkungen des Genossen Togliatti und der französischen Kommunistischen Partei überein, daß eine tiefgreifende marxistische Analyse der Gründe für die Degeneration der sowjetischen und der innerparteilichen Demokratie notwendig ist; daß es nicht genügt, diese Vorgänge allein auf den Charakter eines Einzelnen zurückzuführen; und daß eine angemessenere Einschätzung der Rolle Stalins, sowohl in ihren positiven wie negativen Aspekten, notwendig ist."[40] Die Partei fing unweigerlich an, sich gegenüber der KPdSU zu verselbständigen. Die alte Zielprojektion der Affiliation, die – fast schon vergessen – ihren Ursprung bei einer taktischen Empfehlung Lenins genommen hatte, um auf diese Art und Weise die Labour Party zu unterwandern und auf einen revolutionären Kurs zu führen, gewann somit ein qualitativ glaubwürdigeres Fundament. Vergessen waren die Zeiten, in denen sozialistische Premierminister wie 1948 Attlee verkündet hatten, daß Kommunisten nicht mehr im Regierungsdienst beschäftigt werden sollten, wenn die Sicherheit des Staates hiervon tangiert würde.

Auf dem 30. Parteitag 1967 wurde erstmals hervorgehoben, daß jede KP ihren Weg entsprechend den Bedingungen des jeweiligen Landes finden solle. Gleichzeitig forderte die CPGB jedoch den Austritt Großbritanniens aus der NATO sowie die Anerkennung der DDR.

Die eigentliche Wende indes brachte erst die Unterdrückung des Prager Frühlings. In der im Oktober 1968 erschienenen Neufassung der 1947 erstmals publizierten Programmschrift „Der britische Weg zum Sozialismus" fehlte jedweder Hinweis auf den Leninismus. Statt dessen trete die CPGB für eine Stärkung aller Linkskräfte innerhalb (!) der Labour Party ein. Darüber hinaus sollten alle demokratischen Parteien an den Wahlen teilnehmen können, auch wenn sie den Sozialismus nicht zum Ziel ihres politischen Tuns erklärt hatten. Außerdem wurde verlangt, die Verstaatlichung der Wirtschaft auszudehnen, das *House of Lords* abzuschaffen, den Völkern von Schottland und Wales nationale Selbstbestimmung zu geben und die britischen Truppen aus Nordirland zurückzuziehen. Schließlich sollte die Verwaltung dezentralisiert werden und das Recht auf Streik sowie die freie Wahl des Arbeitsplatzes, des Glaubens und die Unabhängigkeit der Justiz gewährleistet sein. Die Übernahme des marxistischen Gedankenguts sei kein Zwang.

Alles in allem kommt man zu dem Ergebnis, daß in dem Programm vom Herbst 1968 eurokommunistische Projektionen gleichberechtigt neben prosowjetischen Proklamationen im Außenpolitischen stehen. Dies betraf allerdings nicht die Vorgänge in der ČSSR, die man auch als „außenpolitischen Vorfall" ansehen muß. Die Parteizeitung *Morning Star* bezeichnete die Invasion in die ČSSR als „tragischen Fehler". Diese Einschätzung wurde auf dem 31. Parteitag 1969 von 295 der 413 Delegierten bestätigt. In der für die Insel eigentlich entscheidenden außenpolitischen Frage, dem Beitritt zur Europäischen Gemeinschaft, verhielt sich die CPGB aber wie ihre skandinavischen und nicht wie ihre romanisch-mediterranen Bruderparteien: eine EG-Mitgliedschaft wurde strikt abgelehnt. Somit entbot die Partei Mitte der 70er Jahre das Bild einer den Zick-Zack-Kurs zwischen Moskauorientierung und Eurokommunismus beschreibenden politischen Formation. 1975, ein Jahr nachdem die CPGB mit 0,5% der Wählerstimmen wieder einmal im parlamentarischen Abseits gelandet war, fand mit dem Wechsel von John Gollan auf Gordon McLennan insofern ein bedeutsamer Einschnitt statt, als daß der neue Mann den Kurs der Verselbständigung fortsetzte. Daraufhin leitete Sid French, der Vorsitzende des Bezirks Surrey, eine prosowjetische Gegenoffensive ein, die immer deutlicher auf einen offenen Bruch hinauslief. Und in der Tat, noch bevor die CPGB auf dem 35. Parteitag 1977 das eindeutig eurokommunistische Programm „Der britische Weg zum Sozialismus" mit 330 gegen 40 Stimmen annahm, hatte Sid French mit wenigen hundert seiner Getreuen bereits die *New Communist Party* gegründet. Allerdings kam diese nie über den Status einer Sekte hinaus. Ihr momentaner Vorsitzender Eric Trevet verweigert jede Angabe über den Stand der Mitgliedschaft.

Aber auch der CPGB war kaum mehr Erfolg beschieden. Bei den Unterhauswahlen der Jahre 1983 und 1987 brachte sie es auf klägliche 0,03%, und die Zahl ihrer Mitglieder beziffert sie selbst - sicherlich eher großzügig - für die Mitte der 80er Jahre auf 16 000. Über einen gewissen Einfluß verfügt die Partei innerhalb der Gewerkschaftsbewegung. Von den ca. 40 Mitgliedern im Zentralrat des *Trade Union Congress* ist meistens mindestens einer Kommunist. Darüber hinaus stellt sie eine Reihe von betrieblichen Vertrauensleuten in der Autoindustrie und im Schiffbau. So gesehen hat die CPGB in der Welt der Arbeit in begrenztem Maße Fuß fassen können, nicht jedoch im politischen Leben. Jeder respektierliche Brite empfindet bis heute eine gewisse Scheu und ein tiefes Mißtrauen vor dem, was sich „kommunistische Partei" nennt. Dies mag zu der in den letzten Jahren immer deutlicher hervorgetretenen Strategie der Partei beigetragen haben, ihre Ziele direkt über die mächtige Labour Party zu verwirklichen. Ihren sinnfälligen Ausdruck fand dieser neue Kurs im legendären Bergarbeiterstreik, den „King" Arthur Scargill Mitte der 80er Jahre gegen die „Iron Lady" Margaret Thatcher führte. Fachleute haben ihn als den längsten und härtesten Streik in der Geschichte der Arbeiterbewegung bezeichnet. Schon in den Werftarbeiter- und Kohlestreiks Anfang der 70er Jahre, die letztlich zum Fall der Regierung Heath geführt haben, waren es kommunistische *shop stewards,* die den Arbeitskampf entscheidend beeinflußten. Der Altkommunist Mick McGahey, der mächtige Präsident der schottischen Bergarbeiter, bezeichnete den neuerlichen Streik als Teil des Widerstandes gegen das „industrielle Vandalentum der Regierung Thatcher".[41] Dabei war es niemand anderes als McGahey, der für einen „neuen Weg zum Sozialismus" plädiert hatte. Insofern dürfte der Ausschluß des *Morning Star*-Chefredakteurs Tony Chater, der gegen den immer deutlicher eurokommunistischen Kurs der CPGB polemisiert hatte, ganz in seinem Sinne gewesen sein. Auf jeden Fall nannte man mit dem „engstirnigen Sektierertum", das die Partei als Ausschlußgrund anführte, die Dinge beim richtigen Namen. Inwieweit diese Orientierung nun endgültig auf die auch programmatisch-inhaltliche Annäherung an die Labour Party hinauslief, die unter ihrem neuen Vorsitzenden Neil Kinnock gleichzeitig ihre trotzkistischen „Militants" aus der Partei hinaussäuberte, war Ende der 80er Jahre noch nicht absehbar.

Auf jeden Fall hat der einjährige Arbeitskampf in Politik, Wirtschaft und Gesellschaft der Insel derart tiefe Spuren hinterlassen, daß von einer Bewältigung der in ihren Konsequenzen weit über einen einfachen Streik hinausreichenden Vorgänge noch auf Jahre hinaus nicht die Rede sein kann. Scargills *National Union of Miners* (NUM) bleibt nach wie vor in einen traditionell kommunistischen und in einen antikommunistischen Flügel gespalten. Ersterer stützt sich auf die Mitglieder aus Schottland und Südwales, letzterer auf die Bergbaugebiete in Northumberland, Lancashire und den Midlands. Scargill selbst war bis zu seinem Eintritt in die Labour Party im Jahre 1961 Mitglied der kommunistischen Partei, und dem Kommunismus näherte er sich während des Streiks zumindest auf internationaler Ebene wieder deutlich an. Schon 1983 war er mit seiner NUM aus dem westlich orientierten „Internationalen Bund Freier Gewerkschaften" ausgetreten, und im Herbst 1985 wurde unter der Patronage der kommunistisch dominierten französischen Gewerkschaft CGT in Paris ein „Internationaler Einheitsgewerkschaftsverband Bergbau und Energie" aus der Taufe gehoben, dessen Leitung niemand anders als Scargill übernahm. Zuvor hatte er, um die Gründung des Verbandes vorzubereiten, in Ost-Berlin geweilt. Während sich die KP in Großbritannien also eurokommunistisch entwickelte, ist ihr verlängerter Arm im Gewerkschaftswesen orthodox und östlich orientiert geblieben. Letztlich aber sollte der kommunistische Einfluß in den *Trade Unions* trotz Scargills weltweit Aufsehen erregender Streikaktion nicht überschätzt werden. „Wenn heute Kommunisten zum Teil hohe Funktionen in den Gewerkschaften innehaben, dann heißt das nicht, ihre Anhänger wären selbst Kommunisten; sie werden lediglich ihres persönlichen Einsatzes wegen hochgeschätzt, und die Arbeiter honorieren ihre Kompromißlosigkeit im Kampf um die Verbesserung der proletarischen Existenz."[42] So waren nie mehr als ein Prozent aller organisierten Arbeiter Großbritanniens Mitglied in der CPGB.

Die kommunistische Bewegung war, ist und bleibt deshalb in dem Land, das mit einigem Recht als ihr Ursprungsland bezeichnet werden kann, weil Marx und Engels hier ihre eigentlichen Aufschlüsse und Konsequenzen aus der „Lage der arbeitenden Klassen" zogen, eine Randorganisation. Das Engagement namhafter Intellektueller wie z. B. der Schriftstellerin Doris Lessing hat daran nichts ändern können. Schon in den 30er Jahren, als Arthur Koestler eine Vortragsreise durch Großbritannien unternahm, kam er zu dem Ergebnis, daß die CPGB dem Club der Pickwickier näherstand als der Kommunistischen Internationalen.[43] Der Rat, sich an die Labour Party anzuschließen, war von Lenin selbst gekommen, aber er hatte dies so gemeint, daß die CPGB Labour so stützen sollte, „wie der Strick den Gehängten stützt".[44] Derartiges *wishful thinking* aus der Kremlzentrale ist durch den Geschichtsablauf widerlegt und erledigt. Obwohl sie sich heute auch inhaltlich der Labour Party deutlich angenähert hat - die gleichwohl nach wie vor nicht daran denkt, irgendeine organisatorische Allianz mit ihr einzugehen -, rangiert sie im britischen Parteiensystem praktisch als eine Sekte, die um ihr politisches Überleben kämpft. In der einzigen umfassenden Untersuchung zur CPGB, die bislang in deutscher Sprache erschienen ist, heißt es an entscheidender Stelle: „Es will daher scheinen, daß der Mangel an politischer Radikalität und damit auch an Begeisterungsfähigkeit für kommunistische Ideale in der britischen Arbeiterschaft zwar zum großen Teil auf die in Großbritannien vergleichsweise weit fortgeschrittene Integration der Arbeiterklasse in das gesamte Gesellschaftssystem zurückzuführen ist, daß diese aber andererseits vor dem Hintergrund der spezifischen britischen Mentalität und politischen Tradition gesehen werden muß, die ihrerseits wieder in einem dialektischen Verhältnis zur ökonomischen und sozialen Basis stehen. Offensichtlich ist die britische Bevölkerung und damit auch die britische Gesellschaft im großen und ganzen weitaus kompromißbereiter, politisch toleranter und für extreme Ideologien weniger empfänglich als die Masse der Kontinentaleuropäer. Auch wenn die vielzitierte Toleranz der Briten in vielen Fällen lediglich Indifferenz zu sein scheint, so ist das Resultat in der Praxis dasselbe: radikale Ideologien und radikale Parteien treffen in Großbritannien auf unfruchtbaren Boden."[45]Georgi Dimitroff, Chef der Komintern, zog schon vor fast einem halben Jahrhundert daraus seine Konsequenzen, indem er kurz und knapp resümierte:

„Unsere britische Bewegung ist unser Kummer – sie will weder wachsen noch sterben.“[46]

7. Irland

Die *Communist Party of Ireland* (CPI) wurde im November 1921 von ehemaligen Mitgliedern der *Socialist Party* gegründet. Die maßgebliche Rolle hierbei spielte Roddy Connolly, der Sohn des 1916 verstorbenen legendären Arbeiterführers James Connolly. Aber schon zwei Jahre später ging die neue Partei in der von James Larkin ins Leben gerufenen *Irish Workers' League* auf. Ähnliche, kurze Zwischenstationen folgten in der *Worker's Party of Ireland* und den *Revolutionary Workers' Groups*, bis sie 1933 von Larkin und Seán Murray erneut als CPI „begründet“ wurde. Im Zweiten Weltkrieg spaltete sie sich in die *Communist Party of Northern Ireland* und in die *Irish Workers' Party* im neutralen Südirland auf. Diese letztere Parteiformation nannte sich seit 1948 – der Umwandlung des Irischen Freistaates in die Republik Irland – offiziell *Irish Workers' League*. Am 15. März 1970 vereinigten sich die kommunistischen Parteien beider Irlands auf einer Tagung in Belfast erneut zu einer CPI. Es war damit das dritte Mal, daß eine Partei dieses Namens begründet wurde. Die CPI, der erst 1975 der Status einer legalen Partei zuerkannt wurde, bezeichnete die Wiedervereinigung Irlands als ihr übergreifendes Ziel.

Die kommunistische Partei hat im politischen Leben Irlands nie eine sonderliche Rolle gespielt. Sie hat nicht nur ihre Mitglieder (zur Zeit etwa 300), sondern auch ihre Wähler nach Hunderten gezählt. Nur einmal, bei den Parlamentswahlen des Jahres 1927, gelang es einem unabhängigen Kommunisten, ein Mandat zu erringen. Wie alle anderen kommunistischen Parteien, so hat auch die irische die Evaluationszäsuren des Weltkommunismus durchlebt (u. a. 20. Parteitag der KPdSU, Invasion in die ČSSR 1968 und in Afghanistan 1979, Proklamation des Ausnahmezustands in Polen 1981), sie bestand sie „unbeschadet“ als orthodoxe und moskauorientierte Partei.

Die vierzig Mitglieder, die in der Hochzeit des Eurokommunismus 1976 die CPI verließen und eine eigene, reformistische Gruppierung begründeten, wurden bald noch unbedeutender als die Mutterpartei, aus der sie kamen. Zuvor hatten sich seit der Unterdrückung des Prager Frühlings, angeführt von Paddy Carmody bzw. von Mick O'Riordan, bereits zwei in der Frage der Moskauorientierung zerstrittene Flügel gegenübergestanden. O'Riordan, der das De-Facto-Verbot der polnischen Solidaritätsbewegung 1981 als „Triumph des Sozialismus" bezeichnete, setzte sich langfristig durch.

Spürbaren Einfluß besitzt die CPI einzig und allein in der irischen Gewerkschaftsbewegung. Andy Barr, ihr langjähriger Vorsitzender, war Mitte der 70er Jahre Präsident des *Irish Congress of Trade Unions*, und Betty Sinclair, das Führungsmitglied der *Communist Party of Northern Ireland*, war über drei Jahrzehnte in der Leitung des *Belfast Trades Council*. Der gegenwärtige Vorsitzende der CPI ist James Stewart.[47]

III
Sekte: Die kommunistischen Parteien in der kontinentalen Mitte Westeuropas

8. Bundesrepublik Deutschland

Kommunismus und mehr noch „die kommunistische Partei" haben in Deutschland eine große Tradition, so unbedeutend und zersplittert beides in dem einen, und so künstlich, nur aufgrund der historischen Entwicklung übermächtig beides in dem anderen Teil Deutschlands heute auch sein mögen. „Wer Deutschland hat, der hat die Welt", dieses Lenin zugeschriebene Wort vermittelt etwas von der eminenten Bedeutung, die der Installation der kommunistischen Ideologie in der Mitte Europas seit jeher beigemessen wurde.

Die aus dem radikalen Flügel der deutschen Vorkriegssozialdemokratie hervorgegangene, auf dem vom 30.12.1918 bis zum 1.1.1919 in Berlin währenden Gründungsparteitag entstandene „Kommunistische Partei Deutschlands" (KPD) war im wesentlichen das Werk Karl Liebknechts und Rosa Luxemburgs und ihres „Spartakusbundes". Sie verstand sich von der Stunde ihrer Begründung an als Teil der internationalen kommunistischen Bewegung, und sie war seit der Bildung der Komintern im März 1919 Sektion der Kommunistischen Internationale. Der Anlaß, der zur Sezession des Spartakusbundes aus der USPD und zur anschließenden Gründung der KPD führte, war der, daß die USPD der Einberufung der Verfassunggebenden Nationalversammlung zustimmte und den kommunistischen Slogan „Alle Macht den Räten" fallen ließ.

Die Ermordung von Liebknecht und Luxemburg am 15. Januar 1919 „beraubte die Partei ihrer bedeutsamsten Führer und verschüttete die demokratischen Ansätze".[48] Bei den Reichstagswahlen im Juni 1920 erreichte sie mit 1,7% der Stimmen ganze zwei Mandate. Zur eigentlichen Massenpartei wurde sie erst Ende des Jahres, als sich die USPD spaltete und ihr linker Flügel mit über 300 000 Mitgliedern in die Reihen der nur 78 000 Mann starken KPD marschierte. Im Mai 1924 zog man mit 62 Abgeordneten (12,6% der Stimmen) in den Reichstag ein.

Seit 1925 stand die Partei unter der Leitung von Ernst Thälmann. Mit seinem Namen verbindet sich bis auf den heutigen Tag die mit unnachgiebiger Härte durchgesetzte Moskauorientierung, Stalinisierung und Bolschewisierung der KPD. Noch im Jahr von Thälmanns Machtantritt wurde der „demokratische Zentralismus“ als verbindliches Organisationsprinzip im Statut verankert. Die in direkter Abstimmung mit der KPdSU getroffenen Entscheidungen der Berliner Zentrale waren von nun an für alle territorialen und funktionalen Gremien der Partei kategorisch verbindlich. Jedwede innerparteiliche Demokratie verschwand. Allerdings gelang die Umstellung der Organisation auf Betriebszellen - das klassische Kennzeichen leninistisch-stalinistisch ausgerichteter KPen - nur teilweise, weil die KPD in den Betrieben nie die Rolle erreichte, die zu spielen sie in der Öffentlichkeit vorgab. Dazu war die Fluktuation der Mitglieder und unter diesen der Anteil der Arbeitslosen, besonders in der Weltwirtschaftskrise ab 1929, zu groß.

Die vielleicht verhängnisvollste, die Politik der KPD schwer diskreditierende Fehleinschätzung der sich in Wirtschaft, Staat und Gesellschaft entwickelnden Herausforderungen bestand darin, daß die Partei in der Endphase der Weimarer Republik nicht in der erstarkenden NSDAP, sondern in der ideologisch benachbarten SPD den eigentlichen Hauptfeind entdeckte - auch hier einer aus den gänzlich unvergleichbaren Verhältnissen in der Sowjetunion resultierenden Stalinschen Einschätzung folgend. Die kommunistische Weltbewegung, so der georgische Diktator, hatte nunmehr die Aufgabe, die auf den Klassenkompromiß abzielende Politik der SPD als „sozialfaschistisch“, als linken Flügel der mächtig aufkeimenden faschistischen Bewegung zu entlarven. Spätestens seit dem Weddinger Parteitag 1929 galt die verbindliche Generallinie, daß der „Hauptstoß“ gegen die SPD zu richten sei. Das Verführerische der neuen Strategie lag darin, daß sie scheinbaren Erfolg zeitigte: die Zahl der Mitglieder stieg zwischen 1925 und 1933 von 120 000 auf 360 000. Bei den letzten freien Reichstagswahlen im November 1932 gewann die

Partei 17% der Stimmen (Berlin 37,1%, Hamburg 22%) - es war das beste Ergebnis, das eine kommunistische Partei je auf (gesamt)deutschem Boden hat erzielen können. De facto haben diese trügerischen Erfolge die Widerstandskraft der sich nach links orientierenden Arbeiterbewegung eher geschwächt und den Aufstieg der NSDAP - und damit das Ende der Weimarer Republik - begünstigt. Zwar hat die KPD der SPD wie auch dem Allgemeinen Deutschen Gewerkschaftsbund (ADGB) von der Mitte des Jahres 1932 an Vereinbarungen hinsichtlich eines Generalstreiks angeboten, die Tatsache aber, daß sie auch weiterhin an ihrem absurden Vorwurf des „Sozialfaschismus" festhielt, nahm diesen Offerten jedoch von vornherein ihre Realisierungschance. Immerhin gestand selbst Wilhelm Pieck auf dem 15. Parteitag im April 1945 als „grundsätzlichen Fehler" ein, daß die KPD selbst dann noch das „Hauptfeuer" gegen die SPD richtete, „als bereits die Faschisten ihre Mordbanden gegen die Arbeiterklasse führten".[49] Die vollends irreale, von der Komintern ausgehende Hypothese, daß Hitler wie ein „Eisbrecher" den bürgerlichen Staatsapparat zerschlagen und damit einer kommunistischen Revolution den Weg bereiten werde, fand in den KPD-Kreisen volle Zustimmung. In dieser Sichtweise wurde bereits das erste Kabinett der Regierung Brüning als faschistisch bezeichnet.

Derart katastrophale Fehlwahrnehmungen waren nicht gerade dazu geeignet, die KPD adäquat auf die nationalsozialistische Machtübernahme vorzubereiten. Wer nicht ins Exil ging, der konnte 1935 praktisch erst aus dem KZ heraus der neuen „Generallinie" zustimmen, die auf eine „Volksfront" und Zusammenarbeit mit den Sozialdemokraten hinauslief.[50] Aber dazu war es längst zu spät. In der dunkelsten Epoche des 20. Jahrhunderts sind deutsche Kommunisten nicht nur durch die Hand Hitlers, sondern auch durch die „Säuberungen" Stalins ums Leben gekommen, unter ihnen allein fünf Mitglieder des Politbüros der KPD.

Trotz alledem würdigte die Partei den Nichtangriffspakt vom August 1939 als eine „erfolgreiche Friedenstat von seiten der Sowjetunion". Zu durchschlagenderen Widerstandsaktionen ist es erst nach dem deutschen Überfall auf die Sowjetunion 1941 gekommen, und auch erst jetzt bildete sich eine namhafte, im Untergrund wirksame illegale Leitung der KPD heraus. Zwar befahl die Komintern nunmehr die „uneingeschränkte Unterstützung der Sowjetunion", aber im Rahmen der zu bildenden „breiten nationalen Befreiungsbewegungen sei weder zum Sturz des Kapitalismus ... noch zur Weltrevolution aufzurufen", um nicht die Kreise der Kleinbourgeoisie, der Intelligenz und der Bauern abzustoßen ...". Diese Strategie wurde nach der Auflösung der Komintern 1943 weiter konkretisiert. So verlangte ihr ehemaliger Generalsekretär Dimitroff, Sozialisierungsforderungen fallenzulassen und „das Sowjetsystem weder zu forcieren noch durchzusetzen". Überhaupt sollte nicht Punkt für Punkt festgelegt werden, „wie das Land nach dem Kriege ausschauen"[51] werde. Es ist nicht auszuschließen, daß die in den meisten kommunistischen Parteien nach Kriegsende benutzte Formel vom „eigenen", „nationalen" Weg zum Sozialismus ihren Ausgangspunkt beim ehemaligen Komintern-Chef hat.[52]

In der Tat verzichtete bereits das im Schoße der Sowjetunion gegründete „Nationalkomitee ‚Freies Deutschland'", das die deutschen Kriegsgefangenen in der UdSSR zu gewinnen suchte und das mit einigem Recht als die entscheidende Keimzelle der Nachkriegs-KPD angesehen werden kann, auf ein klar akzentuiertes revolutionäres Programm, und damit nicht genug, es wählte statt Schwarz-Rot-Gold die Farben Schwarz-Weiß-Rot als Tricolore für das eigene Banner. Hat damit die vieldiskutierte Wende der DDR in den 80er Jahren zu den preußischen Fundamenten der deutschen Geschichte nicht bereits einen Bezugspunkt, der vor ihrer eigentlichen Gründung liegt?

Am 11. Juni 1945 trat die KPD mit einem Gründungsaufruf an die Öffentlichkeit, der im Gesamtzusammenhang des „besonderen deutschen Weges zum Sozialismus" die „Errichtung einer parlamentarisch-demokratischen Republik" befürwortete. Es handelte sich um Grundsätze, die von Dimitroff in Moskau persönlich abgesegnet worden waren. Westdeutsche Funktionäre gehörten weder zu den Mitinitiatoren noch zu den Mitunterzeichnern. Immerhin leugnete der Gründungsaufruf „trotz der Blutopfer unserer besten Kämpfer" nicht die Mitschuld der KPD am Sieg der NSDAP.[53]

Wenn die Geschichte des Kommunismus und darüber hinaus das Gesicht Deutschlands nach dem Kriege durch irgendeine Entscheidung beeinflußt worden ist, dann durch die im Schutze der Roten

Armee Ostern 1946 vorgenommene Zwangsvereinigung von SPD und KPD zur SED in der Sowjetischen Besatzungszone (SBZ). Die SED war fortan - zumindest organisatorisch - für die Arbeit in den Westzonen zuständig. Im 80 Mitglieder umfassenden Vorstand der neuen Partei waren 12 Kommunisten aus der „alten“ KPD vertreten. Diese allerdings spielten in den Organen, die für die Anleitung der Arbeit in den Westzonen zuständig waren, keine Rolle.

1946 stellten Kommunisten in allen großen Hamburger Werften die Betriebsratsvorsitzenden. Im gleichen Jahr erlangten sie bei den Betriebsratswahlen im Ruhrbergbau 38,8% und 1947 immerhin noch 31% der Mandate. Bis auf die Länder Schleswig-Holstein und Württemberg-Hohenzollern war die KPD zwischen 1945 und 1948 zumindest zeitweilig in allen Landesregierungen vertreten. Daß sich die grundsätzliche Programmatik der Partei seit 1935 geändert hatte, erfuhren viele Funktionäre erst von aus dem westlichen Exil zurückkehrenden Genossen. Auch nach offizieller Lesart war die Mehrheit „1933 stehengeblieben“.[54] Immerhin führte die späte Kenntnis der neuen Linie zu spontanen Zusammenschlüssen zwischen Kommunisten und Sozialdemokraten in zahlreichen Hochburgen der Arbeiterbewegung.

Im April 1948 bestimmte eine Delegiertenkonferenz der elf Landesverbände eine gemeinsame Leitung für die KPD der drei westlichen Besatzungszonen. Max Reimann, der Vorsitzende der KPD in der britischen Zone, wurde gleichzeitig Leiter der Trizonen-KPD, die durch die „Sozialistische Arbeitsgemeinschaft“ seit 1947 mit der auf ganz Deutschland ausgerichteten SED verknüpft war. Die „Arbeitsgemeinschaft“ löste sich erst im Januar 1949 auf. Erst jetzt konnte von einer „westdeutschen“ KPD die Rede sein. 1951, sechs Monate bevor Konrad Adenauer beim Bundesverfassungsgericht den Antrag auf das Verbot der KPD einreichen ließ, fand sie zu einheitlichem Programm und Statut. Im Frühherbst 1948 hatten sowohl SED als auch KPD den besonderen (parlamentarischen) Weg zum Sozialismus verworfen. Bis dahin gingen beide Parteien „wohl tatsächlich davon aus“, in den Westzonen eine Umgestaltung gemäß derjenigen in der SBZ vornehmen zu können.[55] Die nunmehr beginnende, durch den Kalten Krieg ausgelöste neue Phase der KPD war durch eine im Sinne des Kommunistischen Informationsbüros

(Kominform) gekennzeichnete Umstrukturierung der innerparteilichen Kommandowege im Hinblick auf den Leninschen „demokratischen Zentralismus" geprägt. Sie reichte bis zur Jahreswende 1952/53. Endlich, wenn auch zu spät, hatte man in Moskau begriffen, daß maßgebliche Kräfte in den Westzonen die Errichtung eines Weststaates wollten, der überdies in den europäischen Absatzmarkt der Vereinigten Staaten zentral eingebettet war. Konsequenterweise bestand die Aufgabe der KPD von nun an darin, genau dies zu verhindern. 1949 gelangte sie zum ersten und einzigen Mal mit 15 Abgeordneten (5,7% der Stimmen) auf die Bänke des Bundestages (1953: 2,2%). Heinz Renner und Max Reimann, die beiden Führungsfiguren der KPD, weigerten sich, dem Grundgesetz zuzustimmen. Renner erklärte: „Ich unterschreibe nicht die Spaltung Deutschlands." Gleichfalls war es für die KPD-Vertreter eine Selbstverständlichkeit, daß Berlin die deutsche Hauptstadt war und bleiben mußte. Den „Sturz des Adenauer-Regimes" herbeizuführen, machte sich das „Programm zur nationalen Wiedervereinigung Deutschlands" vom November 1952 in seinem wesentlichen Bestandteil zu eigen. Aber der Zug ging längst in eine andere Richtung. Die Tatsache, daß es Kommunisten waren, die sich der Sache der Wiedervereinigung widmeten, minderte die Attraktivität dieses Ziels beträchtlich. „Seit 1951 unter der Verbotsdrohung arbeitend, 1952 vom Bundesgerichtshof als verfassungsfeindliche Partei eingestuft, war die KPD seit 1952/53 nicht mehr in der Lage, aus eigener Kraft nennenswerte Initiativen zu entwickeln."[56] Die Zahl der Mitglieder sank von 1947 bis 1956 von 324 000 auf 78 000. Vom Jahr 1955 an war die KPD nur noch in den Landesparlamenten von Bremen und Niedersachsen vertreten. „Die Partei hatte schon vor ihrem Verbot jeden nennenswerten Einfluß auf den politischen und sozialen Prozeß in der Bundesrepublik verloren."[57] Niemand anderes als Kurt Schumacher war es ja gewesen, der die Kommunisten als die „rotlackierten Nazis" bezeichnet hatte – ein Wort, das sich tief in das Bewußtsein der Bundesbürger einfraß. Die KPD war und blieb die Partei der anderen Seite. „Sie wirkte als negativer Integrationsfaktor bei der Herausbildung des Grundkonsenses jener Jahre ... Paradox formuliert: Die Partei der Fundamental-Opposition festigte den Konsens über die Fundamente dessen, wogegen sie opponierte."[58]

Konrad Adenauer hat das Verbot der KPD in Karlsruhe bekanntlich in direktem Zusammenhang mit dem Eintreffen der Stalin-Noten 1952 beantragt. Das Verfahren zog sich über Jahre hin. Die Grundlage für das am 17. August 1956 ergangene KPD-Verbotsurteil des Bundesverfassungsgerichts bildete dann allerdings eine Losung, die die Partei zumindest zum Zeitpunkt des Urteilsspruchs nicht mehr vertrat, nämlich die Losung vom „revolutionären Sturz des Adenauer-Regimes". Gerade im Zuge des Scheiterns des Arbeiteraufstandes vom 17. Juni 1953 hatte sie - natürlich im Einverständnis mit der Sowjetunion - ihre deutschlandpolitische Konzeption auch hinsichtlich der konkreten Formen der vorzunehmenden gesellschaftlichen Transformationen gewandelt. Das Karlsruher Gericht verbot damit eine Partei, „die es im Sinne der Anklage gar nicht mehr gab".[59] Immerhin sah sich dadurch erstmalig seit dem Zweiten Weltkrieg wieder eine kommunistische Partei in einem der bürgerlich-demokratischen Staaten Westeuropas in die Illegalität gedrängt. „Verboten, nicht zuletzt wegen einer Programmatik, die sie seit drei Jahren öffentlich kaum noch vertreten hatte, verfolgt wegen politischer Absichten, die weithin folgenlos geblieben waren, organisatorisch auf die Getreuesten geschrumpft und weltanschaulich verunsichert, begann die KPD, sich den Bedingungen der Illegalität anzupassen."[60] Dies ist das Bild, das der Mannheimer Dietrich Staritz, einer der national und international anerkanntesten DDR-, Deutschland- und Kommunismusforscher, in einer seiner Analysen gibt. Staritz ist es, der den diskussionslos hingenommenen, ja stillschweigend befürworteten Untergang der in alten Weimarer Zeiten glorreichen KP einer entwicklungsgeschichtlich tieferen Betrachtung unterzieht. Gerade der mehrheitlich konservative Teil der Republik nutzte die Chance, mit dem für die Ära des Kalten Krieges prägenden Totalitarismus-Begriff nicht nur die frühere mehrheitliche Bejahung der nationalsozialistischen Herrschaft zu bewältigen, sondern auch und gerade den Kommunismus als die eigentliche, apriorische und wesentliche Gefahr zu identifizieren und gleichzeitig zu verneinen, was im freien Westen wesentlich gefahrloser und erfolgreicher möglich war, je mehr der Osten in der Tat nach wie vor totalitär handelte. „Die - nolens, volens - Leidtragende war die KPD. Auf sie ließen sich das eigene Leiden an der Misere der Gegenwart, der

Schmerz über die Niederlage oder die Scham über die Schuld der Deutschen in der Vergangenheit projizieren. Hinzu kam ein neues Moment, das den Antikommunismus immer wieder belebte: die vermeintliche Verantwortung allein der kommunistischen Sowjetunion und der deutschen Kommunisten für die Spaltung Deutschlands."[61] Was Karlsruhe 1956 verfügte, das hatte sich im Grundkonsens der Westdeutschen mehrheitlich schon längst herausgebildet.

Staritz weist im gleichen Atemzug darauf hin, wie die KPD ein attraktives und eigenständiges Profil hätte gewinnen können, ohne in das Stigma zu geraten, die Partei Ulbrichts und Chruschtschows zu sein: Sie hätte analog zu den Jugosozialisten Titos oder den späteren Eurokommunisten der 70er Jahre einen selbständigen Weg innerhalb der kommunistischen Weltbewegung gehen müssen, aber dazu fehlten ihr in jeder Beziehung die personellen und ideologischen Voraussetzungen. Deshalb wurde sie im Verständnis der Bundesbürger immer mehr zur „Partei der anderen Seite" und in ihrer eigenen Wahrnehmung zur Diaspora-Gemeinde, umgeben von einer andersgläubigen Umwelt.[62]

Technisch-materiell hatte die KPD für den Tag des Verbots vorgesorgt, indem sie die in ihrem Besitz befindlichen Grundstücke, Verlage, Druckereien und Maschinen rechtzeitig an „Privatleute" übergeben hatte. Insofern kam die Anordnung der Karlsruher Richter, mit dem Tage des juristischen Erlöschens der Partei auch deren Vermögenswerte zugunsten einer weiteren gemeinnützigen Verwendung einzuziehen, zu spät.[63] Eines der in der Folgezeit entstandenen, geschickt an der Grenzlinie zwischen privatem Charakter nach außen und Zusammenarbeit mit Westkommunisten und SED operierenden Unternehmen ist das Hamburger Reisebüro „Hansa-Tourist", das aufgrund seiner günstigen Angebote heute fast eine Monopolstellung besitzt, was DDR-Reisen aus der Bundesrepublik Deutschland angeht.

Nennenswerte Proteste gegen das KPD-Verbot waren in der bundesrepublikanischen Gesellschaft nicht zu verzeichnen. Parteien, die vorbehaltlos dem Vorbild des Ulbricht-Regimes folgten, hatten zumal in der Adenauer-Ära eine schlechte Konjunktur. Die Zahl der KPD-Getreuen sackte schnell auf cirka 7 000 illegal arbeitende Kader, deren zentrale Propagandatätigkeit darauf hinauslief, die Wiederzulassung der Partei zu verlangen. Je mehr die Vergeblichkeit dieses Ansinnens deutlich wurde, umso intensiver wurden Zusammenschlüsse und Bündnisse angestrebt, die kommunistisch gesonnenen Menschen wieder die legale Betätigung unter einem parteipolitischen Dach ermöglichten. Am 17. Dezember 1960 gründete eine Sammlung sehr heterogener, fast durchweg oppositioneller Kreise in Stuttgart deshalb die „Deutsche Friedens-Union" (DFU). Mit von der Partie waren Alexander Graf Schenk von Stauffenberg, der Bruder des Widerstandskämpfers, und Robert Scholl, der aus der „Gesamtdeutschen Volkspartei" Gustav Heinemanns gekommen war. Beide verfolgten Pläne, die auf eine Neutralisierung Deutschlands in Blockfreiheit hinausliefen. Ein entschiedener Initiator der Gründung war der einstige DGB-Linke und dann aus dem Dachverband der westdeutschen Gewerkschaften verstoßene Viktor Agartz. Kommunisten waren von Anfang an in der DFU vertreten, so zum Beispiel die Professorin Renate Riemeck, in deren Haus Ulrike Meinhof als Adoptivkind aufwuchs. Somit beherbergte die sich selbst als „Volksfront" verstehende neue Partei vor allem Repräsentanten aus dem vom linken Flügel der Sozialdemokratie bis zum orthodoxen Marxismus reichenden politischen Terrain in ihren Reihen. Insofern übte sie für die illegale KPD eine „Schutzfunktion" aus, indem sie Kommunisten die Möglichkeit zur Kandidatur bot und für die Aufhebung des KPD-Verbots eintrat.[64] Interessanterweise waren es diesmal nicht die Regierungsparteien, sondern der weitaus größte Teil der SPD, der scharf gegen den liliputanerhaften Konkurrenten von links vorging, ihn (mit einigem Recht) als kommunistische Tarnorganisation bezeichnete und schließlich sogar sein Verbot verlangte. Auch die Verunglimpfung, mit der die Abkürzung DFU als „Die Freunde Ulbrichts" übersetzt wurde, stammte aus sozialdemokratischen Kreisen. Ihr eigentliches Ziel, Kommunisten mit einer neuen Formation und Organisation den Weg ins Bonner Parlament zu bahnen, erreichte die DFU nicht. Bei der Bundestagswahl 1961 landete sie mit 1,9% der Stimmen weit abgeschlagen. Vier Jahre später fiel das Votum mit 1,3% gar noch kläglicher aus. Legale, halblegale oder illegale KP hin oder her, der Kommunismus war und blieb in der Bundesrepublik keine salonfähige Größe, woran schließlich auch die

Wiederzulassung einer kommunistischen Partei im Jahre 1968 nichts änderte.

Am 13. März 1967 gründeten fünf ehemalige Mitglieder der KPD einen „Initiativkreis für die Wiederzulassung der KPD". Aber es war nicht so sehr die Arbeit derartiger Gruppen wie überhaupt die illegale Tätigkeit der seit 1956 weiter agitierenden KPD-Mitglieder, sondern es war vielmehr die sich in ihren Umrissen bereits abzeichnende sozialliberale Koalition und der von ihr offen angekündigte Ausgleich nach Osten, der für die „Relegalisierung"[65] einer kommunistischen Partei im westlichen Teil Deutschlands maßgeblich war. Am 25. September 1968 konstituierte sich die „Deutsche Kommunistische Partei" (DKP). Die personelle und programmatische Kontinuität war schon dadurch gegeben, daß Max Reimann, der frühere Vorsitzende der KPD, bis zu seinem Tode im Jahre 1977 Ehrenvorsitzender der DKP war. Tatsächlich stand seit ihrem ersten Parteitag im April 1969 in Essen Kurt Bachmann an der Spitze der „neuen" kommunistischen Partei. Der amtierende Bundesjustizminister Gustav Heinemann hatte die Auffassung vertreten, daß das Verbotsurteil des Bundesverfassungsgerichts auch weiterhin gültig sei, daß aber eine neue kommunistische Partei gegründet werden dürfe, sofern sie sich nicht die Ziele der alten KPD zueigen mache.[66] Aber war nicht genau dies bei der DKP der Fall?

Am 7. Dezember 1968 bildete sich unter aktiver Beteiligung der DKP, der DFU, der „Sozialistischen Deutschen Arbeiterjugend" (SDAJ) sowie anderer Gruppierungen und Einzelpersonen die „Aktion Demokratischer Fortschritt" (ADF), die ähnlich wie die DFU mit dem Ziel gegründet worden war, zu den Bundestagswahlen ein volksfrontartiges, kommunistisch dominiertes Bündnis zu präsentieren. Die ADF erreichte mit 0,6% der Stimmen bei der Bundestagswahl 1969 das schlechteste Ergebnis, das eine kommunistisch orientierte Partei auf deutschem Boden je erzielt hatte. Dies war um so bedeutsamer, als daß eindeutig kommunistisch inspirierte Studentenunruhen ein Jahr zuvor den inneren Frieden der Bundesrepublik erschüttert, aber auch die Frage nach der kommunistischen Partizipation an den politischen Geschicken des Weststaates in unübersehbar provokativer Form gestellt hatten. In dieser Hinsicht fiel die Antwort der Bundesbürger eindeutig aus.

Auch wenn es der DKP in den ersten zehn Jahren ihres Bestehens gelang, die Zahl ihrer Mitglieder beinahe zu verdoppeln (1978: 42 000), so blieb sie im parteipolitischen Kräfteparallelogramm der Bundesrepublik Deutschland doch eine redundante Größe. Ihr positives Votum zum Einmarsch der Warschauer-Pakt-Truppen in Prag 1968 diskreditierte sie praktisch von Anfang an. Bei den für 1972, 1976 und 1980 anberaumten Bundestagswahlen fiel sie schließlich auf 0,3 bzw. 0,2%. Durch das Neubestehen einer kommunistischen Partei wurden Standort und Stellenwert der DFU aber auch immer unklarer. So referierte ihr Funktionär Lorenz Knorr 1969 über „Die neue Lage und die zukünftigen Aufgaben der DFU": „... der kann in der neukonstruierten DKP seine politische Heimat finden, wer ... auf kommunistischer Grundlage arbeiten möchte. Wer der kommunistischen Weltanschauung nicht zustimmt, ohne deshalb Antikommunist zu sein, ... dem steht die DFU offen."[67] Real gestaltete sich die zukünftige Entwicklung der DFU so, daß sie mit der Gründung der DKP ihren kommunistischen Flügel verlor und sich an den allgemeinen Wahlen nicht mehr beteiligte.

Die späten 60er und frühen 70er Jahre standen darüber hinaus im Zeichen weiterer, meist von der Studentenbewegung initiierter kommunistischer Neugründungen, die fast alle für sich in Anspruch nahmen, die Reinheit der marxistischen Lehre in der zeitbezogen einzig adäquaten Form zu vertreten. Schon Ende 1968 hatte Ernst Aust, ehemaliger Funktionär der verbotenen KPD, die KPD/Marxisten-Leninisten (ML) gegründet, die im März 1980, nach der endgültigen Auflösung der alten KPD, deren Namen übernahm. Im internationalen Maßstab gerierte die neue Partei sich maoistisch, indem sie sich an der Volksrepublik China orientierte, im nationalen Rahmen trachtete sie danach, den „Revisionismus" der DKP zu überwinden, indem sie die Parolen der Thälmannschen KPD bis hin zur Sozialfaschismus-These vertrat. Ernst Aust fuhr außerdem über Jahre hinweg regelmäßig nach Albanien, um mit der dortigen KP „brüderliche Freundschaft" zu pflegen. Im maßgeblichen Parteien-Handbuch für die Bundesrepublik Deutschland wird die KPD(/ML) mit den Attributen „extrem sektiererisch", „rigide zentralistisch", „borniert dogmatisch" und von einem „konspirativen Gehabe" sowie von „exotischem Auftreten" gekennzeichnet charakterisiert.[68] Und in der

Tat, um ihr Ziel, ein „vereintes, unabhängiges und sozialistisches Deutschland" zu erreichen, appellierte sie an „unsere schöne deutsche Heimat", die „psychische Wesensart des deutschen Volkes", seinen „Arbeitsfleiß" und „Ordnungssinn", an „unsere schöne deutsche Sprache" sowie die „unvergleichlichen Dome von Köln und Meißen".[69] Die DDR galt für sie seit der Herrschaft der „Ulbricht-Clique" als „revisionistisch entartet".

Irgendeine nennenswerte Rolle haben weder die KPD (/ML) noch eine zwischenzeitlich gegründete ausschließlich maoistische KP gespielt. Ihre Mitgliederzahlen gingen nie über 1 000 Genossen hinaus. Gleiches gilt für den „Kommunistischen Bund Westdeutschland" (KBW), der sich Anfang Juni 1973 in Bremen konstituierte. Bis auf ein Mandat im Heidelberger Stadtrat 1975 blieb die Partei ohne jeden Erfolg. Ihre höchste Mitgliederzahl erreichte sie 1977 mit 2 500. So wie die anderen marxistischen Sekten und Splitter war der KBW nichts anderes als ein „Zerfallsprodukt der Studentenbewegung Ende der 60er Jahre".[70] Er selbst indes sah dies lange Zeit anders. Bis 1976 veröffentlichte er ausschließlich Dokumente, die darauf hinausliefen, daß sich in der Bundesrepublik Deutschland „der Klassengegensatz von Tag zu Tag"[71] verschärfe. Um so weniger dies der Realität entsprach, um so mehr verschärften sich die Konfrontationslinien innerhalb des KBW. 1977 hieß es in einer „Resolution des ZK des KBW zur Lage und zu den Aufgaben", daß „die Entwicklung der Arbeiterbewegung wie der demokratischen Massenbewegung ... aus einer Phase raschen Aufschwungs in eine Phase der Stockung und Gärung übergegangen"[72] sei. Trotz dieser (Selbst-)Einschätzung der „proletarischen Massenbasis" sah der KBW sich nicht gehindert, überall dort destabilisierend tätig zu werden, wo es um innere und äußere Grundentscheidungen der zweiten Republik ging. Im Februar 1977, bei der Demonstration gegen das Kernkraftwerk Brokdorf an der Unterelbe, und einen Monat später, beim Sturm auf das KKW Grohnde in Niedersachsen, spielte der KBW eine führende Rolle. Ähnlich verhielt es sich mit den Sabotageakten im Vorfeld der Rekrutenvereidigung im Bremer Weserstadion vom Mai 1980. Allerdings schießen all diejenigen, die den KBW in die Nähe der „Roten Armee Fraktion" (RAF) rücken möchten, deutlich über das Ziel hinaus. Für den KBW war und ist einzig und allein das revolutionäre Proletariat in seiner Gesamtheit „befugt", die kapitalistische Gesellschaftsform gewaltsam zu beseitigen. In außenpolitischer Hinsicht überraschte die 1976 ausgesprochene Einladung an Robert Mugabe, die Bundesrepublik zu besuchen, nicht. Nachdenklicher stimmte da schon, daß der KBW selbst dann noch für den ugandischen Diktator Idi Amin votierte, als sich die Mehrheit der afrikanischen Staaten von ihm distanzierte, und daß die Revolution des Ajatollah Khomeini im Iran allein deshalb als fortschrittlich gewertet wurde, weil sie sich gegen die Vereinigten Staaten von Amerika richtete. Bacia resümiert: „Die Gründung des KBW war der Versuch, mehrere regionale bzw. lokale maoistische Zirkel zu einer Partei neben der maoistischen KPD und der KPD/ML zusammenzuschließen. Dieser Versuch ist gescheitert."[73]

Wie entwickelte sich in diesem Zeitraum die DKP, die sich als eigentliche Nachfolgerin der am 1. Januar 1919 begründeten KPD fühlte, fort? Während im „Statut der KPD" von 1963 die Partei noch als eine „einheitliche Kampforganisation" bezeichnet worden war, für die „die Einhaltung des demokratischen Zentralismus und der Leninschen Parteiformen" verbindlich sei, fehlt im Statut der DKP von 1969 jede direkte Erwähnung des Marxismus-Leninismus. Bedingt aber durch den Statutenpassus, daß die „Beschlüsse der gewählten höheren Parteiorgane" für alle nachfolgenden verbindlich sind, kann von einer innerparteilichen Demokratie im westlichen Sinne in der DKP nicht die Rede sein. Mehr noch als dies sorgte allerdings die Zusammensetzung der Führungsmannschaft für die Kontinuität im dogmatisch-kommunistischen Sinn. Führende Funktionäre der alten KPD waren 1956, nach dem Verbot, in die DDR übergewechselt, zum Teil, um sich vor drohenden Verurteilungen zu schützen. Sie waren 1968 nach der Relegalisierung wieder zur Stelle. Nicht nur für Herbert Mies, der seit 1973 an der Spitze der Partei steht, sondern für alle anderen Leitungskader der DKP gilt, daß sie der FDJ-Generation entstammen und von der illegalen Arbeit der Jahre 1956 bis 1968 sowie dem Exil in der DDR und der Ausbildung in der Sowjetunion geprägt sind, wo zum Beispiel Herbert Mies 1959 sein Studium zum Diplom-Volkswirt abschloß. Natürlich erhielt auch die DKP aus den Reihen der zerfallenden Studentenbewegung Auffrischungen personeller und ideologischer Natur, aber der Apparat hatte sich schon bald nach der (Wieder-)Begründung so abgeschottet, daß das frische Blut bereits weit entfernt von den Herzkammern in den Adern erstarrte.

Was hier in organisatorischer und personeller Hinsicht skizziert worden ist, das fand seine Fortsetzung in der programmatischen Arbeit der Partei. Von der „Grundsatzerklärung“ des Jahres 1969 bis zum „Mannheimer Programm“ 1978 lassen sich kaum Veränderungen feststellen. Immer wieder wird das Selbstverständnis beteuert, „Schild“ des „realen Sozialismus“ in der kapitalistischen Welt zu sein. Im Mannheimer Programm ist nicht nur festgehalten, daß die „gemeinsame Geschichte und Tradition“ die unverbrüchliche Verbundenheit von DKP und SED markiere, vielmehr wird auch erklärt, daß die SED in der DDR die „grundlegende Alternative zur kapitalistischen Ausbeuterordnung“ auf deutschem Boden bereits realisiert habe. Allerdings wird im gleichen Dokument im gleichen Atemzug ausgeführt, daß die DKP trotz unübersehbarer Schwierigkeiten, die aus der „Politik und Ideologie der rechtssozialdemokratischen Führer“ resultierten, die Zusammenarbeit mit den „Organisationen“ der SPD anstrebe und daß sie hierunter nicht nur eine „Aktionseinheit von unten“ verstehe.

Ausgesprochen aufschlußreich ist es gerade in diesem Zusammenhang, das Verhalten der Partei nachzuvollziehen, das sie an den Tag legte, als sie Mitte der 70er Jahre mit den Wandlungen der eurokommunistischen Parteien im romanisch-mediterranen Europa konfrontiert wurde. Herbert Mies selbst war es, der bestätigte, daß der erfolgreiche Schriftsteller Martin Walser in eben diesem Zeitraum eines Tages in seinem Büro saß und sagte: „Wenn ihr Eurokommunisten werdet, so wie die Italiener, dann arbeite ich mit euch zusammen.“[74] Demgegenüber ließ die Antwort der Partei nichts zu wünschen übrig: Mit dem feierlichen Bekenntnis, daß sie „jeder Art von Antikommunismus und Antisowjetismus entgegenzutreten“ gewillt sei, sollte eine „eurokommunistische“ Diskussion von vornherein verhindert werden. Diese hatte sich im Zuge der Ausbürgerung Biermanns aus der DDR und der Inhaftierung des Regimekritikers Rudolf Bahro in den eigenen Reihen zaghaft entwickelt. Welchen Wert sollten dann die Angebote zur Zusammenarbeit mit der SPD haben, wenn man schon mit den sich immerhin noch „Kommunisten" nennenden Genossen aus dem westeuropäischen Ausland wie mit Ketzern umging? Wolfgang Abendroth traf mit seiner verhaltenen Kritik am „Mannheimer Programm" den Nagel auf den Kopf, indem er beklagte, daß „in der tagtäglichen Praxis dieser Partei noch häufig sektenhafte Verhaltensformen überwiegen"[75], und Ossip K. Flechtheim hat das nach wie vor gültige Urteil formuliert: „Es ist das Verhängnis der westdeutschen KP, daß sie bis heute die Kraft oder den Mut für die eurokommunistische Wende ihrer Politik nicht gefunden hat. Mehr als das: daß sie die sowjethörigste KP Europas geblieben ist."[76] In der Tat wirkte sich die Verdammung der eurokommunistischen Wandlungen in ihren Folgen geradezu fatal aus. Der Weg zur Sekte war von nun an unausweichlich vorgezeichnet.

Natürlich hat die Partei dem mit allen Mitteln zu wehren gesucht, aber eben nicht um den Preis der ideologischen Reform. Ihre Antwort ging gewissermaßen in die für eine KP geradezu klassische Richtung: in die Betriebsarbeit. Doch selbst hier war man sich der bitteren Wahrheit bewußt, daß im Zeichen von Hammer und Sichel auch an Fließband und Werkbank keine überwältigenden Erfolge mehr zu erringen waren. Deshalb wurde die Taktik der Verhüllung und Verschleierung gewählt – die wieder legitimierte kommunistische Partei konnte es sich nicht mehr leisten, sich offen zu bekennen. Wem Ende der 70er Jahre in Betrieben und Hochschulen, in der Lehrlings- und Referendarsausbildung vor den Wahlen zu den Gremien und berufsständischen Interessenvertretungen Kandidaten präsentiert wurden, die schein- oder nur mittelbar politisch von ihrer „gewerkschaftlichen Orientierung" sprachen, der konnte nicht ahnen, daß es sich hier um eine geschickte Tarnformel aus den Kommandozentralen der DKP handelte, und wer es wagte, sich den dahinterstehenden Gruppierungen zu widersetzen, der wurde einfach als „Gewerkschaftsfeind" an den Pranger gestellt.[77] Es ist das Verdienst der linkssozialistischen Wissenschaftler Ossip K. Flechtheim, Wolfgang Rudzio, Fritz Vilmar und Manfred Wilke, daß sie in ihrer umfassenden Analyse „Der Marsch der DKP durch die Institutionen – Sowjetmarxistische Einflußstrategien und Ideologien"[78] diese Praxis schonungslos aufgedeckt haben. Im Vorspann ihrer Untersuchung heißt es: „Allzulange gab es naive linksliberale Biedermänner in unseren (Hoch-)Schulen und Kultusverwaltungen, in Gewerkschaften und Parteien, in Jugend- und Studentengruppen, ... die aus Unkenntnis, Bequemlichkeit, Toleranz, aus einem unkritischen Solidaritätsgefühl gegenüber allem, was sich ‚links' gibt, Sowjetmarxisten akzeptierten, ohne sie gleichzeitig zu zwingen, ihre Position offen darzulegen ..."

Aber auch die gewerkschaftliche Tarnstrategie konnte der DKP nicht zu neuer Bedeutung verhelfen. Trotz ihrer „komisch wirkenden Selbstüberschätzung", sich selbst zur zweiten Säule der westdeutschen Arbeiterbewegung zu machen („Der DGB ist auf die beiden Arbeiterparteien SPD und DKP angewiesen"[79]), ließ der Erfolg in den Fabriken und Betrieben zu wünschen übrig. Die Zahl der DKP-Betriebsgruppen sank von 1971 bis 1982 von 408 auf 300, und ähnlich verhielt es sich mit der Zahl der Betriebsratsmandate, die Ende der 80er Jahre bis auf wenige 100 (von mehr als 100 000) gefallen war. Schon lange vorher war klar geworden, daß man sich, um nicht in die absolute parteipolitische Redundanz abzusinken, andere Einflußbereiche suchen mußte.

Der sogenannte „Doppelbeschluß" der NATO-Staaten vom Dezember 1979, der die Stationierung von Mittelstreckenraketen in Westeuropa für den Fall vorsah, daß der Abbau von bereits installierten sowjetischen SS-20 Raketen bis zum Dezember 1983 nicht erfolgte, eröffnete genau dieses Terrain. „Die DKP hat als initiatorischer und konstanter Faktor entscheidend dazu beigetragen, die Anti-Nachrüstungskampagne in Bewegung zu setzen und die Einheit der Bewegung zu wahren ..."[80] Seit an Seit mit Sozialdemokraten und Grünen gelang es ihr zum Beispiel, im sogenannten „Krefelder Appell" eine Vielzahl von Sympathisanten zu mobilisieren. Von einer kommunistischen Steuerung der gesamten Anti-Nachrüstungsbewegung zu sprechen, erscheint trotzdem als überzogen.[81] Zu klein war ihr Funktionärspotential, um die riesige Menge aller Nachrüstungsgegner in ihrem Sinne lenken zu können, was auch der überaus geringe Erfolg bei den Bundestagswahlen 1983 (0,2%) beweist. Durch den kategorischen Kampf gegen die „Strategische Verteidigungsinitiative" (SDI) Präsident Reagans blieb die Partei der Abrüstungsthematik als zentralem Agitationsfeld treu, obwohl sich das Schwergewicht der innergesellschaftlichen Diskussion in der Bundesrepublik Deutschland in der zweiten Hälfte der 80er Jahre nach dem Reaktorunglück in der Westukraine wieder eindeutig in Richtung auf das Für und Wider der friedlichen Nutzung der Kernenergie verlagerte. Aber daß der DKP daran gelegen war, die deutlichste Warnung an die Menschheit seit Hiroshima lieber unter den Teppich zu kehren, lag aus Gründen der Topographie und staatlichen Zuordnung von Tschernobyl nahe.

Abrüstungs- und Friedensthematik mochten noch so sehr im Zentrum des DKP-„Kampfes“ bleiben, eines wurde spätestens bei der Bundestagswahl vom 6. März 1983 deutlich: elektoral hatte sich das organisatorisch, ideell und finanziell enorme Engagement in der Friedensbewegung in keiner Weise bemerkbar gemacht. Die Zahl der für die DKP abgegebenen Zweitstimmen wurde im Vergleich zu 1976 praktisch halbiert (120 000 zu 65 000 bzw. 0,3 zu 0,2%). Da die Partei für diesen Zeitraum ca. 50 000 Mitglieder für sich reklamierte, steuerte sie einem für westeuropäische Verhältnisse wenig beneidenswerten Rekord entgegen: die Zahl ihrer Wähler und die Zahl ihrer Mitglieder begannen eine identische Größe zu werden. Es war deshalb ein Ausdruck trauriger Selbsterkenntnis, als Axel Pinck, der Vertreter der „Marxistischen Arbeiterschule Hamburg“, auf dem 7. Parteitag der DKP 1984 in Nürnberg offen formulierte: „Das Interesse am Marxismus ... ist größer, und zwar bedeutend größer, als das direkte Interesse an unserer Partei. (...) Es gibt objektiv wenig Gründe, allein aufgrund unserer tagespolitischen Forderungen Mitglied der DKP zu werden.“[82]

Immer deutlicher wurde es deshalb, daß die DKP ohne potentielle Bündnispartner nicht überlebensfähig war, und immer deutlicher wurde gleichzeitig, daß sie sich in dieser Hinsicht zwischen SPD und Grünen zu entscheiden hatte. Der Entscheidungsprozeß gestaltete sich derart problematisch, daß sie zugunsten einer „Friedensliste“ auf eine eigene Beteiligung an der Bundestagswahl 1987 verzichtete. (Der offizielle Verfassungsschutzbericht des Bundesinnenministeriums stand denn auch nicht an, die „Friedensliste“ als „Trojanisches Pferd“ der DKP zu bezeichnen.) In den Thesen zum 8. Parteitag aus dem Jahre 1985 hieß es, daß die Grünen „ein unverzichtbarer Bestandteil der antimonopolistischen Bündnispolitik der DKP“[83] seien. Herbert Mies persönlich war es dann, der im Jahrbuch des „Instituts für Marxistische Studien und Forschung“ verlautbarte, „daß die DKP für ein wahlpolitisches Zusammengehen mit dem grün-alternativen Lager eintritt“.[84] Auf dem Trittbrett der grünen Bewegung war es - erstmalig seit 1953 - schon 1982 Jürgen Reents, dem Mitglied des „Kommunistischen Bundes“, einer weiteren vorübergehenden Gruppierung in der Nachhut der Studentenbewegung, gelungen, auf den Sesseln eines westdeutschen Parlaments, in diesem Fall der Hamburger Bürgerschaft, Platz zu nehmen.

Endgültig geklärt ist das Präferenzverhältnis der DKP hinsichtlich SPD oder Grünen aber bis heute nicht. Die sozialdemokratischen Konzepte der Sicherheitspartnerschaft mit der Sowjetunion und der strukturellen Nichtangriffsfähigkeit der eigenen bewaffneten Streitkraft werden von den Kommunisten expressis verbis geteilt. Den Flensburger Bundestagsabgeordneten Egon Bahr glaubt die DKP in diesem Zusammenhang als „unentbehrlichen Partner“[85] bezeichnen zu können. Als vorbildlich hob sie den Beschluß der IG Metall vom Oktober 1983 hervor, in dem es geheißen hatte, auch Kommunisten haben „ihren Platz in der IG Metall. Daran lassen wir nicht rütteln.“[86] Fast wortgleich hatte sich die Rundfunk-Fernseh-Film-Union (RFFU) auf ihrem 13. ordentlichen Gewerkschaftstag in Mannheim geäußert. Dennoch waren orthodoxe Kommunisten auf den obersten Führungsetagen der westdeutschen Gewerkschaften Ende der 80er Jahre nur sehr selten vertreten. Auf der Bundeswahlkonferenz der DKP am 13. September 1986 in Bottrop führte Mies aus, eine bessere Politik könne nur durch eine „von der SPD geführte und mit den Grünen in welcher Weise auch immer kooperierende Regierung“ erzielt werden. Beide Parteien seien im Prinzip wählbar, auch wenn beiden eine „klare antimonopolistische Stoßrichtung“ fehle.

Letztendlich ergibt sich damit für den parteipolitisch organisierten Kommunismus in Westdeutschland ein Bild, das sich von demjenigen im Deutschland der 20er Jahre nur unwesentlich unterscheidet: er ist dogmatisch-orthodox, revolutionär und sowjetorientiert. Der einzige, allerdings signifikante Unterschied besteht darin, daß die bundesrepublikanische DKP eine Sekte ist und die Weimarer KPD eine mächtige politische Kraft war. Das Einflußpotential der DKP dürfte in Zukunft eher noch abnehmen. Die Stabilität des westdeutschen Parteiensystems ist durch sie jedenfalls nicht auch nur im geringsten Maße gefährdet. Im Jahre 1966 prognostizierte Ossip K. Flechtheim, daß die (in diesem Zeitraum illegale) KPD ihren sektiererischen Charakter erst dann ablegen könnte, wenn „es zu einer längeren Periode der Entspannung in der Weltpolitik und in den Beziehungen der beiden deutschen Staaten kommen sollte“.[86] Genau dieser Zustand trat nur wenige Jahre nach Flechtheims Prognose für fast genau ein Jahrzehnt ein - die (legale) kommunistische Partei hat aus ihm nicht den geringsten Nutzen ziehen können. Sie ist die in allgemeinen Wahlen erfolgloseste KP Westeuropas. Die Gründe hierfür liegen weniger im Ideologischen als im konkreten Gang der deutschen Geschichte nach 1945 und ihren staatlichen Neuformationen: „Die Partei ist eine Vereinigung der Freunde und Förderer der Deutschen Demokratischen Republik auf westdeutschem Territorium. ... das Odium der DDR-Agentur haftet an ihr. ... sie funktioniert als Handpuppe der großen Schwesterpartei SED.“[87] Es war niemand anders als Rudolf Bahro, der die DKP als „Außenposten eines anderen Militärblocks“ bezeichnet hat.[88] Wenn dieses Abhängigkeitsverhältnis auch nur irgendwo seine Bestätigung findet, dann dort, wo es um die Auffüllung der Parteikasse geht. Im Verfassungsschutzbericht für 1985 findet sich vermerkt, daß „mehr als 65 Millionen DM konspirativ aus der DDR in das Bundesgebiet verbracht worden seien“[89].

In ideologischer Hinsicht hat es die DKP jederzeit vermieden, die klassischen Begriffe des Marxismus-Leninismus wie „Diktatur des Proletariats“ zu verwenden, weil das Bundesverfassungsgericht 1956 unter anderem hieran seinen Verbotsantrag aufgehängt hatte und weil man sich schließlich doch nicht rückschrittlicher als die eurokommunistischen Parteien gerieren wollte. Statt dessen heißt es im Programm der DKP: „Die DKP kämpft dafür, daß das arbeitende Volk die führende Rolle in Staat und Gesellschaft erlangt.“[90] Es kann jedoch kein Zweifel daran bestehen, daß diese Begriffe im Sprachgebrauch der Partei gleichbedeutend sind. In den 80er Jahren bekannte die DKP sich nach wie vor zur „revolutionären Gewalt“ als Mittel der „grundlegenden Umwälzung“, die sich nur in Form des „harten Klassenkampfes“ durchsetzen lasse.[91] Auch ihr Engagement in der Anti-Nachrüstungs- und Friedensbewegung ist auf dem Hintergrund dieser „Sprachregelung“ zu verstehen: die Termini Frieden, Revolution und Sozialismus sind in dieser Hinsicht Synonyme. „Da der angestrebte Friedenszustand eng mit der revolutionären Beseitigung der repräsentativen, pluralistischen Gesellschaftsordnung der Bundesrepublik verbunden ist, wird die verfassungsfeindliche Intention des kommunistischen Friedenskampfes deutlich.“[92] Es ist deshalb wenig überraschend, daß Mitgliedern der DKP wie auch anderer K-Gruppen der Zugang zum öffentlichen Dienst und besonders zum Beamtenstatus nach wie vor verstellt ist. Das Wort vom „Berufsverbot“ ist inzwischen in den gesamteuropäischen Sprachgebrauch eingegangen: es mag für den Franzosen, Italiener, Portugiesen und Finnen nach wie vor eine unverständliche Vokabel sein, für neun von zehn Bundesrepublikanern ist sie es nicht. In der Tat hat der in der Adenauer-Ära von der Linken oft legitimerweise verwendete Begriff des „Antikommunismus“ die Arbeit der nichtsozialdemokratischen Linken entscheidend erschwert. Heute indes ist es ein Sozialdemokrat, der an maßgeblicher Stelle schreibt: „Er, der Antikommunismus, ist heute so weit abgeschwächt wirksam, daß die DKP zumindest aus dem Ghetto der Isolation innerhalb der westdeutschen Linken hätte heraustreten können. Daß ihr dies nicht gelang, ist allein ihr eigenes Verschulden.“[93] Auch wenn in sozial- wie in christdemokratisch regierten Bundesländern DKP-Mitglieder im öffentlichen Dienst de facto toleriert werden, so ändert dies nichts daran, daß sowohl das Bundesverwaltungs- als auch das Bundesdisziplinargericht zweifelsfrei die „verfassungsfeindliche Zielsetzung“ der DKP festgestellt haben.[94] Hans-Peter Schwarz, einer der renommiertesten Geisteswissenschaftler der zweiten Republik, bezeichnet die Praxis der Beschäftigung von Extremisten im Staatsdienst als „von Widersprüchen nicht frei“. Er macht keinen Hehl daraus, daß die „sauberste Lösung“ für ihn in einem Verbot der DKP besteht, deren Wiederzulassung er expressis verbis als Verstoß gegen das Karlsruher Urteil aus dem Jahre 1956 ansieht.[95] Realiter würde ein derartiges Verfahren die Bundesrepublik erneut in eine singuläre Situation im westeuropäischen Maßstab bringen. Insofern ist die interne – wenn auch angestellten- und beamtenrechtlich durchaus problematische – Widersprüchlichkeit vielleicht weniger brisant als ein Einzelgängertum im freien Teil Europas. Darüber hinaus bleibt festzuhalten, daß sich das Problem durch die spezifische parteipolitische Transformation innerhalb der Bundesrepublik eh' von selbst löst: So mancher Kommunist ist, wie bereits an einem Beispiel aufgezeigt, heute mit einem grünen Mäntelchen um die Schultern in westdeutschen Schulen, Parlamenten und Amtsstuben tätig.

Der DKP wiederum könnte dies ihre letzten Potentiale nehmen. „Sterilität der Argumentation und gebetsmühlenhafte Formelsprache" sind ihr tagtägliches Einerlei. Unruhige Geister verträgt sie nicht. In die Thesen vor ihrem 1986er Parteitag glaubte sie sogar einen Passus einbauen zu müssen, in dem die „Notwendigkeit der DKP" begründet wurde, „ein kurioses Symptom der Identitätskrise".[96] Es gibt keinerlei Hoffnung, „daß die DKP in ihrer strategischen Orientierung einmal die Höhe der Zeit erklimmen könnte".[97] Es ist kein Zufall, daß die Partei in der bundesdeutschen Arbeiterschicht als „eine von der SED bezahlte, gegängelte Sekte gilt, die sich nur den Interessen der DDR verpflichtet fühlt. (...) An die Stelle bedeutender Arbeiterführer ... sind biedere und unbekannte Parteibeamte, sogenannte Intellektuelle oder labile Genossen getreten ...". Es waren Stimmen aus den eigenen Reihen, die am Ende der 80er Jahre ein derartig trübes Bild von der eigenen Partei gaben.[98]

Das Verhalten der DKP anläßlich der Bundestagswahl 1987 wirkte fast schon wie eine Art Selbstaufgabe. In ihren offiziellen Anzeigen warb sie dafür, mit der Erststimme die Liste „Frieden", eine ihrer Tarnorganisationen, zu wählen, die entscheidende Zweitstimme aber der SPD oder den Grünen zu geben. Zudem ist ihr in der Person des KPdSU-Generalsekretärs Gorbatschow einer der unbequemsten Genossen ihrer Geschichte erwachsen. Als die Gefahr bestand, daß das DKP-Organ „Unsere Zeit" die Gorbatschow-Rede „wir brauchen Demokratie wie die Luft zum Atmen" vom Januar 1987 abzudrucken drohte, schritt die SED scharf ein und kündigte an, sie würde den (immerhin 50 000 Exemplare umfassenden) DDR-Vertrieb des Organs blockieren. Herbert Mies war schon vorher offiziell ermahnt worden. Die Genossen aus Ost-Berlin sind und bleiben die eigentliche Kontroll- und Kommandozentrale der DKP, auch was die Eindämmung des neuerdings aus Moskau kommenden „gefährlichen" Reformpotentials angeht. Der an seiner Partei verzweifelnde Schriftsteller Erasmus Schöfer verglich die DKP deshalb mit einem „abweisenden, leblosen, eiszeitlichen Findling, in den man allenfalls mittels Preßluftbohrer eindringen kann".

9. Österreich

Die Wurzeln der *Kommunistischen Partei Deutschösterreichs* (KPDÖ) liegen im Januarstreik 1918, aus dem heraus sie sich am 3. November des gleichen Jahres als eine der ältesten kommunistischen Parteien der Welt bildete. Ihre Gründungsmitgliedschaft bestand aus „einer unorganisierten Gruppe Intellektueller, Jugendlicher, linksradikaler Betriebsarbeiter und Soldaten".[99] In ihrem ersten, schon am 9. September 1918 veröffentlichten Programm wurde die Errichtung einer Rätediktatur nach russischem Vorbild als zentrale Forderung erhoben. Bereits im Frühjahr 1918 hatte sich von der *Sozialdemokratischen Partei Deutschösterreichs* eine linksradikale Gruppierung abgespalten, die im Gegensatz zur Parteimehrheit für eine Ausweitung des Januarstreiks plädierte. Sie war von der Oktoberrevolution enthusiasmiert und verbrüderte sich mit gleichgesonnenen, aus Rußland zurückkehrenden Kriegsgefangenen. Die Kommunisten beteiligten sich nicht an den Wahlen zur konstituierenden Nationalversammlung in Österreich.

Erst nach dem im Versailler Vertrag ausgesprochenen Anschlußverbot benannte sich die KPDÖ 1920 in *Kommunistische Partei Österreichs* (KPÖ) um. Die KPDÖ wie auch die junge KPÖ ging von der irrigen Annahme aus, in die Vorherrschaft der Sozialdemokratie unter den Arbeitern entscheidend eindringen zu können. Die „Putschpartei", wie sie in den Straßen von Wien schon 1918/19 genannt wurde, lehnte strikt den Parlamentarismus als „Irreführung der Massen" ab. Unter dem Einfluß von E. Bettelheim wurde bewußt versucht, die kurzlebigen Umsturzversuche in Form der ungarischen Räterepublik auf Österreich zu übertragen. Insgesamt ist es der KPDÖ/KPÖ nicht gelungen, „in einem der großen Lager der ausgehenden Monarchie und der Ersten Republik Fuß zu fassen."[100] Auf ihrem 7. Parteitag 1924 bildete die KPÖ erstmals - nach sowjetischem Vorbild - ein Politbüro.

Niemand anders als Lenin selbst war es, der die Partei zunächst von ihrem Weg des kategorischen Antiparlamentarismus wegführte. Die Kommunisten beteiligten sich an den Nationalratswahlen des Jahres 1920 und erreichten mit Müh und Not einen Prozentpunkt der Stimmen. Die KPÖ der 20er Jahre entbot das Bild einer von permanenten Richtungs- und Fraktionskämpfen zerrütteten Partei, die bei allen anschließenden Wahlen der Ersten Republik nie über 0,6% der Wählerstimmen hinausgelangte, „eine kleine radikale Sekte“[101].

Nach dem 5. Weltkongreß der Komintern 1924 setzte auch in Österreich die Bolschewisierung der KP ein. Von nun an wurde jeder Schwenk der Moskauer Zentrale nachvollzogen. Johann Koplening, die Führungsfigur der KPÖ, adaptierte 1929 die verhängnisvolle, weil Hitlers Aufstieg erleichternde Strategie des „Sozialfaschismus“, derzufolge der eigentliche Feind der Arbeiterklasse nicht in den allenthalben erstarkenden Rechtsparteien, sondern in der europäischen Sozialdemokratie zu sehen sei. Getreu dem deutschen Vorbild, wo die KPD im Streik der Berliner Verkehrsbetriebe mit den Nationalsozialisten zusammenarbeitete, strebte die KPÖ in ihrem Lande ähnliche Allianzen an. „Damit zeichnete sich ein ideologischer Vorläufer des späteren Hitler-Stalin-Paktes ab.“[102] Erst auf dem 12. Parteitag der KPÖ im September 1934, als es bereits zu spät war, wurde statt der Sozialdemokratie der Faschismus zum Hauptfeind erklärt, und erst mit dem 7. Weltkongreß der Komintern 1935 wurde, Moskauer Weisungen folgend, der Sozialdemokratie die Zusammenarbeit im Rahmen der Volksfront angeboten. Treffender als mit dem Diktum des großen österreichischen Sozialisten Otto Bauer lassen sich dieser ideologische Zick-Zack-Kurs und seine realpolitischen Fehleinschätzungen nicht wiedergeben:

„Die Kommunisten haben nach dem Sieg des Faschismus überall erklärt: daß die sozialdemokratischen Parteien die Demokratie verteidigt haben, statt das Proletariat zum Kampf um seine Diktatur zu rufen, ist Ursache der Niederlage. Aber als sie die Weisung von Moskau bekamen, haben sie über Nacht eine völlige Wendung vollzogen und in allen faschistischen Ländern nun erklärt: wir kämpfen um die Demokratie und nichts als die Demokratie. Sie haben nach dem Siege des Faschismus überall die Koalitionspolitik der sozialdemokratischen Parteien, ihre Kompromisse mit bürgerlichen Parteien für die Niederlage verantwortlich gemacht. Aber als die Anweisung aus Moskau kam, forderten sie überall die Volksfront mit Bürgern und Bauern und boten bürgerlichen Demokraten, katholischen Klerikalen, ‚ehrlichen' Faschisten, ja selbst den von den faschistischen Diktaturen eingesetzten Führern der faschistischen ‚Arbeiterorganisationen' die Koalition gegen die ‚200 Familien' an. Sie hatten eben erst die sozialdemokratischen Parteien als ‚Sozialfaschisten', als ‚Schrittmacher des Faschismus' beschimpft; sie luden überall nunmehr dieselben ‚Sozialfaschisten' zur Einheitsfront, zur Einheitspartei ein."[103]

Der Gerechtigkeit einer um eine lückenlose Bestandsaufnahme bemühten Darstellung wegen darf allerdings nicht unterschlagen werden, daß die KPÖ in einer kurzen Phase unmittelbar nach der autoritären Rechtsentwicklung im Februar 1934 auch ohne Stalinsches Plazet zu einer „kämpferischen Einheitsfront" mit den gleichfalls in die Illegalität gedrängten Sozialdemokraten zu gelangen suchte.

Wie schon in ihrem ersten Namen *Kommunistische Partei Deutschösterreichs* zum Ausdruck gebracht, hat die Frage des Anschlusses bei den österreichischen Kommunisten praktisch von der Stunde ihrer parteipolitischen Begründung an eine entscheidende Rolle gespielt. Auf dem 4. Parteitag 1921 hatte sich diese Streitfrage bereits derart vertieft, daß es hierüber zu Fraktionsbildungen und Kampfabstimmungen kam. Dabei setzte sich die Mehrheit, die den Anschluß an Deutschland ablehnte, durch. Indes, Koplening schwankte noch 1925 zwischen dem „Anschluß" und einem „Kampfbündnis mit dem deutschen Proletariat". Und selbst im Aufruf der KPÖ zu den Nationalratswahlen 1930 war vom „gemeinsamen Kampf der deutschen und österreichischen Arbeiter" und vom „Anschluß Sowjetösterreichs an Sowjetdeutschland" die Rede. Auch wenn die Partei nach Hitlers Machtübernahme dem Anschlußgedanken entgegentrat, so ließ sie doch keinen Zweifel daran, daß beide Länder nach einer erfolgreichen proletarischen Revolution wieder vereinigt werden müßten, ja, der KPÖ-Delegierte Hermann bezog auf dem 7. Komintern-Kongreß 1935 im Grunde genommen wieder die alte Position aus den Gründungstagen der KPDÖ, als er sagte: „Das österreichische Volk ist ein Teil des großen deutschen Volkes".[104]

Die Wende zur Verteidigung der österreichischen Unabhängigkeit kam danach ziemlich abrupt, und zwar noch vor dem Abkommen zwischen Hitler und Schuschnigg vom Juli 1936. Kein Jahr später hieß es in einer Ausgabe des analog zu den deutschen Genossen mit „Rote Fahne“ betitelten Parteiorgans der KPÖ vom Februar 1937: „Schluß mit dem Gerede vom zweiten deutschen Staat. Wir sind Österreicher und wollen ein staatlich und national selbständiges, unabhängiges und freies Österreich.“[105] Wie ist dieser unvermittelte Einstellungswandel in einer Grundsatz-, ja Schicksalsfrage österreichischen Seins und Daseins zu erklären?

Es ist das Verdienst der umfassenden Untersuchung von Gärtner, die Dinge hier wieder ins rechte Licht gerückt zu haben. Unmittelbar nach dem Artikel in der „Roten Fahne“ erschien in „Weg und Ziel“, der theoretischen Monatsschrift der Partei, eine Aufsatzserie „Zur Nationalen Frage in Österreich“, in der auf einmal die These aufgestellt wird, daß Österreich aufgrund seiner jahrzehntelangen Selbständigkeit eine von der deutschen Nation unterschiedliche und eigenständige Nation sei. Gärtner erklärt unumwunden, daß diese Schlußfolgerungen als von Koplening „bestellt“ anzusehen sind, um sich nicht von der österreichischen Sozialdemokratie in der nationalen Frage den Rang ablaufen zu lassen, und daß die abrupte Wende der Jahre 1936/37 nur auf dem Hintergrund der sich abzeichnenden Hitlerschen Bedrohung verständlich wird.[106] Somit ist festzuhalten, daß die KPÖ den Weg zur Propagierung einer eigenen österreichischen Nation exogen, von außen geleitet, aus einer (nur zu begründeten) Bedrohungsperzeption heraus gebildet hat, und nicht aufgrund irgendwelcher vertiefter Erkenntnisse vom veränderten Charakter der in Österreich lebenden Menschen. Dies soll nicht die ruhmreiche Haltung der KPÖ schmälern, die beim Einmarsch der deutschen Truppen 1938 als eine der ganz wenigen österreichischen politischen und gesellschaftlichen Gruppierungen bis an die Grenze des Widerstands reichenden Widerspruch geleistet hat, und es ist eine Paradoxie der jüngeren Parteihistoriographie, daß gerade heutige österreichische Marxisten mit an der selbstgerechten Legende vom fast feindseligen Empfang der Deutschen in Wien stricken.[107]

Der Abschluß des Hitler-Stalin-Pakts nur anderthalb Jahre nach dem bekämpften „Anschluß“ an das Reich stellte die KPÖ nicht nur vor eine Zerreißprobe, sondern er spaltete die Partei auch tatsächlich. Die im Lande gebliebenen Kommunisten vermochten einfach nicht einzusehen, weshalb sie sich hinsichtlich der außenpolitischen Bündniskonstellation an die Seite der Macht stellen sollten, die sie auch weiterhin im Zustand der Illegalität beließ und brutal verfolgte, während die (vor allem nach Moskau) emigrierten KP-Mitglieder den Pakt guthießen. Was die Haltung zu Deutschland anging, so korrespondierte in diesem Zeitraum die Schizophrenie des ganzen Landes mit der seiner kommunistischen Partei. Hiervon war auch noch etwas zu spüren, als die Fronten längst wieder gewechselt waren, Hitler die Sowjetunion überfallen und sich gegen ihn die Allianz der Großen Drei gebildet hatte. Die Vereinigten Staaten von Amerika, Großbritannien und die Sowjetunion erklärten in der „Moskauer Deklaration" von 1943 zwar „die gewaltsame Annexion von Österreich ... als null und nichtig .., Österreich wird jedoch daran erinnert, daß es sich der Verantwortung nicht entziehen kann, an der Seite Hitler-Deutschlands am Krieg teilgenommen zu haben ...".

Österreich wurde wie Deutschland nach dem Kriege in vier Besatzungszonen aufgeteilt, durfte aber eine provisorische gemeinsame Regierung bilden. Als Regierungschef hatte Stalin selbst Karl Renner vom rechten Flügel der österreichischen Sozialdemokratie auserkoren, von dem man wußte, daß er im April 1938 den „Anschluß" befürwortet hatte. Andererseits erreichte „Seine Exzellenz Marschall Stalin" 1945 ein von Renner unterzeichneter Brief, in dem der letztere der Roten Armee in überschwenglichem Lob für die Befreiung dankte[108] – ein Dokument des Wandels, das mit dem Opportunismusvorwurf sehr wohl behaftet werden darf. Überraschender- oder konsequenterweise erklärte sich die KPÖ mit Renner, der die österreichische Sozialdemokratie 1945 de iure als „Sozialistische Partei Österreichs" (SPÖ) wiederbegründete, einverstanden. Das KPÖ-Führungsmitglied Friedl Fürnberg begründete dies auf dem 13. Parteitag dergestalt, „daß sogar ein so eingefleischter Opportunist wie Renner in den fürchterlichen und schweren Jahren des Faschismus ... gelernt haben kann".[109]

In enger Zusammenarbeit mit der Sowjetunion besetzte die wieder legalisierte KPÖ in der russischen Besatzungszone die entscheidenden Positionen. In Wien waren anfangs von 21 provisorischen Bezirksvorstehern 13 Kommunisten, und im provisorischen Wiener Stadtsenat reklamierte die KPÖ kaum weniger als die Hälfte aller zu vergebenden Mandate. Der spätere österreichische Bundespräsident Adolf Schärf schreibt, unmittelbar nach Kriegsende mußte man in Wien, Niederösterreich und dem Burgenland zu dem Eindruck gelangen, „daß dieser Teil Österreichs kommunistisch oder russisch geworden sei", und Churchill telegraphierte am 9. Juni 1945 an Truman, in Wien habe niemand anderes als die Russen die Macht.[110] Indes, gerade die De-Facto-Identifikation zwischen KPÖ und sowjetischer Besatzungsmacht war es, die den Kommunisten innerhalb der österreichischen Bevölkerung letztlich den Garaus bereitet hat. Mit der „Russenpartei" wollte eigentlich niemand etwas zu tun haben.

Der KPÖ wurde ein Drittel aller Ämter in der Regierung Renner eingeräumt. Sie hatte mit den Staatsämtern für Inneres (Franz Honner) sowie Unterricht und Volksaufklärung (Ernst Fischer) entscheidende Exekutiv- und Informationskanäle inne. „Sowohl die westlichen Alliierten als auch führende Politiker der westlichen Bundesländer vermuteten anfangs in der Regierung Renner das, was sie nie war: ein Werkzeug Stalins."[111] Bald nach dem 8. Mai 1945 hatte sich in Niederösterreich, in der Steiermark, in Kärnten, Tirol und Vorarlberg auf lokaler Ebene eine Einheitspartei aus Sozialisten und Kommunisten gebildet, so wie sie Ostern 1946 in der Sowjetischen Besatzungszone Deutschlands in Form der SED erst erzwungen werden mußte. Wie würde sich das Verhältnis zwischen SPÖ und KPÖ im Nachbarland entwickeln? Johann Koplening beantwortete auf Propagandaveranstaltungen die rhetorische Frage „Was braucht Österreich?" mit „Eine starke Kommunistische Partei" und nicht „Eine starke Sozialistische Einheitspartei". Die KPÖ hat ihren Einfluß und ihr Wählerpotential in der Situation nach dem Kriegsende in unzulässigem Maße überschätzt. Sie ging davon aus, der SPÖ nach erfolgreichen Wahlen die Hand zur Zusammenarbeit anbieten zu können. Tatsächlich wurde in der Sitzung des sozialistischen Parteivorstands vom 26. Juli 1945 unter Berufung auf Otto Bauers These vom „integralen Sozialismus" die Errichtung einer Arbeitsgemeinschaft mit acht gegen fünf Stimmen befürwortet, und als auch die KPÖ grünes

Licht gab, konstituierte sich eine sozialistisch-kommunistische Arbeitsgemeinschaft, die sich allerdings nach zwei Treffen bereits wieder *sine die* vertagte.

Die Bildung einer echten Einheitsfront hat die KPÖ auf der Ebene der Gewerkschaften und der Arbeiterkammern angestrebt. Hier sollte von jedweder parteipolitischen Fraktionierung abgesehen werden - was die SPÖ und die Christdemokraten weit von sich wiesen. „Das Mißlingen der kommunistischen Pläne, auf allen kulturellen und sozialen Gebieten staatliche Einheitsorganisationen zu schaffen, und die dadurch ermöglichte Gliederung nach parteipolitischen Gesichtspunkten erleichterte die Reduzierung der kommunistischen Machtpositionen auf das Maß, das der KPÖ entsprechend ihrer tatsächlichen Verankerung in der Bevölkerung zukam."[112] Aber immer noch glaubten die Sowjetunion und ihr verlängerter Arm in Österreich, daß der erste Urnengang nach dem Kriege der KPÖ zum entscheidenden Durchbruch verhelfen würde. Wolfgang Leonhard berichtet in seinem Buch „Die Revolution entläßt ihre Kinder" von einer Nachricht der Bruderpartei aus dem Alpenland, in der „die österreichischen Genossen erklärten, sie rechneten damit, bei den Wahlen genauso viel Stimmen wie die Sozialdemokraten zu erhalten".[113] Tatsächlich erhielt die KPÖ 5,4%, was vier von 195 Mandaten entsprach. Auch wenn dieses Ergebnis das beste in der Geschichte der KPÖ war und bleiben sollte, im gesamteuropäischen Vergleich der mit dem Widerstandsbonus antretenden KPen und vor allem hinsichtlich des selbstgestellten Anspruchs „war diese erste Schlacht bereits das Waterloo des österreichischen Kommunismus".[114] „Die Partei, die im April 1945 ausgezogen war, in Österreich eine Volksdemokratie zu errichten, fand sich im November 1945 von 95 Prozent aller Österreicher abgelehnt."[115] Genau 174 257 Österreicher hatten sie gewählt - eine Zahl, die sich nicht allzu stark von ihrem Mitgliedsstand unterschied (132 268). Aber innerhalb der KPÖ leitete die vernichtende Niederlage keinerlei Umdenkungsprozeß ein. Unter ihren Führungsmitgliedern gab einzig Ernst Fischer zu bedenken, daß die einseitige Identifikation mit der Sowjetunion abträglich sei. Diese allerdings zog aus dem Wahldesaster sofortige Konsequenzen. War sie bisher - fast eher noch als die Westmächte - ein prononcierter Vertreter der österreichischen Einheit, so beklagte die SPÖ in einer Denkschrift an die britische Labour Party vom April 1946 den maßgeblich von der Sowjetunion betriebenen „Nervenkrieg ..., um die Bevölkerung glauben zu machen, daß Ostösterreich endgültig an Rußland fällt".[116] Und noch an einer anderen Stelle ließ die Sowjetunion ihre Hebel spielen.

Auf der Potsdamer Konferenz war ihr als eine Entschädigung für die erlittenen Kriegsschäden alles „deutsche Eigentum" in ihrer österreichischen Besatzungszone „und damit schlagartig etwa die Hälfte des österreichischen Industriepotentials"[117] zugesprochen worden. Ohne gesicherte völkerrechtliche Basis wurden die insgesamt 454 Betriebe zu dem Firmenkomplex *Uprwljenje Sowjetskowo Imuschtschestwa Awstrij* (USIA) zusammengefaßt und der sowjetischen Militärverwaltung unterstellt. Hatte die Sowjetunion noch vor den Novemberwahlen dem von der Regierung Renner vorgelegten Gesetz zur Verstaatlichung der Großbanken und der Schwerindustrie die Zustimmung verweigert, so ließ sie es am 26. Juli 1946 passieren, betonte aber gleichzeitig ihre Verfügungsgewalt über die USIA-Betriebe. Damit ergab sich die Situation, daß 60% der von der Verstaatlichung betroffenen Betriebe sowjetischer Kontrolle unterstanden. Diese rechtliche Gemengelage verschob die Sowjetunion in den Folgejahren derart zu ihren Gunsten, daß vom „Inselcharakter" der USIA-Betriebe, von einer „exterritorialen Wirtschaft"[118] und von einer aus sowjetischer Besatzungsmacht, KPÖ und USIA bestehenden „kommunistischen Insel inmitten einer antikommunistischen Umwelt"[119] gesprochen werden kann.

Auch die KPÖ selbst vollzog in ihrer wirtschaftspolitischen Programmatik nun einen vollständigen Kurswechsel. Unmittelbar nach Kriegsende hatte sie noch davon gesprochen, eine „kombinierte Wirtschaft", eine Mischung aus Plan und Profit realisieren zu wollen. Aus dem Munde Ernst Fischers hieß es wörtlich: „Die Frage lautet nicht: Verstaatlichung oder Privatinitiative? Das Programm kann nur sein: Verstaatlichung und Privatinitiative."[120] Das eigentliche *essential* späterer eurokommunistischer Wirtschaftspolitik war damit vorweggenommen. Auf dem 14. Parteitag 1948 wurde dagegen als offizieller Beschluß verabschiedet: „Es gibt keine Neutralität zwischen Kapitalismus und Sozialismus, es gibt keine Neutralität zwischen dem amerikanischen Imperialismus und der sozialistischen Sowjetunion.“[121]

Die Fronten hatten sich schon vorher verhärtet. 1947 hatte – wie überall in Westeuropa – auch in Österreich der letzte kommunistische Minister die Regierung verlassen. Seit dem Koalitionswechsel auf die Regierung Figl-Schärf war ihr ohnehin nur noch ein Ministerium zugesprochen worden, und zwar das neugeschaffene für Energiewirtschaft und Elektrifizierung unter Karl Altmann. Immerhin deuteten die programmatischen Leitsätze des ersten Parteitages nach dem Kriege (1947), in denen von einer „engen Kampfgemeinschaft der fortschrittlichen Volkskräfte, der Arbeiterklasse und weiter Schichten der Bauernschaft, des Mittelstands und der Intelligenz“ die Rede war, noch auf das Anstreben einer breiten Linksallianz hin. Aber die Parole blieb ohne durchschlagende Wirkung. Bei den Nationalratswahlen 1949 verzeichnete die KPÖ mit 5,1% einen leichten Stimmenrückgang. Schon ein Jahr später faßte sie den vielleicht folgenschwersten Beschluß ihrer Geschichte. „In völliger Verkennung der Stimmung unter der Bevölkerung und besonders unter den Arbeitern“[122] stellte sie sich an die Spitze einer großangelegten Streikbewegung gegen das zwischen Regierung und Gewerkschaftsbund abgeschlossene Lohn-Preisabkommen. Böse Zungen behaupteten und behaupten, dahinter stand ein kommunistischer Putschversuch mit dem Ziel, Österreichs Einheit zu zerreißen. Die Sowjetunion verbot der Gendarmerie in ihrer Zone, gegen die Streikenden vorzugehen, und stellte ihnen ihre USIA-Lastwagen zur Verfügung. Zunächst allerdings konnten die Kommunisten den Erfolg des Streikaufrufs verbuchen, aber sie proklamierten nach drei Tagen dessen Abbruch und verlangten die Einberufung einer „gesamtösterreichischen Betriebsrätekonferenz“. Erst als der KPÖ dies verweigert wurde, erneuerte sie die Streikparole. Aber jetzt war der Impetus verpufft. Gärtner urteilt: „Die fehlende Perspektive, die Unsicherheit und das Schwanken der KPÖ während des Streiks ist daraus zu erklären, daß man in der KPÖ nicht wußte, welche Funktion der Streik erfüllen und welches Ziel er erreichen sollte.“[123] Der Ausstand brach schon nach wenigen Wochen ergebnislos in sich zusammen. „Die österreichischen Kommunisten hatten die letzten Reste ihrer 1945 erworbenen Bastionen verloren. Die Tore des Gettos schlossen sich. (...) Die Auseinandersetzung mit dem Kommunismus war spätestens im Oktober 1950 entschieden worden. Was später noch kam, waren letzte Nachhutgefechte.“[124] Die kommunistischen Gewerkschafter, vor allem der Vizepräsident des Österreichischen Gewerkschaftsbundes, Fiala, wurden nun nach und nach aus allen entscheidenden Positionen verdrängt, was mitentscheidend dafür wurde, den Weg zur großen Koalition zu bahnen.

Bei den Nationalratswahlen 1953 stabilisierte die KPÖ ihren Anteil (5,3%). Spätestens zu diesem Zeitpunkt muß die Sowjetunion gesehen haben, daß der Weg zu einer kommunistischen Umwandlung, etwa der Clement Gottwalds in der ČSSR 1948 vergleichbar, in Österreich nicht gangbar war. Vorsichtig lancierte sie in der Öffentlichkeit ihre Bereitschaft, Österreich in die Unabhängigkeit und Neutralität zu entlassen. Zwar wurden zur gleichen Zeit auch in der KPÖ Stimmen laut, die die Orientierung auf eine Volksdemokratie mit aktiver Neutralitätspolitik kombinieren wollten, im Nachhinein wird allerdings erkennbar, daß Chruschtschow mit der österreichischen Regierung bereits über die Neutralität der Alpenrepublik verhandelte, ohne „seine“ kommunistische Partei in diesem Lande über den wirklichen Stand der Dinge zu informieren.[125] Auch wenn in der „Programmatischen Grundsatzerklärung“ auf dem 16. Parteitag der KPÖ im Mai 1954 die „Erringung und Sicherung der Unabhängigkeit Österreichs“ propagiert wurde, so hieß es doch auf der gleichen Veranstaltung aus Koplenings Munde: „Die Losung Neutralität entspricht nicht einer Situation, in der nur im Kampf gegen den deutschen Militarismus der Weg zur Unabhängigkeit freigelegt werden kann.“[126]

Ob und inwieweit die KPÖ in die Verhandlungsführung eingeweiht war, die 1955 zum Abschluß des Staatsvertrages führte, ist bislang nicht quellenkundig. Auf jeden Fall ging die Rückgewinnung österreichischer Souveränität mit einem weiteren Rückgang kommunistischen Einflusses einher. Bei den Nationalratswahlen 1956 gewann die KPÖ 4,4% der Stimmen, was drei Mandaten entsprach. War es ein Zufall, daß die entscheidenden Einbußen in den vormals sowjetisch besetzten Gebieten zu verzeichnen waren? Chruschtschow war in Österreich nicht den „deutschen Weg“ einer Teilung gegangen. Einer „österreichischen SED“ in ihrer Zone haben weder Chruschtschow noch Stalin den Weg bereitet. Im gleichen Zeitraum wurde die Auseinandersetzung mit der als „fremd“ und „feindlich“ empfundenen „Russenpartei“ zu einem „bedeutenden konsens- und integrationsfördernden Faktor“[127] zwischen SPÖ und Christdemokraten und damit letztlich auch für die Begründung der Konkordanzdemokratie in der zweiten österreichischen Republik.

Ein nicht unwesentliches Folgeproblem des sowjetischen Abzugs bestand darin, was nun mit den USIA-Betrieben geschehen sollte. Zunächst gingen sie auf von der Regierung festgesetzte Verwalter über. Aber schon während der zehnjährigen Besatzungszeit hatten (von Moskau) handverlesene Treuhänder neue Unternehmen begründet, die in dem einsetzenden österreichisch-sowjetischen bzw. Ost-West-Handel eine derart dominierende Stellung einnahmen, daß sich der liberale Abgeordnete Gredler in einer Parlamentsrede 1961 zu der Warnung veranlaßt fühlte, der verschleierte KPÖ-Wirtschaftsapparat stelle einen „gefährlichen Fremdkörper auf dem österreichischen Markt“[128] dar. Die Bemerkung kam nicht von ungefähr, denn jeder neu eingesetzte Treuhänder mußte sich verpflichten, „allen Anordnungen und Verfügungen der Kommunistischen Partei Österreichs oder (von) deren Rechtsnachfolgern“[129] ohne Widerspruch Folge zu leisten. Noch Anfang der 70er Jahre hieß es in Fachgutachten, daß mehr als ein Drittel aller österreichischen Einfuhren aus dem Comecon über diesen kaum getarnten kommunistischen Wirtschaftsverbund liefen, dessen Profite „in Form üppiger Parteispenden“[130] wiederum politisch umgesetzt wurden, und selbst noch Anfang der 80er Jahre bestand das österreichische „Hammer-&Sichel-Imperium“ aus über fünfzig Unternehmen des Druckerei- und Verlagsgewerbes.[131]

Aber, wie sich zeigte, waren dies ökonomische Pfründe der Besatzungszeit, die elektoral in keiner Weise aufgewogen wurden. Der Einfluß der inzwischen nur noch 100 000 Mitglieder zählenden KPÖ sank genauso kontinuierlich wie unaufhaltsam. Die Chance zur Herausbildung eines neuen Profils bot die mit dem 20. Parteitag der KPdSU eingeleitete „Entstalinisierung“. Die Thesen Palmiro Togliattis, der mit Chruschtschows Geheimreferat am indiskretesten umgegangen war, zeigten auch unter den österreichischen Kommunisten ihre Wirkung. Noch im gleichen Jahr begann die Diskussion über einen „österreichischen Weg zum Sozialismus". Theodor Prager, der (bis 1968) führende Wirtschaftsexperte der Partei, veröffentlichte 1957 einen Artikel „Neue Elemente im Kapitalismus?"[132], der unter den Hardlinern der KPÖ Widerwillen hervorrief, in der DDR Betretenheit auslöste und in der Sowjetunion schlichtweg nicht zur Kenntnis genommen wurde.[133] Im März 1957 verabschiedete der 17. Parteitag noch heute gültige programmatische Leitsätze, in denen hinsichtlich der anzustrebenden gesellschaftlichen Umwandlungen der Verzicht auf jedwede Form der Gewaltanwendung ausgesprochen wurde. Aber derartig demokratisch-pluralistische Drapierungen zeigten keinerlei Wirkung. Bei den Nationalratswahlen 1959 erreichte die KPÖ nur noch 3,3% der Stimmen, was den Verlust aller ihrer Mandate bedeutete. „Gewiß hat die innere und äußere Konsolidierung der Zweiten Republik einerseits, die Nachwirkungen der mit dem ungarischen Freiheitskampf um sich greifenden antikommunistischen Stimmung andererseits, maßgeblich zu der politischen Talfahrt der Kommunisten beigetragen."[134] 1962 war die noch ganze 36 000 Mitglieder starke Partei auf 3,0% der Wählerstimmen herabgesunken. Nunmehr bildeten sich innerparteiliche Gruppen, die durch einen tatsächlichen, inhaltlich substantiierten Wandel den Abmarsch der KPÖ ins Sektendasein zu verhindern suchten. Mit dem Namen von Franz Marek verbindet sich eine Richtung der Partei, die noch vor der italienischen, spanischen und französischen KP eine eurokommunistische Politik formulierte. „Doch durch ein Übermaß objektiver und subjektiver Schwierigkeiten nahm die Geschichte des Austro-Eurokommunismus einen ganz anderen Verlauf als die Geschichte dieser KPen und die der Reformkräfte in der dänischen Partei."[135]

Der 19. Parteitag 1965 brachte den Umbruch. Nicht nur, daß die Gruppe um Marek ihre Vorstellungen durchsetzen konnte, auch der Wechsel im Parteivorsitz von Johann Koplening auf Franz Muhri bedeutete das Ende einer Ära. In den nunmehr beschlossenen „Programmatischen Leitsätzen" wurden erstmals der marxistisch-leninistische Zentralterminus der „Diktatur des Proletariats" in Frage gestellt sowie de facto die Akzeptanz des westlichen Parlamentarismus und des Mehrparteiensystems sowie die Notwendigkeit einer Opposition zum Ausdruck gebracht. In den angeschlossenen „Thesen über Perspektiven" definierte die KPÖ ihre Handlungsweise und sich selbst wie folgt: „Wir sind eine autonome Partei, die – unter Verwertung der Erfahrungen der internationalen Arbeiterbewegung – ihre Konzepte von den Bedingungen ihres Landes her erarbeitet, die von den Interessen der Arbeiterschaft ihres Landes ausgehend den Kampf entwickelt. Das kann dazu führen, daß wir in dieser oder jener Form, auf Grund der verschiedenen Standorte und Bedingungen zu anderen Auffassungen kommen als unsere Bruderparteien. Wir treten dafür ein, daß über diese Meinungsverschiedenheiten in sachlicher, freundschaftlicher Form diskutiert wird, ohne Bannflüche und Exkommunikationen. Die Tatsache, daß wir in der Vergangenheit auf diese Autonomie nicht genügend achteten, hat auch zu manchen politischen Fehlern geführt."[136]

Auf Otto Bauers These vom „integralen Sozialismus" im Sinne des Zusammengehens von linken Sozialisten und gewandelten Kommunisten wurde direkt Bezug genommen. Außerdem hieß es: „Die Verletzung der sozialistischen Demokratie in den sozialistischen Ländern hatte überdies dazu beigetragen, unrichtige Vorstellungen vom Verhältnis der Demokratie zum Sozialismus zu verbreiten, sowohl in der revolutionären Arbeiterbewegung als auch außerhalb der revolutionären Arbeiterbewegung."[137]

Aber dieser „Eurokommunismus vor dem Eurokommunismus" stand innerparteilich auf wackeligen Füßen. Marek verfügte von Anfang an weder im Politbüro noch in der Partei über eine Mehrheit, obwohl Muhri selbst zu dem Zeitpunkt noch für „abweichende" Gedanken offen war. Von außen besehen machte die KPÖ jedenfalls den Eindruck eines sich wandelnden Gebildes, was die ideologische Distanz zur SPÖ naturgemäß verringerte. Vor den Nationalratswahlen vom März 1966 wurde der folgenschwere Beschluß gefaßt, die SPÖ durch den Verzicht auf eine eigene landesweite Kandidatur bedingungslos zu unterstützen. Von irgendwelchen Absprachen, gemeinsamen Plattformen oder gar Forderungen der KPÖ ist bis heute nichts bekannt. Man hoffte, im Huckepackverfahren wieder ins Parlament zu gelangen, ja „Teil" der Regierungspartei zu werden und so den drohenden Verkleinerungsprozeß in Richtung Sekte aufzuhalten. Die deutliche Wahlniederlage der SPÖ schlug somit auch auf ihren kleinen „Partner" durch: die KPÖ bekam nur die 0,4% aus dem einen Wiener Wahlkreis angerechnet, in dem sie kandidiert hatte, und stellte auch weiterhin keinen Abgeordneten. Trotz dieses Schocks, der die Partei dauerhaft auf ein Normalmaß von einem Prozentpunkt der Wählerstimmen reduzieren sollte, setzten Marek und ein Großteil der Führungsgremien den 1965 begonnenen Kurs fort.

Schon zwei Monate nach den 1966er Wahlen fand in Wien die dritte (und letzte) Konferenz der kommunistischen Parteien in Westeuropa statt. Franz Marek hielt das Eröffnungsreferat. 15 KPen hatten Delegierte entsandt. Der eigentliche Sinn und Zweck der Zusammenkunft bestand darin, Voraussetzungen für die Zusammenarbeit von sozialdemokratischen, kommunistischen und anderen gleichgesonnenen Parteien und Gruppierungen zu schaffen. Als ein Berichterstatter der Londoner *Financial Times* Marek fragte, ob die Konferenz „auch den Grad der Unabhängigkeit und Gleichberechtigung der Parteien der internationalen Arbeiterbewegung kennzeichne", erhielt er als Antwort: „Die Frage ist absolut zu bejahen."[138] Bald darauf erreichte die KPÖ-Leitung ein wütender Protestbrief der in der Bundesrepublik Deutschland illegalen KPD, die ihren Sitz in die DDR verlegt hatte, in dem unter Berufung auf die französische Delegation der Vorwurf erhoben wurde, die Konferenzergebnisse verfälscht zu haben. Die SED dürfte derartige Initiativen nicht nur als unbeteiligter Zuschauer verfolgt haben. Aber in eben diesem Zeitraum erwuchs ihr in nächster Nachbarschaft ein neuer Feind, der die KPÖ weiter vom „rechten" Weg abzubringen trachtete.

„In Wien flossen seit den Tagen der Monarchie die Einflüsse aus dem Mittelmeer- und Donauraum zusammen. Die Unterbrechung dieses Stromes aus dem Osten konnte die Verbindungen nach Prag und Budapest nicht ganz aufheben."[139] Hatte schon der ungarische Weg 1956 in der KPÖ Diskussionen ausgelöst, so setzte mit dem Regierungsantritt Alexander Dubčeks ein reger nachbarschaftlicher Gedankenaustausch ein. Ernst Fischer und Franz Marek hatten seit Jahren gute Beziehungen zum reformorientierten Kreis in der tschechoslowakischen KP. Sie können noch heute das Verdienst für sich beanspruchen, an der Vorbereitung des „Prager Frühlings" direkt beteiligt gewesen zu sein.[140] Das, was die KPÖ seit 1965 vertrat, erhielt nun ausgerechnet aus dem nächstgelegenen Ostblockland unerwartete Rückendeckung! Der Einmarsch der Warschauer-Pakt-Truppen am 21. August 1968 stellte die Genossen im Nachbarland deshalb in jeder Hinsicht vor eine Entscheidungssituation: Entweder man verfolgte konsequent weiter den eigenen Kurs, oder man eliminierte ihn und fand den Weg zurück an die Seite der Sowjetunion. Die KPÖ wählte den letzten Weg und degenerierte dadurch zur Sekte.

Wie die erste Sitzung des Zentralkomitees nach der Militärintervention zeigte, war sich die Partei dieser Situation voll bewußt. Mit Friedl Fürnberg und Franz Marek waren allerdings die führenden Exponenten der einen wie der anderen Seite urlaubsbedingt nicht anwesend. Ernst Fischers Vorschlag, die Invasion zu verurteilen, wurde vom ZK mit großer Mehrheit angenommen. Das Führungsmitglied Spira resümierte, die Berlinguersche Hinwendung zur NATO in einigen Zügen bereits vorwegnehmend: „Solange sich nichts Grundsätzliches ändert, ist unser Konzept nicht nur vom Westen, sondern auch vom Osten bedroht. Und dann bleibt von ihm in Wirklichkeit nichts übrig als ein schöner Traum.“[141] Die Gespaltenheit, von der die Partei zunächst gekennzeichnet war, personifizierte sich in ihrem Vorsitzenden Muhri, der sich zwar auf die Seite der Dubček-Unterstützer stellte, im gleichen Atemzug aber fortfuhr: „Ich bin der Meinung, daß die fünf Parteien und Länder zweifellos in bester Absicht gehandelt haben ..., daß es sich aber auf Grund der Informationen, die wir haben, um eine Fehleinschätzung handelt, die von schwerwiegender Tragweite ist.“[142] Das Politbüro beschloß am nächsten Tag, den zurückgekehrten Marek unverzüglich zur KP Italiens zu schicken, um ihr den Vorschlag einer erneuten Konferenz der westeuropäischen kommunistischen Parteien zu unterbreiten. Die KPI begrüßte die Initiative, wollte sich aber erst mit der französischen KP, der zu dem Zeitpunkt zweitstärksten kommunistischen Kraft auf dem westlichen Teil des Alten Kontinents, ins Benehmen setzen – und auf einmal hatte die Sowjetunion Wind von der drohenden Verselbständigung dieses Bereichs der von ihr dominierten internationalen Arbeiterbewegung bekommen. In einem Rundbrief der KPdSU wurde vor dem Plan der KPÖ ausdrücklich gewarnt. Maßgebliche Schützenhilfe bei der „Stabilisierung“ der alten Verhältnisse leistete die SED, die auch kräftig mithalf, die KPÖ binnen eines Jahres „umzudrehen“.[143] Die Verurteilung der Invasion und sogar die „Thesen" aus dem Jahr 1965 wurden zurückgenommen.

Als diese Tendenz sichtbar wurde, legte ein Drittel des Zentralkomitees seine Funktionen nieder. Auf dem 20. Parteitag im Januar 1969 wird der „Kampf gegen den Revisionismus" beschlossen, woraufhin Ernst Fischer sein berühmtes, auf die Sowjetunion und die Prager Ereignisse bezogenes Wort vom „Panzerkommunismus" ausspricht. Er wird kurz darauf aus der KPÖ ausgeschlossen.[144] Bis zum Oktober 1970 werden die Reformkommunisten praktisch aus allen Gremien ausgesondert. Von nun an geht es unaufhaltsam bergab. „Der Austro-Eurokommunismus stellte sich primär als innerparteiliches Phänomen einer organisatorisch niedergehenden KPÖ dar, dessen Entwicklung untrennbar mit der in der KP Italiens und der KP der Tschechoslowakei verbunden war."[145] Die KPÖ hat im politischen Leben Österreichs der 70er und 80er Jahre de facto keine Rolle mehr gespielt. Bei den Nationalratswahlen 1971 erreicht die wieder voll kandidierende Partei nur noch 1,4%, vier Jahre später – die KPÖ zählt nach eigenen Angaben noch 20 000 Mitglieder – fällt der Wähleranteil auf 1,2%, und 1979 wird die Ein-Prozent-Grenze endgültig unterschritten. Auf dem 23. Parteitag im Dezember 1977 war der in Italien und Spanien inzwischen fest herausgebildete Eurokommunismus strictu sensu verurteilt worden. Die Einführung des Kriegsrechts in Polen 1981 wurde von der KPÖ ausdrücklich begrüßt. Bei den Nationalratswahlen 1983 und 1986 kam die auf einen Mitgliedsstand von 12 000 abgesunkene, immer noch von Franz Muhri geführte Partei auf 0,7% der Stimmen. „Die KPÖ hat zur blinden Identifizierung mit der Sowjetunion zurückgefunden und jede Form des eigenständigen Denkens abgelegt. Es hat eine Restauration des Sektierertums stattgefunden."[146]

Das abschließende Urteil über die „gettoisierte Kleinpartei" (Anton Pelinka)[147] kann deshalb kurz ausfallen. Die KPÖ hat historische Abschnitte durchlebt, die ihr sehr wohl die Chance zur Verbreiterung ihrer gesellschaftlichen Basis boten. Der Widerstand gegen „Anschluß" und Nationalsozialismus 1938 bis 1945, die Begründungsphase der Zweiten Republik und die Unterstützung von „Prager Frühling" und Reformkommunismus seien hier nur als einige Beispiele genannt. Die im ersten Nachkriegsjahrzehnt von seiten der sowjetischen Besatzungsmacht massiv ausgeübte Unterstützung schlug eher ins Gegenteil um und förderte die Abstempelung der KPÖ als „Russenpartei". Ihre praktisch direkte Verflechtung mit den USIA-Betrieben und deren Nachfolgeorganisationen stärkte zwar die finanzielle Potenz der Partei ungemein (sie ist aufgrund der in ihrem Besitz befindlichen Ölfirmen heute die reichste Partei Österreichs!), sie hat aber nie irgendeinen elektoralen Niederschlag gefunden. Wenn man aber die entscheidende Fehlentwicklung im österreichischen Kommunismus benennen will, dann ist und bleibt die ideologische Starrheit und die dogmatische Moskauorientierung das eigentliche Phänomen. Dabei hätte die Tatsache, daß die SPÖ auch nach dem Zweiten Weltkrieg nicht die Traditionen des Austromarxismus aufgriff, sondern sich nach rechts entwickelte, für die KPÖ sehr wohl die Chance geboten, in ein vielversprechendes ideologisches Vakuum zu stoßen, das sie, jeweils um den Zeitraum eines Jahrzehnts versetzt, durch die ideologischen Affinitäten zwischen Austromarxismus, „Prager Frühling" und Eurokommunismus immer wieder hätte aufladen und verstärken können. Die KPÖ ist diesen vielversprechenden Weg nicht gegangen. Die entscheidende Spaltung nach den Prager Ereignissen bewirkte seit 1969 auch eine Spaltung - und damit Selbstdezimierung und Entkräftung - der kommunistischen Fraktion im österreichischen Gewerkschaftsbund und in den Arbeiterkammern. Damit war auch die letzte Bastion, die Verflechtung der KPÖ mit dem System der Wirtschaftsverbände in der Alpenrepublik, ohne fremdes Zutun geschleift worden.

10. Schweiz

Die erste kommunistische Partei der Schweiz, die sogenannten „Altkommunisten", begründete sich am 6. Oktober 1918 in Zürich, was sofort zu starken Spannungen innerhalb der Sozialdemokratie des Landes führte, deren linker Flügel auf den Parteitagen von 1919 und 1920 die Forderung nach Anschluß an die III. Internationale erhob. Als die Mehrheit der Delegierten dies ablehnte, verließ der linke Flügel die Partei und schloß sich mit den Altkommunisten zusammen.[149] Aus beiden bildete sich am 5./6. März 1921 die Kommunistische Partei der Schweiz (KPS). In ihrem auf dem 2. Parteitag 1922 angenommenen Programm deklarierte sie sich als revolutionäre Partei, die der Mitwirkung im Parlament nur eine instrumentelle Funktion beimißt. Die KPS forderte von ihrer ersten programmatischen Verlautbarung an das Stimmrecht für Frauen. In den Nationalratswahlen von 1925 und 1928 erhielte sie je 2% und damit einen Sitz in den Kantonen Basel, Zürich und Schaffhausen. Gemäß der Komintern-Taktik bolschewisierte die KPS sich in den 20er Jahren und richtete ihre Organisation nach dem Betriebszellenprinzip aus, um die revolutionäre Umwandlung der Gesellschaft am eigentlichen Ort der Ausbeutung propagieren zu können. 1930 spalteten sich die Anhänger des Stalingegners und als Rechtsabweichler verketzerten Bucharin unter der Bezeichnung „Kommunistische Partei-Opposition“ von der KPS ab.

Stalins Wendung zur Volksfront ab 1935 fand innerhalb der Schweizer Linken weniger Gehör als sonstwo in Europa, zumal gerade die Sozialdemokratie des Vielvölkerstaates regelrechte Berührungsängste mit den Kommunisten entwickelt hatte. Zur Zusammenarbeit zwischen den beiden Parteien kam es nur in Neuenburg, Zürich und Basel. Daß die KPS im November 1940 vom Schweizer Bundesrat verboten wurde, muß nicht zuletzt als Wohlverhaltens-, wenn nicht Unterwürfigkeitsgeste gegenüber dem immer bedrohlicher werdenden nördlichen Nachbarn verstanden werden. Allerdings gingen die KPS-Mitglieder nicht außer Landes, sondern sie bildeten zusammen mit Linksabweichlern aus der Sozialdemokratie unter Führung von L. Nicole in der französischsprachigen Schweiz die *Fédération Socialiste Suisse.* Diese wurde wenig später gleichfalls für illegal erklärt.

So wie das Verbot, so resultierte auch die Wiederzulassung der KPS nicht aus einem ideologischen Erkenntniswandel des Bundesrats, sondern aus einer Anpassung an die veränderte weltpolitische Konstellation. Unter dem Eindruck des sich abzeichnenden sowjetischen Kriegserfolges wurde im Oktober 1944 die „Partei der Arbeit“ (PdA) als Nachfolgeorganisation der KPS gegründet. Nicole war ihr erster Präsident. Bei den Nationalratswahlen des Jahres 1947 konnte die PdA 5,1% und 7 Sitze gewinnen. „Mit ihren gegen 20 000 Mitgliedern war die PdA zu einem respektablen Faktor im parlamentarischen Leben der Schweiz geworden."[149] Aber das Glück war nur von kurzer Dauer. Nicole versuchte die Talfahrt zu bremsen, indem er sich gegen einen Kurs zu starker Moskauorientierung wandte – ein Bemühen, das 1952 mit seinem eigenen Ausschluß endete. Zu dem Zeitpunkt besaß die Partei nur noch 6 000 Mitglieder. 1959 entsandte sie lediglich drei Abgeordnete in den Nationalrat, eine Anzahl, bei der sie zwanzig Jahre später nach nur geringfügigen Schwankungen wieder angelangt war. Inzwischen hatte sie vorsichtig versucht, sich vom sowjetischen Vormachtanspruch zu emanzipieren, für einen „schweizerischen Weg zum Sozialismus" zu plädieren und das Mehrparteiensystem anzuerkennen. Aber trotz dieser inhaltlichen Wandlungen wurde die Bindung an die Sowjetunion nicht in Frage gestellt, was für den Schweizer Wähler letztlich zählt. Bei den letzten Nationalratswahlen 1983 erzielte die unter dem Vorsitz von Armand Magnin stehende, nur noch 4 500 Mitglieder zählende PdA ganze 0,9% der Stimmen, was nur noch zu einem einzigen Abgeordnetensitz reichte. Die Partei, die in der Deutschschweiz praktisch ein Außenseiterdasein führt und lediglich in der Welschschweiz noch über lokalen Einfluß verfügt, wird mittlerweile von anderen Linksströmungen wie den „Progressiven Organisationen der Schweiz" elektoral übertroffen, die sich als Abweichler der sowjetorientierten PdA zu einer eigenen politischen Formation zusammengeschlossen haben.

11. Luxemburg

Die *Letzeburger Kommunistesch Partei/Parti Communiste Luxembourgeois* (LKP/PCL) wurde 1921 in Differdingen als Abspaltung von der Sozialdemokratie gegründet. Obwohl Clara Zetkin eigens von Tours nach Differdingen gekommen war, um den bedingungslosen Anschluß an die Komintern durchzusetzen, wurde dieses Ansinnen mit 67 gegen 21 Stimmen abgelehnt. Somit erschütterten die Partei praktisch von Beginn an innere Spannungen. Ende der 20er Jahre schied sie einen trotzkistischen Flügel ab, und erst 1934 erzwang sie ihren ersten Sitz im Parlament. Allerdings wurde der kommunistische Abgeordnete (gegen die Stimmen der Sozialisten) wieder aus der Volksvertretung ausgeschlossen. Drei Jahre später verabschiedete das luxemburgische Parlament sogar ein „Gesetz zum Schutz der sozialen Ordnung", das ein Verbot der LKP beinhaltete. Wegen der außerordentlichen Brisanz dieser Thematik – in Deutschland regierten die Nationalsozialisten, in dem anderen Nachbarland Frankreich die Volksfront – sollte ein Plebiszit die endgültige Entscheidung herbeiführen. In ihm verwarfen die Luxemburger das LKP-Verbot mit der äußert knappen Mehrheit von 50,7%.

Wie ihre französischen, niederländischen und belgischen Bruderparteien, so zog auch die LKP Nutzen aus ihrem Widerstand gegen die deutsche Besatzung, verstärkte ihr politisches Gewicht (11,1% bzw. fünf Mandate bei den ersten Nachkriegswahlen) und war bis 1947 in der Regierung vertreten. „Auch hier folgt Luxemburg wieder dem traditionellen westeuropäischen Parteienmuster der unmittelbaren Nachkriegszeit."[150] Mit dem Einsetzen des Kalten Krieges und dem Verlassen der Regierung schwand auch der Einfluß der LKP. Sie versteht sich seither als „Systemopposition" und wird auf nationaler Ebene nicht mehr als koalitionsfähig angesehen. Dies ist schon einfach deshalb nicht mit der linken Hand abzutun, weil es sich bei der LKP nicht um eine Sekte handelt. Zwar fiel ihr Wähleranteil bis 1954 auf 8,5%, 1968 erzielte sie aber mit 15,4% das beste Ergebnis in ihrer Geschichte. Die Absegnung der Prager Ereignisse, die Ausrichtung auf die Sowjetunion und die strikte Ablehnung jedweden eurokommunistischen Einflusses zahlten sich allerdings negativ aus. Seit 1984 ist die ca. 600 Mitglieder starke, unter dem Vorsitz von René Urbany stehende Partei, die bei den Wahlen des gleichen Jahres 4,9% der Stimmen erreichte, nur noch mit zwei Abgeordneten im luxemburgischen Parlament vertreten. Auf lange Sicht ist es deshalb fraglich, ob sie ihren bisher zwischen fünf und zehn Prozent pendelnden Wähleranteil wird halten können.

Die traditionellen Hochburgen der LKP liegen im industriellen Süden Luxemburgs. In Esch, der zweitgrößten Stadt des Landes, und in Differdingen erreicht sie bei Kommunalwahlen bisweilen ein Votum von mehr als 25% und bildet zusammen mit den Sozialisten linke „Rathauskoalitionen". Ein eigener kommunistischer Gewerkschaftsverband existierte bis in die Mitte der 60er Jahre. Nach dessen

Auflösung haben sich seine Mitglieder dem nichtkonfessionellen „Luxemburgischen Gewerkschaftsbund“ angeschlossen.

12. Belgien

Die *Parti Communiste de Belgique/Communistische Partij van Belgie* ist aus der *Fédération Communiste de Wallonie* und den von der *Belgischen Arbeiterpartei* abgespaltenen *Amis de l'Exploité* als ihren wichtigsten Vorläuferorganisationen entstanden. Praktisch auf direkte Weisung Lenins und des Exekutivkomitees der Komintern vereinigten sich beide Gruppen 1921 zur PCB/CPB. 1928 spaltete sich ein trotzkistischer Flügel ab. Ihren ersten nennenswerten Erfolg verzeichnete sie 1936 mit 6,1% der Stimmen bzw. neun Abgeordneten. Im Gegensatz zu ihren niederländischen Genossen beteiligten sich die Mitglieder der PCB/CPB allerdings erst nach der Kriegserklärung Hitlers an die Sowjetunion am Widerstand gegen die deutsche Besatzung. Wie bei allen kommunistischen Parteien in Europa zahlte sich dieses Engagement auch in Belgien aus. 1946 stellte die PCB/CPB 23 Abgeordnete im Parlament. Schon in den beiden Jahren zuvor war sie an insgesamt fünf Kabinetten beteiligt gewesen, nun aber verkörperte sie mit vier Ministern in der Regierung einen regelrechten Machtfaktor. Aber das Zwischenspiel an den Schalthebeln der Macht währte nur kurz. Wie überall in Europa, so beendeten auch die belgischen Kommunisten 1947 die Phase der Volksfrontorientierung. Der Kalte Krieg und die starre Ausrichtung auf Moskau hatten sie bis 1954 derartig dezimiert, daß sie sich, gleichermaßen verhalten wie verschleiert, der parlamentarischen Demokratie zuwandte. Aber diese pluralistische Drapierung konnte ihren Niedergang nicht aufhalten. Bei den Parlamentswahlen 1965 kandidierten die Kommunisten mit drei verschiedenen Listen: Moskau- bzw. Pekingorientierte und Trotzkisten. Hinzu kam, daß diese ideologischen Konflikte der internationalen kommunistischen Weltbewegung zusehends von den national-belgischen Sprachkonflikten überlagert - und das hieß in diesem Falle - verstärkt wurden. Seit 1971 existieren separate flämische und wallonische, organisatorisch eigenständige Parteigliederungen.

Mit ihrem Gründungsmitglied Jacquemotte, ihrem langjährigen Vorsitzenden Drumaux und ihrem jetzigen Parteichef van Geyt ist die Geschichte der PCB/CPB maßgeblich von drei Personen bestimmt worden. Während Drumaux in der Euphorie des „Prager Frühlings" noch schwankte, wohin er sich wenden sollte, schlug van Geyt Anfang der 70er Jahre den Kurs der Zusammenarbeit mit allen Parteien, sogar mit der Christlich-Demokratischen Partei, ein. Diese Strategie wurde auf dem 22. Kongreß der PCB/CPB 1976 gegen den harten Widerstand linker Ideologen aus Lüttich bestätigt. Zwei Jahre später bekannte sich die Partei offiziell zum Eurokommunismus. In ihrem momentan gültigen Programm strebt sie den Zusammenschluß aller „progressiven" und antikommunistischen Kräfte sowie die Föderalisierung Belgiens an. In den 80er Jahren hat van Geyt den Kontakt zu Moskau allerdings wieder verstärkt, worauf auch die Organisationsform der Partei hinweist, die weiterhin dem Leninschen Prinzip des „demokratischen Zentralismus" folgt. Die Zahl der Abgeordneten, die 1961 noch bei vier gelegen hatte, ging bis 1977 auf zwei zurück. Die gegenwärtig ca. 10 000 Mitglieder zählende Partei, die bei den Wahlen der Jahre 1985 und 1987 nur noch rund 1% der Stimmen erhielt und somit keinen Abgeordneten mehr stellt, spielt im politischen Leben Belgiens nur noch eine untergeordnete Rolle. „Sie zeichnet sich durch eine ghettoartige Existenz aus."[151]

13. Niederlande

Die kommunistische Partei der Niederlande hat sich 1918 aus dem dogmatisch-marxistischen Flügel der sozialdemokratischen Arbeiterpartei heraus gegründet. Schon ein Jahr später schloß sie sich der Komintern an. Die *Communistische Partij Holland*, wie sie sich zunächst nannte, hieß seit 1935 offiziell *Communistische Partij Nederland* (CPN). „Die Rückständigkeit der politischen Verhältnisse hat auch auf die kommunistische Strömung innerhalb der niederländischen Arbeiterbewegung eingewirkt. Im Gegensatz zu anderen westeuropäischen kommunistischen Parteien hat sich die CPN nicht aus massenhaften Differenzierungsprozessen innerhalb der Sozialdemokraten entwickelt. Ohne jede Beziehung zum Klassenkampf war das

Entstehen der *Sociaal-Democratische Partij* im Jahre 1909, aus der sich die CPN entwickelte, das Resultat eines rein ideologischen Kampfes einer kleinen intellektuellen Minderheit."[151] A. Pannekoek, der noch bis zum Ersten Weltkrieg im Bremer Bildungsausschuß der deutschen SPD als Lehrer tätig gewesen war, war zunächst auch der neuen Partei im niederländischen Nachbarland nach Kräften verbunden. Als aber auch sie gemäß der Leninschen Vorgabe bolschewisiert wurde, trat er 1921 aus und formierte eine eigene, unabhängige Gruppierung. 1926 und 1929 kam es erneut zu Abspaltungen, was die CPN in den 20er Jahre zur unbedeutenden Splitterpartei werden ließ. Erst nachdem alle Nebenlinien 1930 auf Geheiß der Komintern wieder zu einem Gebilde vereinigt waren und mit P. de Groot der Mann den Vorsitz angetreten hatte, der die Geschichte der Partei auf Jahrzehnte entscheidend bestimmen sollte, stellte sich ein gewisser Erfolg ein. Bei den Wahlen 1933 erreichte sie mit 3,2% der Stimmen vier Sitze im Parlament. Die Zahl ihrer Mitglieder stieg von gut 1000 im Jahr 1930 auf über 10 000 1940.

Zwar vollzog wie alle anderen westeuropäischen KPen auch die CPN den Stalinschen Radikalschwenk vom August 1939 mit, sie kann im Gegensatz zu den anderen betroffenen Bruderparteien aber mit Stolz darauf verweisen, daß sie der großen Paradoxie etwa eines Maurice Thorez in Frankreich, auch noch zur Unterstützung der landfremden Besatzer aufzurufen, nicht erlegen ist. Der Widerstand der CPN datiert auf das Jahr 1940. Er beginnt damit auch deutlich vor Hitlers Angriff auf die Sowjetunion und dem erneuten Frontenwechsel der kommunistischen Parteien in Europa. Diese Konsequenz zahlte sich aus: 1946 erhielt die CPN bei den ersten Wahlen nach dem Kriege 10,6% der Stimmen. Es sollte der größte Erfolg in ihrer Geschichte bleiben. In der hernach ganz Holland spaltenden Frage der indonesischen Unabhängigkeit stellte die Partei einen breiten Streik gegen die Entsendung von Truppen nach „Niederländisch-Indien" auf die Beine, aber diese neuerliche Konsequenz wurde durch den Beginn des Kalten Krieges überlagert, der die CPN zusehends unpopulärer machte. 1951 wurde den Beamten des niederländischen Staates, wie einige Jahre zuvor ihren Berufskollegen in Großbritannien, die Mitgliedschaft in der kommunistischen Partei verboten – der erste Radikalenerlaß auf westeuropäischem Boden wurde mithin nicht in der Bundesrepublik Deutschland vollzogen.

Im Grundsatzprogramm der CPN von 1952, das offiziell allerdings nie bestätigt worden ist, wurde für einen parlamentarischen Weg zum Sozialismus plädiert, in dem eine Bestandsgarantie für das Mehrparteiensystem und die niederländische Monarchie expressis verbis enthalten war. Immer noch war de Groot der starke Mann der CPN, ohne dessen Plazet diese Kursänderung nicht über die Bühne gegangen wäre. Erst mit Chruschtschows Entstalinisierungsparteitag 1956 wurde auch de Groots Position innerparteilich diskutiert. Eine nach ihrem Mitteilungsorgan „Brückengruppe" genannte oppositionelle Fraktion spaltete sich 1960 in diesem Zusammenhang als *Socialistische Werkers Partij* von der Mutterpartei ab, sie verlor sich jedoch bald in der Bedeutungslosigkeit. Gleichwohl schwächten derartige Vorgänge die CPN, die in den 50er und 60er Jahren nie mehr als gut 2% der Wählerstimmen erringen konnte. In eben diesem Zeitraum vollzog die Partei eine Wandlung und Verselbständigung, die sie letztlich mit keiner anderen KP in Westeuropa vergleichbar und auch keinem der Lager aus Wolfgang Leonhards „Dreispaltung des Marxismus"[153] zurechenbar macht. Sie hat „schon 1964 dem absoluten Moskauer Führungsanspruch widersprochen, ohne hingegen dem dogmatischen Marxismus Moskauer Prägung eine eigene theoretisch fundierte Grundsatzposition wie die italienischen Kommunisten gegenüberzustellen."[154] Deshalb läßt sie sich weder als eindeutig prosowjetisch, prochinesisch oder als eurokommunistisch bezeichnen, obwohl diese letzte Orientierung nach dem Einmarsch der Warschauer-Pakt-Truppen in die ČSSR kräftig an Boden gewann. Als de Groot auf dem Parteitag des Jahres 1978 versuchte, den Kurs der Partei sowohl von der Sozialdemokratie als auch vom Eurokommunismus scharf abzugrenzen, wurde er deutlich in die Schranken gewiesen. Schon 1972 hatte die CPN (wie gleichzeitig die benachbarte KPF in ihrem „gemeinsamen Programm" mit den Sozialisten) ein Regierungsbündnis mit den „progressiven" Parteien im Parlament gefordert, die ihr aber allesamt die kalte Schulter zeigten.[155] Dies fiel um so leichter, als daß das elektorale Gewicht der niederländischen Kommunisten von Jahr zu Jahr sank. 1956 und noch einmal wieder 1972 war sie mit sieben Abgeordneten im Parlament vertreten, aber seitdem ist ihr Einfluß unaufhaltsam gesunken. 1982 brachte sie es auf 1,8% der Stimmen, was immerhin noch zu drei Mandaten reichte. Die Nationalwahlen des Jahres 1986 markierten indes den Tiefpunkt der CPN: zum erstenmal seit 1922 war sie nicht mehr im Parlament vertreten. Ob Elli Izeboud, der neue Vorsitzende der ca. 10 000 Mitglieder zählenden Partei, der CPN zu neuem Profil verhelfen kann, ist zweifelhaft. Mit der jüngst gebildeten „Liga der Kommunisten" steht eine Konkurrenzorganisation bereits auf dem Plan.

IV
Machtfaktor: Die kommunistischen Parteien im romanischen und mediterranen Europa

14. Italien

Die Kommunistische Partei Italiens (KPI) ist mit 1,65 Millionen Mitgliedern nach der englischen Labour Party die zweitgrößte Partei der Arbeiterbewegung in Westeuropa und die mit Abstand stärkste nichtregierende kommunistische Partei der gesamten westlichen Welt. Aus dieser Größe und Verbreitung resultieren Konsequenzen für das Haupt wie auch für die Glieder der Partei. Die Tatsache, daß sie in fast allen Verbänden und Organisationen der Apenninhalbinsel präsent ist, nimmt ihr das Gesicht einer illegalen, nach Geheimbundprinzipien organisierten leninistischen Kaderpartei, sie nimmt ihr aber auch den emotionalen Zusammenhalt, der die leninistische Kaderpartei auszeichnete.

Die Leitungsorgane der Partei sind das Zentralkomitee und die Zentrale Kontrollkommission, die den Generalsekretär wählen, der seinerseits das ZK-Sekretariat zusammenstellt. ZK und Kontrollkommission entscheiden außerdem über die Zugehörigkeit zur Direktion *(direzione)*, die nach der Abschaffung des Politbüros im Jahre 1975 der eigentliche Parteivorstand ist. Das ZK besitzt mehrere „Arbeitssektionen“, von denen die „Hauptabteilung für internationale Angelegenheiten“ *(Dipartimento per gli Affari Internazionali)* die bedeutendste ist. Ihr unterstellt sind die „Auslandssektion“ und die „Sektion für Probleme der Europäischen Gemeinschaft“. 1987 wurde außerdem ein sogenanntes „Programmbüro“ geschaffen, das kein neues, getarntes Politbüro ist, sondern die Funktion eines Schattenkabinetts der kommunistischen Oppositionspartei hat.

In diesen Leitungsgremien ist kaum noch ein Arbeiter zu finden. Im Parteivorstand der KPI befinden sich mindestens zwanzig Vollakademiker, aber auch was die Mitglieder- und Wählerstruktur an der Basis angeht, so kann von der KPI nicht als einer „reinen" Arbeiterpartei gesprochen werden. Ein Vergleich mit den entsprechenden Angaben zur *Democrazia Cristiana* (DC) zeigt, daß sich die sozialstrukturelle Zusammensetzung des Elektorats dieser Partei nur graduell von demjenigen der KPI unterscheidet. Die KPI ist *interklassistisch.* Ohne jeden Zweifel stehen der Einbruch in weite Teile der Mittel- und sogar Oberschicht und der sukzessive Wandel der KPI zu einer Partei eurokommunistischen Typs in einem engen Wechselverhältnis zueinander. Die Frage, wie in der KPI-Leitung das Problem des Kollidierens von revolutionärer Identität und elektoraler Quantität gelöst wird, dürfte für die Zukunft der Partei eine entscheidende Bedeutung erlangen. Bislang jedenfalls wird die heterogene Wähler- und Mitgliedschaft durch eine fast ebenso heterogene Führungsspitze repräsentiert. Den *Traditionalisten* und *Russophilen* um Armando Cossutta steht die erdrückende Mehrheit um den 1984 verstorbenen legendären Generalsekretär Enrico Berlinguer gegenüber, die sich selbst als *autonom*, *reformkommunistisch* oder *zentristisch* begreift. Berlinguer selbst hatte zeit seines Lebens nie einen Zweifel daran gelassen, daß er die Alternative Sozialdemokratisierung – Restalinisierung nicht gelten ließ, sondern daß er das Wesen des von ihm als eurokommunistisch verstandenen „dritten Weges" als ein völlig eigenständiges, geradezu autochthon italienisches, zwar auf den Schultern Gramscis gewachsenes, aber von ihm weiterentwickeltes Transformationskonzept zur Veränderung der italienischen Gesellschaft versteht.

Betrachtet man Führungsstrategien und Führungspersonal, Wählerschaft und Mitgliedschaft der KPI insgesamt, dann lassen sich zumindest phänomenologische Parallelen zur Entwicklung der deutschen Sozialdemokratie vor 1914 nicht von der Hand weisen: Das Streben nach breiterem Einfluß unter den Wählern ging zusehends auf Kosten der ideologischen Identität. Es war niemand anderes als Antonio Gramsci, der erste Vorsitzende der KPI, der – in der Absicht, einer rein ökonomischen Auslegung des Marxismus zu begegnen – von einer „Vergesellschaftung" bzw. vom „Primat" der Politik als einer integralen Einheit von Theorie und Praxis sprach. Durch das Denken und Wirken Antonio Gramscis prägte eine auf die Einheit von Theorie und Praxis gewissermaßen nationalmarxistisch ausgerichtete Auslegung der Marxschen Lehre praktisch schon von Beginn an das Selbstverständnis dieser Partei. Schon der durch Mussolini bedingt 1926 im Lyoner Exil abgehaltene Parteitag beschließt auf Betreiben von Gramsci, daß zur Abwehr konkreter Gefahren „partielle Zusammenarbeit“ mit nichtkommunistischen Parteien erforderlich sei. Noch im gleichen Jahr wird Antonio Gramsci von Mussolinis Häschern verhaftet und in den Kerker geworfen. Palmiro Togliatti übernimmt die Leitung der Partei. Als er im Frühjahr 1944 in einer überaus verworrenen Situation aus dem Moskauer Exil zurückkehrt, erklärt er zur allgemeinen Überraschung, besonders der im Lande in Illegalität und Widerstand gebliebenen Kommunisten, daß die KPI bereit sei, in jedwede neugebildete Regierung einzutreten, auch wenn sie unter dem König bzw. unter dem Marschall Badoglio stehe. Diese als *svolta di Salerno* in die Geschichte eingegangene Wende war, betrachtet man die „Lyoner Thesen“, so neu nicht; neu war allerdings, daß diese Strategie in bewußter Abstimmung mit der Sowjetunion realisiert wurde. Schon aus diesem Zusammenhang heraus erscheint es als grundfalsch, Togliattis Verhalten von 1944 als Vorstufe oder Vorform zu dem „historischen Kompromiß“ anzusehen, den Berlinguer in den 70er Jahren der DC anbieten sollte. Trotzdem finden sich in Togliattis Erklärung vom Frühjahr 1944 Passagen, die in Inhalt und Aussage deckungsgleich mit den späteren eurokommunistischen Verlautbarungen sind. So heißt es nämlich in der *svolta,* daß eine von der KPI getragene Verfassung die Meinungs-, Presse- und Religionsfreiheit, die Absage an die Vorherrschaft nur einer Partei und den Schutz des kleineren und mittleren Privateigentums garantieren würde. Es ist jedoch auch bei diesem Teil der *svolta* davon auszugehen, daß er Stalins Konzeption der nationalen Ausformung kommunistischer Parteien im Westeuropa der ersten Nachkriegsjahre entsprach. Stalin dürfte sich bewußt gewesen sein, daß der Wunsch nach breiterem Einfluß unter den Wählern und in der Regierung in der Einflußsphäre der Westalliierten nur durch einen gleichzeitigen Wandel der dortigen KPen von der illegalen Kader- zur Massenpartei neuen Typs zu realisieren war. Diese Übereinstimmung zwischen internationalistischer Zielsetzung und nationaler Option im Hinblick auf die Interessen Moskaus verbietet es, in der *svolta* eine Vorstufe zu demokratisch-pluralistischer Staatsauffassung zu sehen. So ist dann auch gerade die Phase, in der die KPI zur eigentlichen Massenpartei heranwächst, gleichlaufend mit ihrer vielleicht am stärksten ausgeprägten Moskauhörigkeit.

Togliatti wird neben dem liberalen Philosophen Benedetto Croce Minister im zweiten Kabinett Badoglio. Im November 1945 bekleidet er unter dem Christdemokraten de Gasperi das Amt des Justizministers. 1947, unmittelbar nachdem de Gasperi mit der Zusicherung der Marshallplanhilfe aus Washington zurückkehrte, verlor Togliatti alle Regierungsämter.

Den entscheidenden Wandel in der Strategie der KPI brachte erst das Jahr 1956. Togliatti weilte, wie alle anderen KP-Führer, auf dem 20. Parteitag der KPdSU in Moskau, auf dem Chruschtschow seine berühmte Rede über die für das Sowjetreich verhängnisvollen Konsequenzen der „charakterologischen Defizite des Genossen Stalin" hielt. Nach Rom zurückgekehrt, erklärte Togliatti in einem Interview mit der Zeitschrift *Nuovi Argomenti*, daß die Herleitung der Verbrechen aus Stalins Verhalten und dem um ihn betriebenen Personenkult nicht tiefgreifend genug sei. Vielmehr sei nach derartigen Degenerationen zu fragen, ob die Sowjetunion immer noch als Zentrum des Weltkommunismus angesehen werden könne. In dem, was in der Nachwelt fortan als „Polyzentrismus-Formel" bekannt und berühmt geworden ist, ist erstmalig nicht mehr von einer „einheitlichen Führung" *(guida unica)*, sondern von mehreren Zentren in der weltkommunistischen Bewegung die Rede.[156] Einen Tag vor seinem Tode, am 20. August 1964, als Togliatti zu seinem obligaten Sowjetunion-Urlaub auf der Halbinsel Krim weilt, faßt er alle im Jahr 1956 aufgenommenen Gedanken in einer Schrift zusammen, die eigentlich nur für den internen Gebrauch der Sowjetführung bestimmt ist. In dieser nach ihrem Entstehungsort „Memorandum von Jalta" genannten Denkschrift fordert Togliatti, „weg vom leninistisch interpretierten Anspruch auf ‚Diktatur des Proletariats' in Form der Einpartei-Diktatur, weg auch vom ‚Atheismus von Staats wegen', ja von der Theorie des ‚ideologischen Staats'" zu kommen.[157] Von nun an standen sich zwei Auffassungen zur Hierarchisierung der kommunistischen Weltbewegung gegenüber: das Prinzip des „proletarischen

Internationalismus“, das Moskau immer noch im Sinne Stalins als Unterwerfungspflicht der Brudernationen und Bruderparteien unter die Interessen der Sowjetunion auslegte, und das Prinzip der „Einheit in der Vielfalt“, der *unita nella diversita*, das sich gegen eben diesen Kotau auflehnte. Der 21. August 1968, der Einmarsch von Warschauer-Pakt-Truppen in die Tschechoslowakei, insbesondere aber die Wahl Enrico Berlinguers zum Parteisekretär im Jahr 1972 zeitigten die folgenreichsten Evaluationszäsuren.

Berlinguer wurde wie seine beiden Vorgänger Gramsci und Togliatti auf Sardinien geboren. Angehörige der Arbeiterschicht bzw. der kommunistischen Partei gibt es unter seinen Vorfahren nicht. Irgendwelche über ein parteioffiziell notwendiges Ausmaß hinausgehenden Beziehungen zum kommunistisch beherrschten Sprach- und Kulturraum Osteuropas sucht man in seiner Biographie vergebens. Der seit 1985 als Präsident der italienischen Republik amtierende christdemokratische Politiker Francesco Cossiga ist sein Cousin. Die erste Phase im Leben des 1922 geborenen Sarden wurde vom Mussolini-Regime beherrscht. Seither bestimmte das Trauma einer Italien wieder drohenden faschistischen Machtübernahme sein politisches Handeln. Das Scheitern der sozialistisch-kommunistischen Regierung 1973 in Chile versetzte ihm deshalb einen derartigen Schock, daß er die herkömmliche, auf ausschließliche Zusammenarbeit mit den Sozialisten ausgerichtete Koalitionsstrategie seiner Partei aufgab. Nach eingehender Analyse der Verhältnisse in seinem Lande war er nämlich zu dem Ergebnis gekommen, daß weite Teile, insbesondere in Süditalien, Sizilien und im Mezzogiorno, die auch nach geltenden EG-Kriterien den Status eines Entwicklungsgebietes besitzen, den Gegebenheiten im südamerikanischen Chile nicht unähnlich seien. Das Scheitern einer auf wackligen Beinen stehenden sozialistisch-kommunistischen Regierung würde auch hier nur die konservative Gegenreaktion oder gar die Putschbereitschaft der Armee heraufbeschwören. Die italienischen Probleme verlangten deshalb eine stabile Regierung. Mitten in das immer offensichtlicher werdende Versagen der *centrosinistra*, der Mitte-Links-Koalitionen hinein unterbreitet Berlinguer mit dem Vorschlag eines „historischen Kompromisses“ zwischen den drei großen „Volksströmungen“, den Kommunisten, den Sozialisten und den Katholiken, eine neue politische Strategie, die von nun an praktisch die gesamten Koalitionskalkulationen der 70er Jahre beeinflussen sollte. Inhaltlich wurde sie mit einer ebenso neuen Formel begründet, die das ideologische Selbstverständnis der KPI in diesem Bündnis umschreiben sollte. Ihre Aufgabe sei es, die „Hegemonie im Pluralismus“[158] zu gewinnen. Wenn der Übergangscharakter und die Zwitterhaftigkeit der KPI als einer Partei auf dem Wege vom Marxismus-Leninismus zur westlichen Demokratie irgendwo deutlich wurde, dann in dieser ambivalenten Rollenzuweisung: Der Begriff der Hegemonie verwies zurück auf Gramsci und derjenige des Pluralismus in die entgegengesetzte Richtung. Die Kontinuitätslinie, die diesen „neuen großen ‚historischen Kompromiß‘“[159] mit dem von Togliatti 1944 in der *svolta di Salerno* initiierten, eine ähnlich breite Bündnisperspektive umfassenden „historischen Block“ verbindet, besteht darin, daß der erste eine Abschüttelungs- und der zweite ein Verhinderungsstrategie im Hinblick auf den Faschismus war. Dieser abrupte Kurswechsel im Inneren wurde nach außen von einer Reihe „gemeinsamer Erklärungen“ mit den Bruderparteien in Frankreich und Spanien flankiert, die in der Folgezeit noch ergänzt und vertieft wurden. Was hier aus kommunistischem Munde verkündet wurde, das war in der Tat dazu angetan, das Interesse der Weltöffentlichkeit zu wecken. KPI, KPF und KPS bekannten sich unisono zum Mehrparteiensystem, zum demokratischen, durch allgemeine Wahlen herbeigeführten Wechsel von Mehrheit und Minderheit in Regierung und Opposition, zur privaten Wirtschaftsform in kleineren und mittelständischen Unternehmen bei vorzunehmenden Verstaatlichungen und Investitionskontrollen in der Großindustrie, zu einer freien, von Staat und Parteien unabhängigen Gewerkschaftsbewegung unter Einschluß des Streikrechts, zur Hinnahme der NATO bis zum Aufbau eines eigenen europäischen Verteidigungsbündnisses, zur uneingeschränkten Glaubens- und Religionsfreiheit aller christlichen Konfessionen, zur Autonomie von Justiz, Bildung, Kunst und Kultur innerhalb des Staatswesens sowie zur Rede-, Presse- und Versammlungsfreiheit.[160] Die Nachricht von diesen „gemeinsamen Erklärungen“ lenkte mit einem Schlag die Aufmerksamkeit auf die kommunistischen Parteien in Westeuropa. Bürgerliche Journalisten waren es, die euphorisch von einem „weißen“, „westlichen“ und „europäischen" oder kurz „Euro-Kommunismus"[161] sprachen und dem neuartigen Phänomen damit den ihm adäquaten Begriff gaben.

Die KPI erreichte im Zeichen des „historischen Kompromisses" bei den Parlamentswahlen des Jahres 1976 mit fast 35% der Wählerstimmen ihren bislang größten Erfolg. Ein Ruck ging durch die Weltöffentlichkeit, und der westdeutsche Kanzler Helmut Schmidt wie auch der amerikanische Außenminister Henry Kissinger sahen sich zu der Mahnung veranlaßt, daß für sie eine kommunistische Regierungsbeteiligung in Rom nicht in Frage käme. Christdemokratische Politiker in Italien dachten hier anders, vor allen Dingen der linke Flügelmann der DC, Aldo Moro. Moro konstatierte in einem Interview, das durch die folgenden Ereignisse zu seinem Vermächtnis wurde[162], daß der Wechsel oder die Wende - wie immer man dies formulieren will - zur *raison d'être* der modernen parlamentarischen Demokratie gehöre. Italien habe hingegen seit Kriegsende nur christdemokratische Regierungschefs gesehen, und die politische Führung sei dadurch immer weiter verfilzt und korrumpiert worden. Moro entwickelte in diesem Gespräch deshalb einen Drei-Stufen-Plan, der die KPI von der Opposition über die Koalition in die alleinige Regierungsfähigkeit führen soll, das weitere Fortschreiten ihres demokratischen Wandels vorausgesetzt. Zum Zeitpunkt des Interviews ist die zweite Stufe dieses Projekts fast schon erreicht: Die KPI toleriert und stützt die Gesetzesvorlagen der christdemokratisch geführten Regierung, allerdings ohne eigene Minister zu stellen. Journalistische Beobachter nennen diese Phase bereits den „schleichenden historischen Kompromiß".[163] Am 16. März 1978, dem Tag, an dem konkrete Formen der Zusammenarbeit beschlossen werden sollten, wird Aldo Moro auf dem Wege zur entscheidenden Parlamentssitzung von einem Kommando der Roten Brigaden entführt und in einem bis heute nicht bekannten Versteck gefangengehalten. Bald darauf erfährt die Öffentlichkeit von Briefen, die der Entführte an seine Frau, seine Partei und die Regierung sendet, eine Quelle von höchst zweifelhaftem Charakter und Aussagewert. Der amtierende Ministerpräsident Giulio Andreotti erklärte sie rundweg für erpreßt, manipuliert und verfälscht, immerhin ergab aber die spätere Obduktion, daß Moro zu keinem Zeitpunkt unter Folter oder Drogen gesetzt worden war. Die Briefe sind das Dokument eines verzweifelten Kampfes gegen die Linie der *intransigenza*, des kategorischen Nicht-Verhandelns mit den *Brigate Rosse*. Diese Haltung war – Paradoxie und Tragik – das erste Ergebnis der Regierung der „neuen Mehrheit" aus Christdemokraten und Kommunisten, die nur wenige Stunden nach der Entführung ihres Stifters zustande gekommen war. Als die Reaktionen auf die Briefe ausbleiben, beginnt Aldo Moro, den sicheren Tod vor Augen, sich Schritt für Schritt von dieser Welt zu verabschieden. Seine letzten Worte sind eine bittere Abrechnung mit allen Entscheidungsträgern, mit denen er das neue Italien gestalten wollte:

„Ich möchte klarstellen, daß ich diese Sachen bei wachem Verstand sage und daß ich keinerlei persönlichem Zwang ausgesetzt wurde; ... In Wahrheit fühle ich mich auch ein wenig von Euch verlassen. (...) Gibt es vielleicht, um die Härte mir gegenüber durchzuhalten, amerikanische und deutsche Winke? Nun zu Ihnen, Herr Abgeordneter Andreotti, der zu unserem Unglück ... an der Spitze der Regierung steht. Ich habe nicht die Absicht, hier Ihre düstere Karriere ins Gedächtnis zu rufen. Darin besteht die Schuld nicht. Man kann düster sein, aber ehrenhaft; ... Ihnen fehlt (es) an Güte, Weisheit, Beweglichkeit, Klarheit, was ohne jegliche Einschränkung die wenigen christlichen Demokraten dieser Welt ausmacht. Sie gehören nicht dazu ... Möge Gott Ihnen eine Erfahrung wie die meinige ersparen. (...) Alles Gute auch an den Abgeordneten Berlinguer ... Möge er daran denken, daß er für nur einen geringen Gegenwert Gefahr gelaufen ist, eine neue politische Phase einzuleiten, indem er jenen Strategen dem Tod ausliefert, der sich (Jahre voraus) der Kommunistischen Partei zugewandt hatte, der als einziger Verständnis zwischen Christdemokraten und Kommunisten realisiert hat, welches zur anerkannten und vertraglichen parlamentarischen Mehrheit geführt hat. (...) Ich empfange als Lohn von den Kommunisten nach einem langen Marsch das Todesurteil."[164]

Am 9. Mai wurde die Leiche Aldo Moros in einem Auto gefunden, das die Roten Brigaden auf halbem Wege zwischen den Hauptquartieren der DC und der KPI abgestellt hatten. Was sie hiermit sagen wollten, hätten sie mit Worten nicht besser zum Ausdruck bringen können, dennoch sprach es der später gefaßte Mörder Prospero Gallinari, der Mann, der Moro wahrscheinlich ins Herz schoß, bei seiner Vernehmung offen aus: „den Plan der nationalen Solidarität"[165] zwischen den beiden großen Parteien zur Befreiung des Landes von Wirtschaftsmisere, Korruption und Terrorismus zerstören. Noch am gleichen Tage senkten sich die Fahnen aller Amtsgebäude in der Hauptstadt auf Halbmast, mit einer Ausnahme: dem Ministerpräsidentenpalais Giulio Andreottis. War es ein Zufall, daß der Name dieses einflußreichen Christdemokraten im Zusammenhang mit allen großen Skandalen der folgenden Jahre immer wieder auftauchte, gleich, ob es sich um die antikommunistische Verschwörung des Freimaurers und Logen-Großmeisters Licio Gelli, den todbringenden Anschlag auf den konservativen, gegen die Mafia antretenden Polizeipräfekten von Palermo, Dalla Chiesa, dem sein in der KPI engagierter Sohn ein die italienische Öffentlichkeit bis heute aufwühlendes Zeugnis gewidmet hat[166], oder den mysteriösen Gefängnis-Giftmord an dem von Andreotti einstmals als „Retter der Lira" bezeichneten dubiosen Bankier Michele Sindona handelte? Hat Andreotti die 1976 zwischen dem amerikanischen Präsidenten Ford, dem französischen Präsidenten Giscard und dem deutschen Kanzler Schmidt getroffene Übereinkunft, Italien werde beim Einzug der Kommunisten in die römische Regierung keinerlei Wirtschaftshilfe mehr erhalten, die er selbst eine „Todeserklärung für Italien"[167] nannte, als Legitimationsbasis für die Zusammenarbeit mit außer-, ja antiparlamentarischen okkulten Kräften verstanden? Gleichwohl, von Verzweiflung nach dem Mord an Moro blieben auch die unverdächtigen DC-Mitglieder nicht verschont. Francesco Cossiga, der Vetter Berlinguers, der 1985 zum Präsidenten der italienischen Republik gewählt werden sollte, tat das, was ohne Skandalzwang noch nie ein italienischer Minister getan hatte, er trat von seinem Amt als Innenminister zurück, und zwar mit den letztgültig klingenden Worten: „Betrachtet mich von heute an als politisch tot."[168] Seine erste Amtshandlung nach der Wahl zum Staatspräsidenten führte ihn an das Grab von Moro, der ihn bis zuletzt noch angefleht hatte, sich für Austauschverhandlungen mit den Rotbrigadisten einzusetzen. Aber uneingedenk all dieser persönlichen Tragik unter Parteifreunden: Es besteht heute kein Zweifel mehr daran, daß die zwei, drei Minuten, in denen Moro auf dem Weg zum Parlament entführt wurde, der Innenpolitik Italiens eine irreparable Wendung gegeben haben. Auch die hochangesehene Christdemokratin Tina Anselmi, die in die Leitung des parlamentarischen Untersuchungsausschusses zum Mord an Moro berufen wurde, urteilt abschließend: „Aldo Moro aus dem politischen Leben zu eliminieren hieß, den wichtigsten Bezugspunkt dieser Zeit auszuschalten. Danach war nichts mehr wie früher.“[169] Und in der Tat erreichten die Roten Brigaden ihr Ziel: Mit Moro wurde letztlich auch der „historische Kompromiß“ zu Grabe getragen. Italien wird seitdem wieder von den saft- und kraftlosen Koalitionen der *centrosinistra* regiert.

Noch unter dem Einfluß der Langzeit-Wirkung des Moro-Schocks hielt die KPI im Frühjahr 1979 ihren 15. Parteikongreß ab. Auf ihm legte sie in der Konsequenz ihres Ablehnens jeder verbindlichen Weltanschauung den Marxismus als dogmatisches System endgültig ad acta. Die noch im alten Statut jedem Mitglied gegenüber erhobene Forderung, sich den Marxismus-Leninismus anzueignen, wird definitiv getilgt. Der Begriff selbst wird aus den Statuten gestrichen. Wörtlich heißt es statt dessen in der neuen Präambel:

> „Wir sehen das Gedankengut von Marx, Engels und Lenin nicht als ein dogmatisches System. Deshalb sind wir schon seit langem der Meinung, daß die Formel ‚Marxismus-Leninismus‘ nicht den ganzen Reichtum unseres theoretischen und geistigen Schatzes zum Ausdruck bringt. Das Gedankengut der Begründer des wissenschaftlichen Sozialismus …, zu denen der besondere Beitrag Gramscis und Togliattis gehört, bildete und bildet für die italienischen Kommunisten Quellen der Orientierung für die Analyse der Situation und für die politische Arbeit …“[170]

Im Hinblick auf den Weg zum Sozialismus sei „eine integrale Verstaatlichung der Produktionsmittel nicht notwendig“. Bedeutsam sind außerdem die vom Parteitag verabschiedeten Thesen 34 und 44, die das Verhältnis Europas zur NATO sowie den „neuen Internationalismus“ der KPI definieren. Nach wie vor wird an der „allmählichen Überwindung der Teilung Europas“ festgehalten, um jedoch „einseitige Brüche der gegenwärtig bestehenden Gleichgewichte“ zu vermeiden, „ergibt sich für Italien die Notwendigkeit, im Atlantikpakt zu bleiben …“. Die These des „neuen Internationalismus“ besagt, daß die KPI darauf hinarbeitet, „daß die ideelle Auseinandersetzung und die Konvergenzen mit den sozialistischen und sozialdemokratischen Parteien begünstigt werden (...), um einen Prozeß zu beginnen, der auf die Überwindung der historischen Divergenzen und auf die unitarische Neuzusammensetzung (Timmermann übersetzt hier mit: ‚Wiedervereinigung'[171]) der Arbeiterbewegung in Europa" zielt. Berlinguer schloß es in diesem Zusammenhang nicht aus, „daß eine kommunistische Partei und ein sozialistischer Staat sich einer Partei, einer fortschreitenden Volksbewegung oder einer demokratischen, aber nichtkommunistischen Regierung näher fühlt als einer anderen kommunistischen Partei oder einem sozialistischen Staat".[172] Hier wird durch das praktische Vorordnen des nationalstaatlichen Interesses vor dasjenige einer internationalen kommunistischen Bewegung nicht nur der Leninschen Imperialismustheorie der Boden entzogen, hier wird faktisch auch Togliattis Polyzentrismus-Formel überwunden, die bei aller „Verschiedenheit" immer noch von einer grundsätzlichen ideologischen „Einheit" gegenüber allen nichtkommunistischen Staaten und Parteien ausging. Die Nagelprobe auf diese verbal kodifizierten Absichtsbekundungen des „neuen Internationalismus" kam mit der Herausbildung der polnischen Solidaritätsbewegung im Jahre 1980 schneller als erwartet, doch zuvor klärte sich ein anderes Verhältnis, und zwar im negativen Sinne: die KPF, die in der Hochzeit des Eurokommunismus Mitte der 70er Jahre mit der KPI die aufsehenerregenden „gemeinsamen Erklärungen" unterzeichnet hatte, wurde von Berlinguer scharf kritisiert, weil sie nur „die Kraft der kommunistischen Parteien erhalten" wolle, die Sozialdemokratie „in Lenins Definition (aber) als Arbeiteraristokratie" diffamiere. Eine derartige Haltung sei „sektiererisch" und vertiefe nur die Spaltung der Arbeiterbewegung.[173] Bereits zwei Jahre später hieß es in einer Untersuchung zur KPI: „Die eurokommunistische Achse Paris - Rom wurde eliminiert, und von den Mitte der 70er Jahre verkündeten zwischenparteilichen und zwischenstaatlichen Freundschaftsbeziehungen ist außer formalisierter Parteidiplomatie nicht mehr viel übriggeblieben."[174]

Die vorbehaltlose, geradezu euphorische Zustimmung der KPI zu den sich 1980 bildenden unabhängigen Gewerkschaften in Polen stellte nicht nur die völlige Autonomie im außenpolitischen Handeln der Partei unter Beweis, sie führte das Emanzipationsstreben von Moskau gleichzeitig auf eine letzte, höchste Stufe, und zwar zunächst, als um die Jahreswende 1980/81 - ein Jahr nach Afghanistan - ein erneuter sowjetischer Einmarsch, diesmal zum gewaltsamen Unterbinden einer sozialistischen Reformbewegung, in immer gefährlichere Nähe rückte. Der endgültige Bruch mit Moskau, gerade von der politischen Rechten in Westeuropa als eigentlicher Glaubwürdigkeitsbeweis für eine echte Hinwendung zum Pluralismus beharrlich gefordert, wurde nunmehr in mutigen Rundschreiben der stärksten reformkommunistischen Kraft des Westens an alle Parteiführungen Osteuropas als „nicht wieder gutzumachende Konsequenz“[175] völlig offen für den Fall eines russischen Eingreifens angekündigt. Bedingt durch die partielle Gleichartigkeit der Phänomene (Autonomie der Gewerkschaften, gleichzeitiges Bekenntnis zum Marxismus wie auch zum Christentum) sah die KPI in Polen einen gesellschaftlichen Pluralismus aus Partei, Kirche und autonomer Gewerkschaft entstehen, der auch ihren eigenen Pluralismusvorstellungen entsprach. Dies wurde besonders an dem Verhalten deutlich, mit dem sie auf die Proklamation des Ausnahmezustands und die daraus resultierende Unterbindung des Solidarność-Experiments am 13. Dezember 1981 in Polen reagierte. Seither ist es nicht mehr auszuschließen, daß sich aus der Erklärung Berlinguers, die „vorwärtstreibenden Kräfte der Oktoberrevolution seien nunmehr erschöpft“[176], und dem danach zu konstatierenden mehrjährigen Stillstand in den Beziehungen zwischen der KPI und der Sowjetunion einmal das dritte Schisma des Weltkommunismus entwickeln und Rom sich zum unabhängigen Zentrum einer neuen Marxismus-Variante erklären wird. Bereits die Nomenklatur, mit der die Vorgänge in Polen bezeichnet wurden („Staatsstreich“, „Militärputsch“[177]) ging in ihrer Schärfe weit über Einschätzungen amtierender westeuropäischer Regierungen hinaus und legte die Parallele zur Beurteilung der Machtübernahme faschistoider Militärregierungen nahe. Eine Geste wie diejenige des westdeutschen Bundeskanzlers Helmut Schmidt, der den stellvertretenden polnischen Regierungschef Rakowski unmittelbar nach dem 13. Dezember zu einem Informationsbesuch empfing, wäre für die KPI undenkbar gewesen. Berlinguer hätte ihm die Tür gewiesen. Die italienischen Kommunisten ließen vom ersten Moment an keinen Zweifel daran, daß sie die Ausrufung des Ausnahmezustandes „nicht als eine autonome Entscheidung der Polen, sondern als eine von der Sowjetführung inspirierte Aktion ansahen".[178] Sie betonten, daß sie die Ziele der Solidarność als die Verifizierung ihres eigenen eurokommunistischen Weges auffaßten, und ausgerechnet Alessandro Natta, der spätere Berlinguer-Nachfolger, konstatierte, daß die alte Formel *cuius regio eius religio* einer vom Inneren der Systeme her kommenden Überwindung der Blöcke nicht länger im Wege stehen dürfe.[179] Norbert Leser verglich das Verhalten der KPI mit dem Thesenanschlag Martin Luthers.[180] Die Perspektive dieser Partei zielte und zielt auf eine „Verweltlichung" *(laicizzazione)* der Blöcke ab, die deren Überwindung einschließt. Es war in diesem Zusammenhang nicht unwesentlich, daß der sowjetisch beherrschte Teil Europas erstmals als Block eines „imperialistischen" Typs bezeichnet wurde, weil die Souveränität der der sowjetischen Hegemonialmacht unterworfenen Völker als äußerst begrenzt anzusehen sei.[181] Obwohl Berlinguer nunmehr davon sprach, „den politischen Pluralismus (zu) gewährleisten"[182], obwohl der Anteil der moskauorientierten Hardliner in der KPI auf unter 10% sank und obwohl sich alle Einschätzungen des Eurokommunismus als eines „tendenziellen Postleninismus"[183] bestätigten, mußte man trotzdem zögern, vom endgültig vollzogenen Bruch mit der Sowjetunion zu sprechen. Die Italiener hüteten sich deshalb davor, weil sie sich sonst jeden Einflusses in Osteuropa beraubt hätten. Was aber blieb, war der alte Zwitterzustand, den ein KPI-Mitglied wie folgt zum Ausdruck brachte: „Wir navigieren auf offener See. Wir haben in den Ländern des Ostens kein Ufer mehr, und an sozialdemokratischen Stränden wollen wir nicht landen."[184]

Während sich die außenpolitische, auf der Distanz zu Moskau beruhende Stoßrichtung zu Beginn der 80er Jahre ihrer äußersten Konsequenz, dem offen angedrohten Bruch näherte, brachte die innerparteiliche Entwicklung in Italien mit der Rückkehr der KPI in die Opposition und dem damit verbundenen Ende des „historischen Kompromisses" eine neuerliche Verhärtung der Fronten. Schon am 5. November 1979, unter dem Eindruck der immer noch unter dem Moro-Schock stehenden Wahlniederlage[185], erklärte Berlinguer, daß die KPI keine Regierung unterstützen werde, in der die Kommunisten nicht „zu gleichen Bedingungen wie die anderen Parteien"[186] vertreten seien. Im Zuge der Arbeitskämpfe des Jahres 1980 kehrte er der Austeritätspolitik den Rücken und verherrlichte wie in den 50er und 60er Jahren wieder die *conflittualità* – den Arbeitskonflikt um jeden Preis. Schließlich spielte er die größte Trumpfkarte aus, über die die KPI in der italienischen Innenpolitik verfügt, die Verflechtung mit der größten Gewerkschaft des Landes, der kommunistischen *Confederazione Generale Italiana Lavoratori* (CGIL), indem er eine Revision desjenigen Statuts forderte, auf dessen Basis die drei größten Gewerkschaften des Landes seit 1970 zusammenarbeiteten. Die Kooperation in diesem „Dreibund" genannten gemeinsamen Gewerkschaftsrat war seinerzeit nur möglich gewesen, weil die CGIL als weitaus größte Gewerkschaft des Landes einer paritätischen Zusammensetzung des Rates aus Vertretern der kommunistischen, sozialistischen und katholischen Gewerkschaft zugestimmt hatte. Dadurch, daß Berlinguer nunmehr die Revision dieses Statuts forderte, weil die Verteilung der Sitze im „Dreibund" nicht mehr „dem wahren Kräfteverhältnis entspreche"[187], wollte er praktisch die institutionalisierte Absicherung der kommunistischen Dominanz im Gewerkschaftsbereich verwirklichen. Damit war auch in der praktischen Politik das Ende des „historischen Kompromisses" vollzogen worden, was im November 1980 vom Parteivorstand auch frank und frei verkündet wurde, und Giulio Andreotti notierte in seinem Tagebuch als Grund für den Zerfall der Koalition „die Annullierung des Hoffnungsschimmers auf Moros ‚dritten Zeitabschnitt' (des kommunistischen Regierungsbeitritts) ..."[188] Als Ezio Tarantelli, der Wirtschaftsberater der sozialistischen Gewerkschaft *Unione Italiana dei Lavoratori* (UIL), wenig später einen Plan zur Revision der 1976 zwischen Unternehmerverband und Gewerkschaften vereinbarten Lohn-Gleit-Klausel *(scala mobile)* vorlegte, die mit ihren vierteljährlichen automatischen Anpassungen der Arbeitnehmerbezüge an die Geldentwertungsrate nicht nur der hauptsächliche Inflationstreiber, sondern das eigentliche Übel der ohne ihre Abschaffung nicht sanierbaren italienischen Wirtschaft war und ist, lehnte Berlinguer diesen Plan im Einvernehmen mit der CGIL kategorisch ab. Aber Tarantelli ließ sich nicht beirren. Beharrlich arbeitete er weiter an seinem Verständigungswerk zwischen sozialistisch-eurokommunistisch orientierten Arbeitnehmern und christdemokratischen Arbeitgebern, so wie vor ihm Aldo Moro, bis ihn – das gleiche Schicksal wie

Aldo Moro ereilte. In den ersten Apriltagen des Jahres 1985 wurde Ezio Tarantelli ermordet aufgefunden. Die Roten Brigaden ließen keinen Zweifel an ihrer „Zuständigkeit" für das Verbrechen. In Italien, Partner im Bündnis und in der europäischen Wirtschaftsgemeinschaft, verhindern weiterhin dunkle terroristische Gegenmächte eine endgültige Demokratisierung und Sanierung der Republik.

Anfang der 80er Jahre wurde in der KPI erneut eine heftige Diskussion darüber geführt, wo eigentlich der ideologische Standort der Partei sei. „Wer hat Angst vor Bad Godesberg?", so hieß es nicht zufällig Ende 1980 in einem Artikel der kommunistischen Wochenzeitschrift „Rinascità"[189]: Der „qualitative Sprung", den die SPD 1959 und 1960 vor allem auf sozial- und außenpolitischem Gebiet gemacht habe, sei schließlich nicht von ihrem Weg in die Regierungsverantwortung getrennt zu sehen. Bereits in der nächsten Ausgabe der „Rinascità" entgegnete indes Nicola Badaloni, der Präsident des Gramsci-Instituts, die KPI habe es zur Entwicklung einer eigenen „Regierungskultur" nicht nötig, sich an Bad Godesberg und der SPD zu orientieren. Mit und in Badalonis Funktion war gewissermaßen die Entscheidungsfrage inkarniert, vor die sich die Partei gestellt sah: ihr Verhältnis zu Gramsci. Zwar bestand der eigentliche Bruch zwischen Gramsci und Togliatti gerade in der Frage des Pluralismus. Trotz dieses Bruches kann aber bis heute nicht von einer endgültigen Loslösung der Partei von ihrem theoretischen Ahnherrn und Gründungsvater die Rede sein. Vermeintliche Äußerlichkeiten wie das Gramsci-Bild, das nach wie vor als einziges Schmuckstück das Büro des KPI-Vorsitzenden ziert, dürften hier nur bedeutungsträchtige Indikatoren einer ungebrochenen Tradition sein. Ohne die Lösung von Gramsci kann aber kein westlich-pluralistisches Staats- und Gesellschaftsverständnis in der KPI Platz greifen. Zwittergebilde einer politisch-philosophischen Semantik, wie sie von Vertretern dieser Partei verwendet werden („Hegemonie im Pluralismus"), dokumentieren doch nur, daß man sich in einem theoretischen Durchgangszustand befindet: Die letztgültige, offizielle, von der Gesamtpartei an Haupt und Gliedern akzeptierte Entfernung von Gramsci ist genausowenig vollzogen wie die Hinwendung zum Pluralismusverständnis einer Partei sozialdemokratischen Typs. Immerhin aber haben gerade die Jahre des *triennio*, der kommunistischen Stützung der christdemokratischen „Regierung der nationalen Einheit“ von 1976 bis 1979, nicht von ungefähr eine Schwächung des neogramscianischen Flügels um das KPI-Führungsmitglied Pietro Ingrao gebracht. So hatte die 44. These des Parteitages von 1979 den Eurokommunismus „eine neue Hoffnung ... auf dem Wege zur Ausarbeitung“ genannt, obwohl einflußreiche Kräfte in der Partei bereits darauf drängten, daß der Eurokommunismus „das politische Projekt (sei), dem man heute die organisatorisch-ideologische Endform geben muß“.[190] Dieser Gedanke wurde auf dem Folgeparteitag vom März 1983 wieder aufgenommen und in entscheidendem Maße konkretisiert. Daran änderte auch die Tatsache nichts, daß der Sozialistenchef Bettino Craxi, der kurz darauf italienischer Ministerpräsident wurde, die *conventio ad excludendum*, jene stillschweigende Übereinkunft der italienischen Parteien, nach der die KPI als nicht vollständig westlich-demokratische Partei von der Regierung fernzuhalten sei, noch einmal durchsetzen konnte.

Im Zentrum des 16. Parteitages der KPI stand die Frage der innerparteilichen Demokratie, insonderheit des „demokratischen Zentralismus“. Der Kongreß billigte das Vorgehen der Provinzsektionen vom gleichen Frühjahr, auf denen die Fesseln des „demokratischen Zentralismus“ durch das Konzedieren geheimer Stimmabgaben auf Parteitagen sowie der Formierung von Minderheitspositionen und des Rechts auf Publikation abweichender Meinungen weiter gelokkert worden waren. Wörtlich hieß es in dem vom Kongreß verabschiedeten Dokument: „Wenn sich in der Parteiführung sowie in den regionalen und föderalen Exekutivorganen in wichtigen Fragen der Richtung und der politischen Aktion Divergenzen ergeben ..., so müssen sie unverzüglich den gewählten Organen zur Diskussion und zur Entscheidung unterbreitet werden ...“[191] Damit war in der innerparteilichen Willensbildung praktisch ein zweiter, von unten nach oben laufender Kanal freigelegt worden. Kundige Beobachter und Fachleute notierten hierzu: „... das System des ‚demokratischen Zentralismus‘, wie es sich im Zeichen des Marxismus-Leninismus in den kommunistischen Parteien herausgebildet hat und wie es diese als zentrales Merkmal selbsternannter Vorhutparteien heute noch prägt, (ist) von der KPI durchgreifend modifiziert und unter vielen

Aspekten sogar liquidiert worden. (Die italienischen Kommunisten) haben endgültig die historische Phase des ideologisch geprägten Monolithismus leninistischen Typs hinter sich gelassen."[192] Nicht zufällig sprachen KPI-Mitglieder selbst von sich und ihresgleichen auf dem Kongreß als einer Generation von „Post-Kommunisten". Für diese Aussage gab es auch in den Parteitagsdokumenten selbst Hinweise. Der verblüffendste war sicherlich derjenige, daß sogar der Begriff des „Eurokommunismus" stillschweigend aus dem Wortschatz der KPI verschwand - sicherlich nicht deshalb, weil man sich nicht mehr mit der dadurch verbundenen Strategie identifizierte, sondern einfach, weil durch den zweiten Bestandteil der Bezeichnung ein zu starkes Präferenzverhältnis zu kommunistischen Parteien zum Ausdruck gebracht wurde. Hatte die KPI des Jahres 1983 auf ihrem langen Marsch vom Leninismus über den Eurokommunismus zur Sozialdemokratie unbemerkt auch bereits die zweite Etappe der Wegstrecke hinter sich gelassen? Eine weitere wichtige Rolle auf dem Kongreß spielte die Frage des NATO-Doppelbeschlusses und der westlichen Nachrüstung. Enrico Berlinguer bestätigte in seiner Eröffnungsrede erstmalig die sowjetische Überlegenheit an Mittelstreckenraketen, für deren Zerstörung oder Rückzug er plädierte. Auf der anderen Seite wurde aber für den Fall des Scheiterns der gleichzeitig laufenden Genfer Verhandlungen eine automatische Installation von Pershing-II-Raketen und Cruise Missiles scharf verurteilt. Vielmehr sei so lange zu verhandeln, bis sich ein befriedigendes Ergebnis einstelle. Dieses Konzept deckte sich in seinen zentralen Punkten mit den Vorstellungen der westdeutschen Sozialdemokratie, was das Vorstandsmitglied Napolitano dann auch bestätigte.[193]

Ende April 1983 ließ Craxi die von seinen Sozialisten bis zur DC reichende Fünferkoalition platzen. Bei der acht Wochen später erfolgten Parlamentswahl verlor die *Democrazia Cristiana* 5,4%; die Sozialisten verbuchten einen nur mageren Gewinn von 1,6%. Craxis Strategie, von einem ähnlich überwältigenden Sympathieschub an die Macht gespült zu werden wie Mitterrand in Frankreich, Gonzáles in Spanien, Papandreou in Griechenland und Soares in Portugal, mußte damit als fehlgeschlagen gelten. Auch seine Anfang August vollzogene Wahl zum Ministerpräsidenten konnte nicht darüber hinwegtäuschen, daß die im mediterranen Europa ansonsten zu beobachtende sozialistische Siegesserie in Italien zum Stillstand gekommen war. Als heimlicher Sieger mußte vielmehr Berlinguers KPI gelten, die sich bei knapp 30% stabilisierte und dadurch der rivalisierenden DC mit einem Abstand von nur noch 3% auf die Fersen rückte – so gering war der Abstand zwischen beiden Parteien seit 1945 noch nie gewesen. Während die neuorthodoxen französischen Kommunisten von Wahl zu Wahl katastrophal einbrachen, während aber auch die spanische KP ihren eurokommunistischen Weg beim Wähler nicht durchsetzen konnte und Carrillo nach dem Desaster Ende 1982 zurücktreten mußte, erwies sich die reformistische KPI mehr denn je als geschlossene und homogene Kraft. Was in gesamtitalienischer Perspektive blieb, war die Frage, ob mit dem seit 1983 praktizierten Verzicht der DC auf das höchste Regierungsamt ein echter Machtwechsel, eine echte *alternanza*, eingeleitet worden war. Die Hälfte aller Minister, mit denen Craxi seine Regierungszeit begann, waren Christdemokraten. Die elektorale Basis der *centrosinistra*, der alten Fünferkoalition mit der DC als stärkster Partei, war seit Jahrzehnten von Wahl zu Wahl schmaler geworden (1983: 56,4%). Sollte sie irgendwann die magische 51%-Hürde verfehlen, führt um die KPI als einzige echte Oppositionspartei kein Weg mehr herum, egal ob in Form des „historischen Kompromisses" mit der DC oder als *alternativa democratica* mit den laizistischen Parteien. Das war und ist der eigentliche Inhalt ihrer Politik des „aktiven Zuwartens", ihres „Attentismus". Gleichzeitig setzte sie ihren Prozeß des innerparteilichen Wandels und der Distanzierung von der Sowjetunion fort. Dabei machte sie keinen Hehl daraus, daß sie diesen letzteren Konflikt in seiner Substanz und langfristigen Auswirkung den beiden anderen großen Brüchen im weltkommunistischen Lager an die Seite stellt. Berlinguers Wort, nach dem Europa und die westliche Arbeiterbewegung als „Epizentrum der neuen Phase des Kampfes für den Sozialismus" angesehen werden[194], hatte hier seinen Platz. Dabei wollte und will sich die KPI als Wegbereiterin einer globalen Ordnung von morgen ihre Handlungsspielräume in beiden politischen Lagern erhalten, weil diese nicht als konträr, sondern als komplementär, als eine Art *coincidentia oppositorum* verstanden werden. Deshalb auch das Vermeiden des endgültigen Bruchs. Und was schließlich die innerparteiliche Einbettung angeht, so sprach Klaus von Beyme bereits 1982 davon, daß die Partei durch ihre langjährige regionale und kommunale Regierungspraxis „weit mehr in das System eingebunden (ist), als der Ausdruck ‚negative Integration' verrät".[195] Das italienische Parteiensystem, das der Politologe Giorgio Galli schon 1966 als *bipartitismo imperfetto*, als „unvollkommenes Zweiparteiensystem" bezeichnet hatte[196], ist mit keinem anderen in Europa zu vergleichen. Es legt eher, nimmt man noch das innergesellschaftliche Klima und die paramilitärischen Erscheinungen hinzu, die furchterregende Analogie zur Endphase der Weimarer Republik nahe. Aldo Moro und Ezio Tarantelli haben dieses Problem lösen wollen, und sie haben dafür mit dem Leben bezahlt. Wird es eines Tages eine KPI an und in der Regierung geben? Der Moment dieses für ganz Italien entscheidenden Wechsels der kommunistischen Partei von einem *partito di lotta* zu einem *partito di governo* dürfte nicht nur eine schwere innerparteiliche Zerreißprobe heraufbeschwören, er dürfte auch gleichlaufend sein mit einer äußersten wirtschaftlichen Notlage, einer Massenarbeitslosigkeit und mit einer – in der Frage der Zusammenarbeit mit den Kommunisten bereits heute – tief in sich gespaltenen, zur nur noch zweitstärksten italienischen Partei herabgesunkenen und zur konstruktiven Opposition unfähigen Democrazia Cristiana, die einer mit einem an die 40% gehende Elektorat die Macht übernehmenden KP gegenübersteht. Darauf weist Jens Petersen hin, wenn er sagt: „Funktionsschwäche, Immobilität und innere Zerrissenheit der *Democrazia Cristiana* werden aber vermutlich in keinem Moment so groß sein, wie in dem des Machtwechsels. Hier liegt das Dilemma der italienischen Demokratie und ihr unkalkulierbares Risiko".[197]

Aber so weit ist es einstweilen noch nicht. Gleichwohl hat es für einen kurzen Moment schon das gegeben, worauf ganz Italien seit 1945 mit Hoffnung oder Schrecken gewartet hatte: den *sorpasso*, den Zustand, in dem die KPI an der DC vorbeizieht und zur stärksten Partei im Lande wird. Aber dieser Sieg war teuer erkauft, mit dem vielleicht höchsten Preis, den die Nachkriegspartei bezahlen konnte. Enrico Berlinguer, der sich unermüdlich verzehrende Generalsekretär, war im Europawahlkampf des Jahres 1984 auf einer Kundgebung in Padua mit einem Gehirnschlag zusammengebrochen. Leichenblaß hatte er seine Rede mehrfach unterbrechen müssen, die er mit stockendem Atem dennoch beendete, bevor er ins Koma fiel und wenige Tage später verstarb (11. Juni 1984). Der *effeto Berlinguer* sorgte dafür, daß die Kommunisten mit 33,3% die Christdemokraten (33%) erstmals knapp niederhielten, während die Sozialisten weiterhin bei enttäuschenden 11,3% stagnierten. „Was der lebende Berlinguer vergeblich zu erreichen suchte, schaffte der tote“, so kommentierte die „Frankfurter Allgemeine Zeitung“ dieses Wahlergebnis.[198] Die KPI forderte auf der Woge dieses traurig-tragischen Erfolges sogar den Posten eines eigenen EG-Kommissars in Brüssel. Auch wenn ihr dies aus durchaus nachvollziehbaren Gründen verwehrt blieb, so bleibt doch als Faktum, daß Altiero Spinelli, der die 1986, kurz vor seinem Tod, von allen Mitgliedsstaaten anerkannte Reform-Akte der EG ausarbeitete, auf der Liste der KPI ins Europäische Parlament gewählt worden war! Berlinguers römisches Begräbnis, auf dem ihm eineinhalb Millionen Menschen das letzte Geleit gaben, war gleichzeitig die größte „Massendemonstration“ des republikanischen Nachkriegsitaliens. Bettino Craxi, der amtierende Ministerpräsident, wurde mit Pfiffen empfangen. Der „fast mönchische Moralismus“ (Michael Strübel) des Generalsekretärs - selbst der Vatikan bescheinigte ihm, „nach christlichen Idealen gelebt zu haben“ - und seine Angewohnheit, überall, ob in Peking, Moskau, Rom oder Straßburg, die gleiche Sprache zu sprechen (worauf sein Parteifreund Pajetta hinwies), verkörperten ein Maß an Glaubwürdigkeit, ja Reinheit, wie sie in der zeitgenössischen Politikerkaste, zumal der Italiens, kaum noch anzutreffen ist. Indro Montanelli, einer seiner größten Gegner in Politik und Geistesleben, verfaßte einen Nachruf, der nur im Zusammenhang wiedergegeben werden kann:

„Vielleicht war Berlinguer die kommunistische Führungspersönlichkeit, die am meisten und ehestens als jeder andere die Krise des Kommunismus gespürt und danach getrachtet hat, sie in der Umarmung mit den Katholiken zu lösen. Es war logisch, daß er auf diesem Wege Moro begegnete, dem Katholiken, der am meisten und besser als alle anderen die Krise der Christlichen Demokraten fühlte und danach trachtete, sie in der Umarmung mit den Kommunisten zu lösen. Die beiden Männer ähnelten einander in vielen

Dingen: im Pessimismus, im Mißtrauen, in der Vorahnung der Niederlage ... Wir wollen einem Mann die letzte Ehre erweisen, der Fehler begangen haben mag, aber niemals Unehrenhaftigkeit oder Niedrigkeiten. Wenn es wahr ist - und es ist wahr -, daß ein guter Feind noch kostbarer ist als ein guter Freund, dann sollten wir Enrico Berlinguer beweinen und immer wieder beweinen: Einen Feind wie ihn werden wir auf diesem Ufer nicht wieder antreffen."[199]

Wer würde und wollte, vielmehr, wer konnte dessen Erbe antreten? Daß man sich schon am 26. Juni 1984, und zwar mit 227 von 238 ZK-Stimmen, auf Alessandro Natta als Nachfolger einigen konnte, bewies ein ungeheures Maß an Geschlossenheit und Kontinuitätswillen. Indes, der neue Generalsekretär sieht sich selbst bescheiden als „Übergangschef", und mehr wird er bei aller ihm zugebilligten intellektuellen Potenz und Integrationsfähigkeit auch nicht sein können. Der 1918 geborene Natta ist Absolvent der *Scuola Normale Superiore*, Italiens berühmtester Eliteschule, *dottore in lettere* und Professor für Altphilologie. Er trat 1945 in die Partei ein, wurde enger Vertrauter von Togliatti und Berlinguer, Chefredakteur der *Rinascità*, Fraktionsvorsitzender und zuletzt Leiter der Zentralen Kontrollkommission, dem wohl wichtigsten Gremium der KPI. Der neue Mann, dem der Ruf vorauseilte, nichts vom inspirationsverbreitenden Charisma seines Vorgängers zu haben, ansonsten aber „berlinguerianischer als Berlinguer selbst" zu sein, hatte schon bald Gelegenheit, einiges von diesen Fähigkeiten in die konkrete italienische Politik einzubringen.

Anlaß war (wieder einmal) der Streit um die *scala mobile*. Nach monatelangen Verhandlungen mit den Sozialpartnern, den Gewerkschaften und dem Arbeitgeberverband *Confindustria*, hatte Craxi im Februar 1984 die ungewöhnliche Form gewählt, durch Gesetzesbeschluß, gewissermaßen also *per Ordre de Mufti*, eine Kürzung der automatischen Lohnanpassung zu verfügen. Die kommunistische Mehrheit im Vorstand der CGIL stimmte geschlossen gegen das Dekret, die sozialistische Minderheit war dafür. Doch damit nicht genug. Das Votum bedeutete nicht nur den Bruch zwischen Kommunisten und Sozialisten in der CGIL, sondern auch das Schisma des gesamten italienischen Gewerkschaftswesens, denn die sozialistische

UIL und der christdemokratische Gewerkschaftsverband hatten Craxis Sparprogramm angenommen. Michael Kreile hatte in seiner Heidelberger Habilitationsschrift „Gewerkschaften und Arbeitsbeziehungen in Italien 1968–1982“[200] schon vor der Euphorie einer Quasi-Institutionalisierung des Dreibundes gewarnt, so sehr sich auch die Möglichkeit einer Einheitsgewerkschaft nach dem Muster des westdeutschen DGB zeitweise am Horizont abzeichnete. Vielmehr beschrieb er minutiös die einzelnen Stufen des Zerfalls und die erneute Anbindung der Einzelgewerkschaften an die jeweiligen parteipolitischen Lager. Dabei war es im Frühjahr 1984, der eigentlichen Phase des Auseinanderbrechens, lediglich um eine Kürzung der *scala mobile* um läppische drei Prozentpunkte (von 12 auf 9%) gegangen, aber wie sehr selbst diese geringfügige Reduzierung dazu geeignet war, das italienische Heißblut pulsieren zu lassen, zeigten die anschließenden Vorkommnisse. Im römischen Senat gingen Sozialisten und Kommunisten mit Fäusten und Stuhlbeinen aufeinander los, woraufhin das 59jährige KPI-Mitglied Dario Valori einen Herzinfarkt erlitt und verstarb. Zwar gelang es der Oppositionspartei, die Abstimmung über das Spardekret durch parlamentarische Geschäftsordnungstricks so lange hinauszuzögern, bis es ungültig wurde, aber Craxi gab nicht auf. Dadurch, daß er für den Sommer 1985, in dem gleichzeitig die Regional- bzw. Kommunal- wie auch die Präsidentschaftswahl anstanden, eine Volksabstimmung über die Reduktion der automatischen Lohnanpassung anberaumte, konfrontierte er die Bevölkerung der Apenninhalbinsel binnen kürzester Zeit mit drei gravierenden Entscheidungen.

Zur ersten allerdings war er durch den Druck der Kommunisten gezwungen worden, und sie errangen hier auch tatsächlich einen Achtungserfolg: nicht weniger als 45,7% der Italiener stimmten gegen das Antasten der *scala mobile*, 54,3% aber waren dafür. Indes, weit weniger als dieses Ergebnis sorgte das Verhalten von *Confindustria* für Furore, die unmittelbar nach Schließung der Wahllokale, also noch vor dem Bekanntwerden des Ergebnisses, das Abkommen mit den Gewerkschaften über die automatische Lohnanpassung mit praktisch sofortiger Wirkung aufkündigte. Mit dieser Pistole auf der Brust war Craxis Erfolg eigentlich schon vor Bekanntgabe null und nichtig, aber der Sozialist blieb hart, wußte er doch, daß es hier um die Entscheidungsfrage nicht nur in Gewerkschaftswesen, Wirtschafts- und Sozialpolitik, sondern im gesamten italienischen Gesellschaftsgefüge ging. Denn das (alte) Gesetz über die Lohn-Preis-Spirale beinhaltete neben der automatischen Anpassung der Löhne und Gehälter an die jeweilige Inflationsrate auch - oder exakter: vor allem - eine die gesamte Einkommenshierarchie sukzessive wie linear einebnende Komponente, mit anderen Worten, die *scala mobile* war das wohlberechnete Instrument in der Hand der Kommunisten im Hinblick auf die von ihnen erstrebte „Einheitsklasse der Arbeitenden". Wie ging der Zweikampf aus? Es blieb Altbundeskanzler Helmut Schmidt vorbehalten, das Urteil zu formulieren: „Die ungewöhnliche Stabilität der Regierung Craxi hat der inflatorischen Kraft der *scala mobile* ... das Rückgrat brechen können."[201] Sie wurde deutlich reduziert, ihr jeweiliger Anpassungszeitraum prolongiert und - der 1970/72 mühsam hergestellte Gewerkschafts-Dreibund zerbrach. Der im Februar/März 1986 durchgeführte 11. CGIL-Kongreß sah sich deshalb gleich vor mehrere Herausforderungen gestellt, von denen der notorische Mitgliederschwund (CGIL: 4 Millionen, christdemokratische CISL: 3 Millionen, sozialdemokratische UIL: 1,3 Millionen) nur eine war. Die auf dem Treffen anwesenden Vertreter der SPD (Peter Glotz), des DGB wie auch der polnischen Solidaritätsbewegung konnten miterleben, wie von außen die Versuche zur Erneuerung der „tripartistischen" Abkommen zwischen Gewerkschaften, Unternehmen und Staat erneuert wurden. Die eigentliche Herausforderung aber, die auf eine Spaltung der kommunistisch/sozialistischen Richtungsgewerkschaft hinauslief, wurde pariert und zurückgewiesen.

Schon die kurz zuvor durchgeführten Regionalwahlen hatten die scharfe Polarisation zwischen dem regierenden Fünferblock und der KPI belegt (DC 35,1%, KPI 30,2%, Sozialisten 13,3%), was den namhaften Italienkenner Günter Trautmann zu der folgenden Bewertung veranlaßte: „Trotz einiger Schwankungen und elektoraler Brüche hat der italienische Wähler die Grundstruktur des Parteiensystems damit in einem veränderten politischen Gesamtkontext auf dem historischen Niveau der fünfziger Jahre ‚stabilisiert'."[202] Vordergründig könnte man auch die Präsidentschaftswahlen vom Juni 1985 so interpretieren, aber hier sind die Querverbindungen subtiler. Unter starkem innerparteilichem Druck konnte der christdemokratische Vorsitzende de Mita nicht länger den Zustand tolerieren, in dem die Sozialisten sowohl den Regierungschef als auch den Staatspräsidenten (Pertini) stellten. Dadurch, daß es dem DC-Chef gelang, in den Präsidentschaftsberatungen sowohl KPI als auch CGIL zu konsultieren, „um das kommunistische Lager mit einer integrativen Geste in den nationalen Konsens einzubeziehen" (Trautmann), wurde der Christdemokrat Cossiga, einmalig in der italienischen Verfassungsgeschichte seit 1948, schon im ersten Wahlgang mit voller Unterstützung der KPI zum Präsidenten der Republik gewählt (was de Mita innerhalb der eigenen Partei auch sofort den Vorwurf einbrachte, er habe die Strategie des „historischen Kompromisses" wiederbelebt). Ganz offensichtlich war die *pregiudiziale anticomunista*, jene Vorbehaltsklausel, nach der die KPI als „demokratisch unzuverlässig" von den Koalitions- und Mehrheitsbildungen ausgeschlossen war, hier fallengelassen worden. Außerdem verzichtete Cossiga für die Dauer seiner Amtszeit auf die Mitgliedschaft in der DC, um den parteiübergreifenden Charakter seiner Position zu demonstrieren. Der neue Herr im Quirinalspalast war seit 1976 Innenminister der Regierung Aldo Moro und dann in den Kabinetten der von den Kommunisten mitgetragenen Regierung Andreotti gewesen. Würde es unter ihm zu einer neuerlichen Annäherung der beiden konträren Kulturen Katholizismus und Kommunismus in Italien kommen? Eine Reihe von Anzeichen in beiden Lagern sprechen dafür. Von seiten der KPI stimmte hier besonders die Analyse und Auswertung ihres 17. Parteitages vom April 1986 hoffnungsvoll.

Schon im Vorfeld des Kongresses waren aus den eigenen Reihen Vorschläge aufgetaucht, die man nur als „thinking the unthinkable" bezeichnen konnte. Da wollten einige den Namen der Partei in seinem entscheidenden Attribut verändern, weil man doch so kommunistisch eigentlich schon nicht mehr sei und weil das, was sich ansonsten in der Welt kommunistisch nenne, kaum noch Attraktivität auf die nachwachsenden Generationen ausübe. Prompt vermeldete die „Frankfurter Allgemeine Zeitung" in korrekter Berichterstattung, daß Teile der KPI eine „Emigration aus dem Kommunismus"[203] wollen, und Aldo Schiavone, der langjährige Direktor des Gramsci-

Instituts, forderte in einem rechtzeitig vor dem Parteitag erschienenen Buch dazu auf, daß die KPI ihre „Gewohnheit, alles Neue mit dem Schleier einer bruchlosen Kontinuität zu verbrämen", endlich ablegen müsse; vielmehr müsse Italien „der magische Ort eines politischen Versuchslabors" werden.[204] Alessandro Natta, der auf dem Kongreß mit überwältigender Mehrheit als Generalsekretär bestätigt wurde, mochte noch so sehr betonen: dies sei nicht der Parteitag der „Ent-Berlinguerisierung"[205], eine Gesamtschau aller Reden, Beiträge und Dokumente vermittelt genau dieses Bild. Schon nach einem ersten, ungefähren Überblick gewinnt man den Eindruck, daß sich die KPI endgültig und unwiderruflich „westeuropäisiert" hat. Als der Altlinke Pietro Ingrao den Teilnehmern fast schon verzweifelt zurief „Der ‚dritte Weg' ist kein totes Wort", erntete er nur müden, eher verlegenen Beifall. Die „Übergangsperiode" unter Berlinguer, der noch einmal versucht hatte, eine neue kommunistische Identität in Form eines „dritten Weges" zwischen den ideologischen Blöcken zu errichten, scheint überwunden. Bezeichnenderweise fehlte nämlich diese Berlinguersche Formel in Nattas Rapport vor dem Parteivolk. „Seit vielen Jahren" glaube die KPI „nicht mehr" daran, daß die „untereinander verschiedenen kapitalistischen Gesellschaften dauernd am Rande einer Katastrophe" stünden, vielmehr erkenne sie „ihren Reichtum", „ihre Vitalität" und ihre „starken Kräfte", so hatte Natta es schon vor dem Parteitag zum Ausdruck gebracht. Demgegenüber halte die KPI nach wie vor an der „Nichtannehmbarkeit" der Modelle „sowjetischen Typs" fest, weil sie die ihnen „innewohnenden und heute noch nicht überwundenen Kennzeichen" sehe, die „in der Vergangenheit zu den bekannten Tragödien" geführt hätten und die „heute die Widersprüche" bestimmten, die „vor allem aus dem Fehlen einer freien demokratischen Dialektik" herrührten.[206] Statt dessen heiße das Gebot der Stunde, „Türen und Fenster für frische Luft zu öffnen", wie Natta es im Juli 1985 ankündigte. „Wir dürfen heute keine kristallisierte Sicht von Sozialismus haben", so lautet denn auch die erste von insgesamt 46 Thesen für den Parteitag, und hinsichtlich der potentiellen Bündnispartner spricht Natta von einer „Verlagerung" nicht nur in Richtung auf „sozialistische", sondern auch auf „laizistische und katholische Kräfte". Was aber wäre das anderes als eine Neuauflage des „historischen Kompromisses"? Auf jeden Fall bleibt Nattas *governo di programma* eine „höchst vage Formel, der sich je nach Umständen ein Inhalt geben läßt" (Neue Zürcher Zeitung). Eine derartige Unschärfe scheint bei einem abschließenden, die innen- wie außenpolitische Orientierung der KPI nach ihrem 17. Parteikongreß einbeziehenden Gesamturteil geradezu notwendigerweise als geboten: Hinsichtlich des konkreten politischen Handelns auf der Apenninhalbinsel sind Absprachen mit den Christdemokraten für sie kein Tabu mehr, hinsichtlich der (west-) europäischen Dimension ist eine Annäherung an die Sozialdemokratie, insbesondere schwedischer und bundesrepublikanischer Prägung, unübersehbar („Als Deutscher wäre ich in der SPD", gestand das Führungsmitglied Luciano Lama,[207] Heidemarie Wieczorek-Zeul konnte das Recht für sich beanspruchen, 1986 die erste offizielle SPD-Delegierte auf einem Parteitag der KPI gewesen zu sein, und zuvor hatten Hans-Ulrich Klose und Peter von Oertzen bereits mit KPI-Mitgliedern ein gemeinsames Seminar über „Wirtschaftspolitik der europäischen Linken" abgehalten), und schließlich erscheint die Verselbständigung gegenüber sowjetischen Einmischungsversuchen im Ost-West-Maßstab als endgültig. (Eine offizielle KPI-Delegation besuchte im August 1986 in Nürnberg erstmals einen Parteitag der SPD.) Es ist richtig, den Kongreß als den Vollzug eines „Säkularisierungsprozesses" zu sehen. „Nicht nur die Intoleranz der Dritten Internationale, von der inzwischen kaum mehr etwas zu spüren ist, sondern auch die ‚Andersartigkeit' der Ära Berlinguer scheinen nunmehr der Vergangenheit anzugehören."[208] Auch wenn Natta in seiner Eröffnungsrede erklärte, „der alte Streit zwischen Reform und Revolution liegt hinter uns", so vermied er jedoch nach wie vor eine eindeutige Lagerwahl zwischen dem demokratischen Westen und dem sowjetischen Osten. Trotzdem blieb unstreitig, daß für die KPI die NATO-Mitgliedschaft Italiens außer Frage steht. Im Gegensatz etwa zur Partei der Grünen in der Bundesrepublik Deutschland lehnt die KPI einseitige Schritte zur Blocküberwindung strikt ab. Zwar betonte Natta in innergesellschaftlicher Hinsicht, daß „der Klassenwiderspruch in der Gesellschaft der neuen Technologien" nicht verschwinde, andererseits wurde die Frage des „demokratischen Zentralismus" erstmals auf einem KPI-Kongreß gar nicht mehr erwähnt – so sehr erschien er als überholt. „Viel revisionistischer Spielraum steht der KPI auf die Gefahr des Identitätsverlustes nun nicht mehr zur Verfügung."[209] Wörtlich heißt es in den Parteitagsthesen, daß man sich „weder als Bestandteil eines ideologischen Lagers noch einer organisierten Bewegung auf europäischer oder globaler Ebene"[210] verstehe, weshalb auch die Teilnahme an einer neuen kommunistischen Weltkonferenz, so wie sie der polnische KP-Chef Jaruzelski 1986 sicherlich auf sowjetische Weisung hin vorgeschlagen habe, konsequent abgelehnt werde.

Zwar wurde auf dem Parteitag an einer „Überwindung des kapitalistischen Systems" festgehalten, aber „nicht wie in der Vergangenheit über große traumatische Brüche, (sondern in Form einer) komplexen Verknüpfung von wirtschaftlichen Formen, bei der eine Produktions- und Lebensform die Oberhand über eine andere gewinnt".[211] Weltanschaulich gesehen war die Wendung vom „marxistischen Begründungsmonismus" zu einem „grundwerteorientierten Begründungspluralismus"[212] unübersehbar.

Armando Cossuttas kleiner dogmatischer Sowjet-Flügel wurde auf dem Kongreß noch weiter marginalisiert, und doch sind es gerade die Beziehungen der KPI zum Sowjetkommunismus, die - von Berlinguer nach der Zuspitzung in der polnischen Krise nur mühsam und hart am Rande des defensiven Bruchs fortgeführt - Hoffnungen auf einen Wandel erwecken, und der Hoffnungsträger heißt Michail Gorbatschow. Wenn nicht alle Anzeichen trügen, dann bedeutet das Ende der Gerontokraten im Kreml gleichzeitig einen Neuanfang hinsichtlich des Verhältnisses zur abtrünnigsten KP außerhalb des eigenen machtpolitischen Zugriffs. „Ich kam nach allem, was ich über den neuen Kurs von Gorbatschow gehört und gelesen hatte, mit großen Hoffnungen nach Moskau. Aber die Realität, die ich vorfand, war noch besser als meine Erwartungen."[213] Der dies sagte, war niemand anders als Giancarlo Pajetta, der außenpolitische Sprecher der KPI, nach seiner Reise in die Sowjetunion. In der Tat hatte bereits das (noch nicht zum Generalsekretär gewählte) Politbüromitglied Gorbatschow anläßlich Berlinguers Begräbnis geäußert: „Wir haben - meinen wir - dieselben Ansichten und dieselbe Linie wie die KPI. Jede Partei hat ihre eigenen Aufgaben, ihre besonderen Bedingungen, ihre eigenen Taktiken und ihre Autonomie." Den eigentlichen Höhepunkt hinsichtlich dieses unvermuteten Genesungsbeginnes einer jahrzehntelang schwerkranken Beziehung markierte allerdings der 27. Parteitag der KPdSU, der fast zeitgleich mit dem Kongreß der KPI im Frühjahr 1986 durchgeführt wurde. Gorbatschow betonte hier, daß die kommunistische Bewegung in eine „qualitativ andere Entwicklungsetappe eingetreten" sei, in der die Merkmale der „Uniformität", der „Hierarchie" oder des „Anspruchs einer Partei auf den Monopolbesitz der Wahrheit" der Vergangenheit angehörten. Global gesehen, so der Generalsekretär der KPdSU, „bildet sich eine widersprüchliche, aber in den wechselseitigen Abhängigkeiten zusammengehörige, in vielem ganzheitliche Welt heraus."[214] Auch wenn er an einer internationalen kommunistischen Bewegung festhielt, so verzichtete er jedoch darauf, „den traditionellen Anspruch Moskaus auf das ideologische Lehramt im Weltkommunismus geltend zu machen ..."[215] Kam hierin der Respekt Gorbatschows vor der stärksten KP des Westens zum Ausdruck, die die niedergehenden Bruderparteien in Frankreich und Spanien längst um ein Vielfaches überflügelt hatte? Schon vorher hatte er – in unübersehbarer Anlehnung an Togliatti – von der „dialektischen Einheit in der Vielfalt" gesprochen und betont, daß „die Kritik Berlinguers (an der Sowjetunion) nicht ohne Nutzen gewesen" sei.[216] Hat der neue Mann im Kreml die Signale der auf revisionistischen Pfaden wandelnden italienischen Genossen aufgenommen, verarbeitet und in eine neue, von nationaler Autonomie gekennzeichnete Konzeption der globalen kommunistischen Bewegung einfließen lassen?

Auch wenn diese Frage offen bleiben muß, so offenbart doch ein abschließender Blick auf den inneren Zustand der KPI, daß wir es hier mit einem Machtfaktor Italiens, des Mittelmeerraums und der westlichen Welt zu tun haben, der sich nicht mehr der Botmäßigkeit der KPdSU unterwirft. Natürlich zerfällt sie – wie auch die *Democrazia Cristiana* – in verschiedene Flügel, aber der moskauorientierte ist ihr schwächster. Paradoxerweise gilt aber auch die „berlingueristische" Mitte um Alessandro Natta und den als Kronprinzen geltenden Achille Occhetto als beharrend, weil sie in hartem Konfrontationskurs gegen die Regierung Craxi zusammen mit dem linken Flügel der DC doch noch zu einem „Kompromiß" gelangen will. Dagegen strebt die „Rechte" um den ehemaligen CGIL-Vorsitzenden

Lama und den Wirtschaftsexperten Napolitano nach einem Pakt mit den Sozialisten, um die Christdemokraten erstmals seit dem Kriege in die Opposition verweisen zu können. Immerhin hat der 17. Parteitag vom Frühjahr 1986 gezeigt, daß die Ära des „Polyzentrismus", des „dritten Wegs" und des Eurokommunismus, für die das Lebenswerk Berlinguers stand, schneller als erwartet auf eine qualitativ neue Stufe gehoben wurde. Mit der Formulierung, daß sich die KPI als „integrierender Bestandteil der europäischen Linken"[217] verstehe, fand sich Frane Barbieris Einschätzung bestätigt, daß es sich „bei der KPI und den östlichen Gastparteien jetzt nicht mehr um die gleichen Parteien" handele.[218] Demgegenüber betonte der KPdSU-Delegierte Sagladin auf dem Parteitag, daß seine Partei nicht das geringste dagegen einzuwenden habe, wenn sich die KPI als Teil der westeuropäischen Linken verstehe, vielmehr rechne sich die KPdSU selbst zur „europäischen Linken"[219].

Für die linken *correnti*, die sich um Pietro Ingrao scharen, ist nach wie vor die gramscianische Machteroberungsstrategie gültig. Diese parteiinterne, ideologische und bündnisorientierte Parzellierung der KPI korrespondiert keineswegs mit der sozialstrukturellen Zusammensetzung der derzeit 1,65 Millionen Mitglieder zählenden Partei, unter denen die Industriearbeiter mit knapp 40% immer noch die unangefochtene Mehrheit ausmachen (Rentner und Hausfrauen 28,5%; Handwerker, Händler 9,3%). Wiederum umgestülpt ergibt sich hinsichtlich der Leitungshierarchien, daß hier nur 13% aus Arbeiterfamilien stammen, hingegen 41% einen Universitätsabschluß besitzen.[220] „Je höher die Führungsorgane, desto geringer ist der Arbeiteranteil zugunsten von Angehörigen der Intelligenz" (Timmermann). Daraus resultiert die für die KPI wie auch für die SPD des 20. Jahrhunderts klassische soziologisch-ideologische Entscheidungsfrage: „Wie soll die Partei auf die Schrumpfung und Ausdifferenzierung der Arbeiterklasse (als dem traditionellen revolutionären Subjekt) reagieren ...?"[221] Nicht zufällig fordern Führungsmitglieder der KPI wie Angelo Bolaffi ausdrücklich ein „Bad Godesberg" der italienischen Kommunisten. Hand in Hand mit dieser Transformation geht der Bedeutungsverlust der Betriebsparteiorganisationen (1983: 1 200), die im genannten Zeitraum gerade noch ein Zehntel der 11 800 Sektionen („Ortsvereine") ausmachten. Dieses nun beschleunigt das Abstreifen des leninistischen „demokratischen Zentralismus“ und die Wandlung in Richtung auf eine plural-linke Reform- und Volkspartei. „Diese innere Offenheit und Flexibilität der KPI (läuft) tendenziell auf die Akzeptierung eines für die heutige Sozialdemokratie charakteristischen weltanschaulichen Begründungspluralismus hinaus …“[222] Natürlich bleiben derartige Mutationen im Innern der Partei nicht ohne Auswirkungen auf ihre Stellung in der italienischen Innenpolitik und Gesellschaft sowie der zwischenparteilichen und zwischenstaatlichen Ebene im (west-)europäischen und internationalen Maßstab. Die „Westverlagerung der globalpolitischen Wertachse“ der hinsichtlich ihrer Führungsschichten bereits als „post-kommunistisch“[223] bezeichneten KPI zeitigt natürlich zunächst auf der Apenninhalbinsel selbst Konsequenzen. So stellt die Partei im Außenpolitischen die NATO-Mitgliedschaft Italiens bekanntlich seit Mitte der 70er Jahre nicht mehr in Frage, auf der anderen Seite hat sie sich bis heute aber auch nicht dazu entschließen können, dem italienischen Verteidigungshaushalt im Parlament zuzustimmen. Was die supranational-parteipolitische Zuordnung angeht, so heißt es wie gesagt aus Nattas Munde seit dem 17. Parteitag: „Wir sind ein integraler Bestandteil der europäischen Linken.“ Erst im direkten Anschluß erfolgt aber die eigentliche regionale Spezifizierung: „Wenn wir italienischen Kommunisten von Europa sprechen, dann beziehen wir uns vor allem auf die Europäische Gemeinschaft und insgesamt auf Westeuropa.“ Auch, daß diese Orientierung auf die europäische Integration die Entfernung von der Sowjetunion beschleunigt, wird von Natta nicht in Abrede gestellt: „Der Prozeß der Ablösung dauert an … Das Wort (Bruch) ist (hierfür) nicht sehr gut gewählt, aber wenn man es benutzen will, muß man hinzufügen, daß wir schon viele Brüche vollzogen haben. Aber jeder Bruch schafft auch mehr Klarheit …“[224] Auf die direkte Frage des westdeutschen Nachrichtenmagazins „Der Spiegel“, ob er vorhabe, demnächst der Sozialistischen Internationale beizutreten, antwortete er verheißungsvoll: „Man darf der geschichtlichen Entwicklung nicht vorgreifen.“[225] Die Anregung des KPI-Vorstandsmitglieds Napolitano, für die Wahlen zum Europaparlament 1989 ein gemeinsames Programm der europäischen Linken auszuarbeiten, wurde vom Parteichef jedoch ausdrücklich befürwortet. Die eigentliche Offenheit und Rätselhaftigkeit dieser Aussagen besteht darin, daß Natta sie in einem Moment formulierte, als sich das Verhältnis der römischen Zentrale zu dem neuen Generalsekretär in Moskau gerade zu entkrampfen begann! Mehr denn je schält sich heraus, daß die KPI im Grunde die einzige Kraft ist, die aus dem Dilemma des Status quo, der Ausrichtung auf den jeweiligen „Block" und der herkömmlichen Dialektik von Abschreckungs- und Entspannungspolitik herausführen kann, indem sie die Rolle des „ehrlichen Maklers" zwischen Ost und West übernimmt, so wie sie dies bei der Anbahnung der „neuen Ostpolitik" der Regierung Brandt/Scheel auf der Achse Bonn - Rom - Moskau Ende der 60er/Anfang der 70er Jahre bereits vorexerziert hat.

Nicht minder bedeutsam ist ihre Stellung im innerparteilichen und gesellschaftlichen Gefüge Italiens. Vor allen anderen Urteilen ist hier dieses anzuführen: Bettino Craxis Versuch, das Kräfteverhältnis innerhalb der Linken umzukehren, muß selbst in Anbetracht desjenigen Superlativs als gescheitert gelten, daß er bis 1987 an der Spitze der dienstältesten italienischen Regierung seit 1945 stand. Die italienischen Sozialisten bilden (nach der irischen Labour Party) nach wie vor die kleinste sozialistische Partei Westeuropas.[226] Craxis Bestrebung, über eine Stärkung der laizistischen Mitte und eine gleichzeitige Schwächung der katholischen Welt wie auch des kommunistischen Lagers zu einer autonomen, auf Kosten des Rivalen zur Rechten wie zur Linken deutlich gestärkten Regierungsposition zu gelangen, muß aus der Sicht der späten 80er Jahre als Fehlschlag gelten. „An der Stabilität hegemonialkulturell geprägter Werte und Einstellungen scheiterte dieser Versuch, durch die strategische Erosion der beiden historischen Lager einen grundlegenden politischen Meinungswandel auszulösen."[227] Mögen sich die beiden großen Parteien auch an der Basis feindlich gegenüberstehen, auf der Führungsebene haben sie sich angenähert, nicht nur hinsichtlich ihrer sozialstrukturellen Zusammensetzung. So gesehen hat sich die Regierbarkeit Italiens unter Craxi nicht qualitativ verbessert, dessen Strategie nicht nur auf die eigene Autonomie, sondern gleichermaßen auf die Isolierung der KPI abzielte, indem die lokalen und regionalen Administrativgewalten in Anlehnung an das Koalitionsmuster auf Regierungsebene gebildet wurden. Aber läßt sich die „kommunistische

Frage" auf diese Art und Weise lösen? „Die Regenerationsfähigkeit der katholischen Kultur ist keineswegs erschöpft, ebensowenig der reformoffene Eurokommunismus."[228] Wohin wird die Entwicklung gehen? Hansjakob Stehle, der die Verhältnisse vor Ort seit Jahrzehnten beobachtet, stellt eine ständig abnehmende Furcht vor der „kommunistischen Machtergreifung" fest, die das Potential der Stimmen für die DC immer über ihrer tatsächlichen Wertschätzung in der Bevölkerung hatte liegen lassen[229], und fast gleichlautend heißt es in einer jüngeren Untersuchung über die italienische Demokratie: „Der Satz, daß es in Italien keine demokratische Alternative zur Democrazia Cristiana gebe, hat an Überzeugungskraft erheblich eingebüßt."[230] Auch Karl Dietrich Bracher resümiert in seiner großen Untersuchung über die „Krise Europas": „Die parlamentarisch so schwierige Situation in Italien mag eine Regierungsbeteiligung der Kommunisten nahelegen; man mag hoffen, der Zwang zu einer verantwortlichen Staatspolitik könne sie in ihrer Rolle als Ordnungsmacht festhalten."[231] In einer derartigen Sicht der Dinge erscheint diese eigentliche Entscheidungsfrage Italiens im späten 20. Jahrhundert nicht so sehr als das Problem der heterogenen, sich Schritt für Schritt pluralisierenden KPI, sondern der exakt wegen dieser Frage in sich gespaltenen Christdemokraten. Richard Löwenthal hat aus Anlaß des Todes von Enrico Berlinguer noch einmal deutlich gemacht, daß dessen Regierungsteilhabe nicht „am Ausmaß der eigenen Forderungen" gescheitert war, sondern am grundsätzlichen Widerstand desjenigen DC-Flügels, „der von der Administration und Diplomatie der Vereinigten Staaten massiv unterstützt wurde: Die Amerikaner waren nicht imstande, die Chance einer endgültigen Integration des Hauptteils der italienischen Arbeiterbewegung und eines wesentlichen Teils der Intelligenz in die Gemeinschaft der westlichen Demokratien zu erkennen und wahrzunehmen."[232] Ganz anders im linken Flügel der DC, der mit Ciriaco de Mita derzeit den Parteivorsitzenden stellt. Er erklärte vor dem Nationalrat der Christdemokraten: „Die Democrazia Cristiana betrachtet schon lange die Epoche der ideologischen Diskriminierungen als abgeschlossen, auch wenn die Kommunisten nicht die gleiche Sensibilität zeigen. (...) Antikommunismus, Konservierung abstrakter Werte und ideologische Staudämme gehören der Vergangenheit an. (...) DC und

PCI haben alternative Positionen der Machtverwaltung bezogen, wobei sie sich gegenseitig einen demokratischen Wettbewerbsraum zuweisen."[233] Je länger de Mita allerdings amtierte, desto mehr verkörperte er die beiden Seelen der DC in seiner Brust. Der Parteitag von 1986 bestätigte ihn mit überwältigender Mehrheit als Vorsitzenden. Als Linker allerdings, der ein Zusammengehen mit der KPI proklamierte, war er zu dem Zeitpunkt bereits nicht mehr identifizierbar. Trotzdem war es keine Zufallshandlung, sondern ein Signal für die Zukunft, daß Staatspräsident Cossiga im Frühsommer 1987 nach der endgültigen Abdankung der Regierung Craxi auch die Präsidentin des italienischen Abgeordnetenhauses, die (als langjährige Geliebte Togliattis berühmt gewordene) Kommunistin Nilde Jotti mit dem Versuch zur Regierungsbildung beauftragte. So etwas hatte es seit den Zeiten des „historischen Kompromisses" nicht mehr gegeben.

Die Parlamentswahlen vom Juni des gleichen Jahres wurden für die KPI aber zum kleinen Debakel. Sie sackte auf 26,6%, während sich die Sozialisten auf 14,3% und die DC auf 34,3% verbesserten. Der Urnengang erbrachte eine Neuauflage der alten Fünferkoalition unter dem Christdemokraten Giovanni Goria.

Trotzdem behauptete der KPI-Vorsitzende Natta, daß nur durch seine Partei im Kabinett ein umfassender nationaler Gesundungsprozeß möglich sei: „Wir glauben, daß es nach 40 Jahren der DC-Herrschaft ohne wirkliche Alternative für die italienische Gesellschaft und ihre Lebensfähigkeit fast das physiologische Bedürfnis nach einem Wechsel gibt."[234] Doch Zwang und Notwendigkeit zur Regierungsbeteiligung der KPI könnten sich aus viel konkreterem Anlaß ergeben: die italienische Volkswirtschaft schlittert einem unausweichlichen Desaster entgegen. Die Gesamtverschuldung der öffentlichen Hand (ca. 700 000 Mrd. Lire) überschritt 1986 erstmalig den Umfang des Bruttosozialprodukts, das auf der Apenninhalbinsel erarbeitet wurde. Der Haushalt für das Jahr 1986 wurde fünf Monate lang zwischen den beiden Häusern des Parlaments hin- und hergeschoben, zwanzigmal blieb die Regierung ohne Mehrheit, bis er dann Ende Februar 1986 (als das Haushaltsjahr schon lief) nach etwa sechshundert Abstimmungen – von denen vier mit der Vertrauensfrage verbunden waren – endlich verabschiedet werden konnte. Selbstlähmung, Selbstblockade und Staatsabdankung in Italiens

Wirtschaft, Regierungssystem und Gesellschaft schreiten fort. Handelsdefizit und Arbeitslosenzahlen steigen notorisch. Die Lira verfällt. Die unbedingt notwendige Linie der *austerità* aber ist nur mit der KPI machbar, weil sie mit der CGIL über das Sagen in der mit Abstand stärksten italienischen Gewerkschaft verfügt. Ähnlich verhält es sich mit einer endgültigen Reparatur der *scala mobile.* Klaus von Beyme hat in seiner Untersuchung über die „Unregierbarkeit in westlichen Demokratien" gesagt: „Das ‚1916' der deutschen Gewerkschaften kommt in Italien langsamer, aber auf die Dauer vielleicht nicht weniger tiefreichend."[235] Damit sind Geburtsstunde und Entwicklung der (west-)deutschen Mitbestimmung angesprochen, die sich in der Notsituation des Ersten Weltkrieges als Partnerschaft von Kapital und Arbeit erstmals andeutete. Von den ökonomischen Befunden und der gesellschaftlichen Befindlichkeit her gesehen bewegt sich das Italien von heute kaum in einer einfacheren Lage. Terror und Druck der Straße wachsen. Mafia, Camorra und *Brigate Rosse* sind längst weit mehr als nur eine geheime Gegenmacht. Unvergessen sind die Bilder vom Mafia-Prozeß im Frühjahr 1986 in Palermo, als Tausende von Italienern vor dem Gerichtsgebäude für die Mafia protestierten, weil sie ihnen Arbeit und Brot gibt. Noch schärfer prägte sich jene von allen italienischen Medien festgehaltene Szene vom Neujahrsmorgen 1986 ein, als die Tochter Aldo Moros gemeinsam mit den des Mordes an ihrem Vater Angeklagten und Verurteilten zum Gottesdienst schritt. Wie ließe sich der Kurs der *riconciliazione*, der Friedensschluß zwischen Staatsmacht, Gesellschaft und Roten Brigaden eindrucksvoller symbolisieren als mit diesem Bild? Das Schicksal Italiens ist „wenigstens zum Teil nicht mehr in unserer Hand"[236], so prophezeite es Moro schon 1976, zwei Jahre vor seinem Tode, der diese Voraussage dann mit grausamer Wirklichkeit erfüllte. Nando Dalla Chiesa, der mit dem Mord an seinem Vater den gleichen Tribut zahlen mußte, will zur Wiedergewinnung von staatlicher Autorität und gesellschaftlicher Stabilität ein Bündnis aus „liberaler, katholischer, reformistischer und marxistischer Kultur", ja, er verlangt, „daß der alte konservative Mythos von der ‚guten Regierung' heute ein revolutionäres Ziel ist".[237] Dies alles wirft nur die eine Frage auf: Wie anders kann Italien gesunden als durch eine Neuauflage des „historischen Kompromisses"?

15. Frankreich

Die kommunistische Partei ist in Frankreich Teil einer politisch wie gesellschaftlich bipolarisierten Gesellschaft, eine Zweiteilung, die sich nicht nur in der Öffentlichkeit bemerkbar macht, sondern bis ins Privatleben geht. Bis 1981, dem Jahr der sozialistisch-kommunistischen Regierungsübernahme, vertraten die vier großen Parteien des Landes zwei etwa gleichgroße Stimmblöcke. In diesen wiederum rivalisieren das gaullistische *Rassemblement pour la République* (RPR) und die giscardistische *Union pour la démocratie française* (UDF) auf der Rechten sowie die *Parti socialiste* (PS) und die *Parti Communiste Français* (PCF, deutsch KPF) mit unverhohlener Feindschaft um die Führungsrolle. Aufgrund dieser doppelten Polarisierung spricht man, um das parteipolitische System Frankreichs zu kennzeichnen, statt von der „Quadripolarisation" treffender von einer *quadrille bipolaire* (Maurice Duverger). Der aus dieser Blockbildung resultierende Immobilismus verleitet dazu, immer mehr Regierungsaufgaben vom Parlament auf den in der Verfassung der Fünften Republik eh' schon übermächtig dastehenden Präsidenten zu übertragen.

Bis zum sozialistischen Siegesrausch am Beginn der 80er Jahre galt, wenn auch mit Abweichungen, die Regel, daß jeder vierte Franzose kommunistisch wählt. Seitdem schwindet die Zahl der Wähler wie auch der Mitglieder; letztere dürfte derzeit kaum noch über 200 000 liegen. Hinzu kommt, daß sich die Gesamtmitgliedschaft bei einem jährlichen Abfluß von etwa 20 000 Genossen in einem Jahrzehnt komplett erneuert. Dabei wird gegenüber jedem neu Eintretenden der Anspruch erhoben, daß er von nun an Bestandteil einer „Kaderpartei mit Mönchsordensmythos"[238] ist. Basiseinheit ist die Zelle, jene Organisationsform kommunistischer Parteien aus den Tagen ihrer Bolschewisierung, die als „eine Gegenkultur, eine Mikrogesellschaft, ein Ensemble von Mikrogesellschaften im Gewebe der kapitalistischen Demokratie wuchert".[239] Daß von seiten der Führung nach wie vor Wert darauf gelegt wird, sich nicht in die Wohngebiets-, sondern in die Betriebszellen eintragen zu lassen, ist ebenfalls Ausweis des ungebrochenen leninistischen Selbstverständnisses. Sie ist eine exklusiv-abgeschlossene, ja in sich verschworene *contre-*

société bzw. *contre-communauté*, die auf die Stunde X wartet. Trotz dieser enorm destabilisierenden Zielsetzung entdeckten Kenner der französischen Kommunisten wie etwa Georges Lavau auch eine das *bestehende* System stärkende und stützende Rolle und Funktion der KPF, indem diese wie der Volkstribun in der römischen Republik „die Ausbrüche von Unzufriedenheit und den Klassenkampf auf das sichere Terrain des legalen politischen Kampfes“[240] ableitet.

Ähnlich wie die spanische und italienische ist auch die französische kommunistische Partei 1920/21 als Abspaltung von den Sozialisten entstanden. 1930 tritt der legendäre Maurice Thorez an die Spitze der Partei, der ihre Linie unangefochten bis zu seinem Tode im Jahre 1964 bestimmt. 1935, praktisch gleichzeitig mit dem diese Kehrtwendung beschließenden Kominternkongreß, präsentiert er der französischen Öffentlichkeit zusammen mit dem Sozialisten Léon Blum die Volksfrontregierung, in der die Kommunisten zwar den Tolerierungspartner spielen, es aber ablehnen, eigene Minister zu stellen. Die Begründung: bei den gegebenen Mehrheitsverhältnissen hätte die KPF innerhalb des Kabinetts die Rolle eines schwachen Juniorpartners übernehmen müssen – das große Trauma, das die Kommunisten bis in die 70er und 80er Jahre verfolgte und zur wiederholten abrupten Abkehr von den Sozialisten veranlaßte. Die Volksfront zerbrach, und mit dem Abschluß des Stalin-Hitler-Pakts am Vorabend des Zweiten Weltkrieges wurde die KPF vor eine ganz andere, ins letzte Extrem gesteigerte bündnispolitische Alternative gestellt. Vollends perfekt war der Wirrwarr, als die deutschen Truppen im Frühjahr 1940 einmarschierten. Wohin gehörte man nun eigentlich? Als treue Internationalisten und Parteigänger Moskaus an die Seite der landfremden Besatzer oder als traditionelle Antifaschisten und Franzosen in die Reihen der *Résistance*? Bis heute herrscht in der KPF über diesen Abschnitt der eigenen Geschichte peinliches Schweigen, und in der Tat kann von einem echten kommunistischen Widerstand auch erst von dem Zeitpunkt an die Rede sein, als Hitler 1941 durch den Überfall auf die Sowjetunion den Pakt mit Stalin endgültig brach.

Die KPF ging aus den Jahren des Krieges als stärkste parteipolitische Kraft des Landes hervor. De Gaulle holte sie in die ersten

Kriegs- und Nachkriegsregierungen. Ihr Ausscheiden 1947 läuft simultan mit dem Beginn des Kalten Krieges. Der 20. Parteitag der KPdSU 1956 und Chruschtschows Geheimrede bewirken keinen Wandel. Die Mai-Revolte von 1968 wird von ihr als „nicht-revolutionär" eingestuft und dadurch tatsächlich in „tribunizischem" Sinne kanalisiert und domestiziert – was de Gaulle letztlich an der Regierung hält. Bei den Parlamentswahlen einen Monat darauf verliert sie die Hälfte ihrer Mandate, bei den Präsidentschaftswahlen 1969 hingegen erhält der kommunistische Kandidat Jacques Duclos dreiundzwanzig, der Sozialist Gaston Defferre indes nur sechs Prozent. Spätestens jetzt war der Linken klar, daß sie die Macht nur vereint erringen würde. Das „gemeinsame Regierungsprogramm" von 1972 wird deshalb von Guy Mollet auch als der Versuch bezeichnet, „1920 auszulöschen". Seinem Freund Patrice Pelat vertraute Mitterrand schon damals an: „Eines Tages werden die Franzosen es mir danken, daß ich sie von der Kommunistischen Partei befreit habe."[241] Die Linksunion war vom Tage ihres Bestehens an „eine nicht vollzogene Ehe. Keine Rede von Gefühl. Jeder denkt nur an die Mitgift des anderen."[242] 1974 verpaßt der sozialistisch-kommunistische Gemeinschaftskandidat François Mitterrand die Präsidentschaft nur um Haaresbreite, gleichzeitig wird jedoch eines klar: der eigentliche Nutznießer des *Programme commun* ist die PS. Ihre auf eine *Rééquilibrage de la Gauche* ausgerichtete Strategie hatte sich schon Mitte der 70er Jahre mehr als erfüllt. Seither erlebten Frankreich und die Welt das merkwürdige Schauspiel, daß die KPF, ihr rivalisierender Partner auf der Linken, in einem sie selbst dezimierenden verzweifelten Zick-Zack-Kurs versuchte, nicht zum Juniorpartner der Sozialisten herabzusinken. Georges Marchais, der neue Generalsekretär, spielte zunächst die eurokommunistische Karte, indem er den marxistisch-leninistischen Zentralbegriff der „Diktatur des Proletariats" in verdächtiger Einmütigkeit 1976 aus den Statuten seiner Partei streichen ließ. Als sich dies elektoral nicht niederschlug, ließ er die Linksunion ein Jahr später an bewußt überzogenen Nationalisierungsforderungen platzen. Mitterrand notierte kurz darauf in sein Tagebuch, daß Marchais „trotz seines Leugnens das sowjetische Modell"[243] verfolge. So stellten die französischen Kommunisten in einer bewußt herbeigeführten „Strategie der Niederlage"[244] bei der

Märzwahl des Jahres 1978 die Parteiraison über die Möglichkeit des Machtwechsels.

Seither verfolgt die KPF einen genauso schizophrenen wie subtilen Kurs: „innenpolitisch“ wird die Rückwendung zu einer orthodox-sowjetorientierten Partei praktiziert, „außenpolitisch“ indes werden alle Revisionen und Neuerungen, insbesondere der KPI, mitvollzogen, um nicht den „Anschluß“ an die fortschrittlichen eurokommunistischen Parteien des Westens zu verlieren, ein Vorgang, der z. B. in der Streichung der Marxismus-Leninismus-Formel aus den Parteistatuten seine erneute Bestätigung fand. Dieses „eurokommunistisch in den Worten, aber anti-eurokommunistisch in den Taten“ zeigte sich besonders daran, daß reformorientierte Intellektuelle und Geistesschaffende, die seit den Jahren der Résistance zu ihren Hauptverbündeten gehörten, wieder auf eine Art und Weise aus der Partei entfernt wurden, die man fast mit der beziehungsreichen und (sowjet-) geschichtlich nur allzu belastenden Vokabel der „Säuberungen“ zu bezeichnen geneigt war. Der gewichtigste unter den Exkommunizierten war Henri Fiszbin, der ehemalige Leiter der Pariser Parteisektion, der wenig später formulierte: „Für eine starke KP ist eine Strategie erforderlich, die auf Gramscis Konzept der Hegemonie der Arbeiterklasse basiert, das ein Charakteristikum der Bewegung des Eurokommunismus darstellt.“[245] Gerade am französischen Beispiel zeigt sich deutlich, daß die überlebensnotwendige Modernisierung der kommunistischen Parteien in Westeuropa nicht losgelöst von der Revolutions- und Gesellschaftsphilosophie Antonio Gramscis gesehen werden kann. Wer sich dem verweigert, droht zur Sekte herabzusinken. Eben dies aber vollzieht sich in der KPF: die Rückkehr in den ideologisch-politischen „Bunker“ (Louis Althusser), in dem organisatorisch an der leninistisch-überkommenen Betriebszellenstruktur festgehalten wird, der bei der Gefahr der Abweichung wie ein einziges Ausfilterungssystem funktioniert und der – besonders hinsichtlich der Ausländerfeindlichkeit – in zunehmender Verwischung von Rechts-Links-Schemata mehr und mehr die Züge eines Gallo-, wenn nicht Gaullokommunismus annimmt.

In diesem verworrenen, ja fast schon ausgelaugten Zustand ging die Partei in die Wahlen zur Präsidentschaft und zur Nationalversammlung des Jahres 1981, in denen sie die Hälfte ihrer Abgeordneten verlor, gegenüber der Partei, die sie immer in die Rolle des Juniorpartners hatte drücken wollen, um mehr als 60% zurückblieb und zur nur noch viertstärksten Kraft des Landes degradiert wurde. François Mitterrand hingegen, der ewige Thronprätendent, wird in einem rauschenden Wahlsieg zum ersten sozialistischen Präsidenten der V. Republik gewählt. Im Gegensatz zu den Wahlen von 1974 und 1978 besaß die Linke weder einen gemeinsamen Kandidaten noch ein gemeinsames Programm, gerade der Bruch von 1977 ebnete den Sozialisten aber den Weg zum Erfolg von 1981, weil der Wähler die Hauptschuld für die Aufkündigung des *Programme commun* völlig zutreffend den Kommunisten zuschrieb. Mitterrand hätte mit der absoluten Mehrheit der Mandate bequem allein regieren können, trotzdem holte er die Marchais-Partei ins Kabinett. Die KPF hatte seit dem Beginn des Kalten Krieges nur ein Ziel gekannt: Regierungsverantwortung. So gesehen war die Stunde ihres größten Triumphes gleichzeitig die ihrer größten Niederlage. Georges Marchais, der erstmalig um seinen Posten bangende Generalsekretär, traute sich die alleinige Opposition sowohl gegen die regierenden Sozialisten als auch gegen die gleichfalls oppositionellen Giscardisten und Gaullisten nicht zu. In einer „Regierung der vereinigten Linkskräfte" hoffte er, die katastrophale Niederlage kaschieren und eine endgültige, ideologische Neuorientierung weiter hinauszögern zu können. Gerade hier lag aber auch ein wesentliches Motiv Mitterrands für die Bildung der sozialistisch-kommunistischen Regierungskoalition. Da die KPF anders als ihre italienische Bruderpartei zum demokratischen Wandel aus sich selbst heraus unfähig gewesen war, mußten die Anstöße von außen kommen. Das war exakt die Umkehrung jener Umarmungsstrategie, die die Kommunisten vor knapp zehn Jahren beim Abschluß des „gemeinsamen Programmes" im Auge gehabt hatten. Da für Mitterrand bolschewistisch aufgebaute Parteiorganisationen jede Zukunft in Westeuropa verloren haben, mußte sich die KPF reformieren - oder zur Sekte verkommen und untergehen.

Die Erklärung, mit der die beiden Parteien am 23. Juni 1981 die Grundsätze ihrer gemeinsamen Regierungspolitik festlegten, wurde deshalb als der „Canossagang" von Marchais oder als das „Koalitionsdiktat" der Sozialisten bezeichnet, und in der Tat mußte der Partner von links Zugeständnisse machen. Hinsichtlich des wichtigsten außenpolitischen Problems, der unabhängigen Gewerkschaftsbewegung in Polen, hieß es in dem Dokument, daß das polnische Volk den begonnenen Erneuerungsprozeß „selbst zu einem guten Ende führen“[246] solle. Das bedeutete nichts weniger als eine indirekte Anerkennung von Solidarność sowie das Verurteilen einer eventuellen sowjetischen Intervention. In dem Text selbst, in dem die KPF konzediert hatte, die Regierung mit den Sozialisten in einer „Solidarität ohne Abstriche“ führen zu wollen, hatte das internationale Reizwort jener Jahre ebenfalls Verwendung gefunden. „Solidarität“ mußten die Kommunisten auch in anderen Bereichen üben. So mußten sie es beispielsweise hinnehmen, mit Mitterrand einen uneingeschränkten Befürworter der Nachrüstung neben sich zu haben. Wenn die Machtverhältnisse der neuen Koalition auch nur irgendwo sichtbar wurden, dann hier. Die Gelassenheit, mit der fast die gesamte Weltöffentlichkeit, von vorübergehenden amerikanischen Beunruhigungen abgesehen, auf die erste sozialistisch-kommunistische Koalition seit dem Kriege in einem der entscheidenden Länder der westlichen Welt reagierte, hatte hier sicherlich ihren Ursprung. Ein neues, sich im Innern destabilisierendes und in seinen auswärtigen Beziehungen desorientiertes Volksfront-Frankreich - ein Begriff, den sowohl Mitterrand als auch Marchais peinlich vermieden - war nicht in Sicht. Vielmehr gehörte es gerade zu den Paradoxien der neuen Linkskoalition, daß Mitterrand die vielleicht treueste Tochter der KPdSU an der Regierung beteiligte und gleichzeitig mit der alten Tradition de Gaulles und Giscards brach, der Sowjetunion eine bevorzugte Rolle unter den außenpolitischen Ansprechpartnern zuzubilligen. Natürlich geschah dies auch mit einem Blick auf die Skeptiker im Washingtoner State Department, das im Juni 1981 mitgeteilt hatte: „Ton und Inhalt unserer Beziehungen als Bündnispartner werden durch die Aufnahme von Kommunisten in die Regierung in Mitleidenschaft gezogen.“[247] Der französische Außenminister hatte daraufhin nur gekontert, daß schließlich in keiner Firma die Laufburschen mit dem Management befaßt seien. Die drastische Einbindung der Kommunisten in eine sozialistisch dominierte Regierung zeitigte auf dem 24. Parteitag der KPF im Frühjahr 1982 auch erste ideologische Konsequenzen. Marchais räumte hier ein, daß seine Partei zwanzig

Jahre lang „die Gefangene eines Sozialismus-‚Modells' gewesen (sei), das für unser Land und für unsere Epoche ungeeignet war".[248] Besonders die Vorstellung, daß der Kapitalismus in einem „grand soir", in einer einzigen großen Volkserhebung zu überwinden sei, habe sich innerhalb dieses Modells als falsch erwiesen. Aber dies waren, wie die Zukunft zeigen sollte, nur parteitagspolitische Deklamationen. Im Gegenteil: das katastrophale Wählervotum von 1981 hatte, was die ideologische Linie anging, eher Trotz statt Wandel bewirkt. Indes, dies änderte nichts daran, daß diese Partei nun einmal mit auf den Regierungsbänken saß.

Die unumstritten entscheidende Bedeutung für den Erfolg des sozialistisch-kommunistischen *changement* kam von Anfang an den tiefgreifenden Umschichtungen auf dem Gebiet der Wirtschafts- und Sozialpolitik zu. Hieran würde man die neue Regierung messen, das war von vornherein klar. Die Verstaatlichung der Großbanken, Konzerne und Schlüsselindustrien entsprach dem klassisch-keynesianischen Konzept sozialistischer Wirtschaftspolitik, nämlich Steigerung der Massenkaufkraft durch staatliche Kreditaufnahme (deficit spending), um so über eine Konjunkturanheizung und einen verstärkten Personalbedarf der Unternehmen die Arbeitslosigkeit abzubauen und langfristig Vollbeschäftigung zu erreichen. Demgegenüber war die Bilanz, die die Politik der Linkskoalition bereits nach kurzer Zeit bot, katastrophal, trotzdem sollte man vorsichtig sein, den Schuldigen hierfür ausschließlich in Paris zu suchen. Vor allem auf einen Defizitposten starrten die Franzosen lange Zeit unentwegt und fassungslos: das chronische Minus in der Außenhandelsbilanz, besonders mit der Bundesrepublik Deutschland. Dabei war die Begründung einfach. Der durch die Lohnsteigerungen bewirkte Nachfrageschub war am heimischen Binnenmarkt vorbei ins rechtsrheinische Nachbarland gelaufen. Der französische Handelsbilanzunterschuß mit Westdeutschland schnellte 1982 auf die Rekordhöhe von 47 Mrd. Franc – das war die Hälfte des gesamten Defizits im Außenhandel! „Die Deutschen verkauften den Franzosen in der sozialistischen Regierungszeit mehr als jemals zuvor in der Nachkriegsgeschichte."[249] Diese negativen Auswirkungen der „deutschen Dominanz" konnten aber nicht darüber hinwegtäuschen, daß ein mindestens ebenso starker Anteil an der öffentlichen Verschuldung hausgemacht war, und zwar mit vollem Bewußtsein und Risiko, womit der bereits angesprochene Problemkomplex der Verstaatlichungen wiederaufgenommen ist. „Nach der offiziellen Version sollen die verstaatlichten Unternehmen zur treibenden Kraft des technologischen und industriellen Fortschritts werden, Frankreichs Konkurrenzfähigkeit stärken und im sozialpolitischen Bereich bahnbrechend sein."[250] Die Wirklichkeit entsprach diesen Intentionen nur auf dem letztgenannten Sektor. Die PS setzte durch, daß im Aufsichtsrat der in Gemeineigentum überführten Unternehmen neben sieben Vertretern des Staates sechs der Gewerkschaften und fünf unabhängige Experten saßen. Das Vorbild für diese Neuerungen war unschwer in den drittelparitätisch ausgerichteten Betriebsverfassungsgesetzen der 70er Jahre in der Bundesrepublik Deutschland zu entdecken, allerdings wurden den Arbeitnehmervertretern lediglich innerbetriebliche und sozialpolitische Mitspracherechte eingeräumt, Mitentscheidungen in den Bereichen Investition, Produktion und Absatz waren nicht vorgesehen. Die KPF begrüßte diese Reform, auch in ihren unterschiedlichen Akzentsetzungen: Auf der einen Seite waren es zumeist kommunistische Gewerkschafter, die nunmehr in die Aufsichtsräte gelangten, auf der anderen Seite ließ man auch weiterhin die Hände vom „Pakt mit dem Klassenfeind", als der die Mitbestimmung im kommunistischen Selbstverständnis bis heute gilt.

Gleichwohl, die eigentlich ökonomische Seite der Verstaatlichungen war ein Fehlschlag. *Plus de risque que d'espoir*, unter diesem Titel hatte der legendäre Raymond Aron der Linkskoalition bereits in den Tagen ihres Wahlsiegs eine verheißungsvolle Prophezeiung mit auf den Weg gegeben, und in der Tat, nachdem das konjunkturpolitische Strohfeuer vor allem auf dem Arbeitsmarkt ohne nennenswerte Wirkung abgebrannt war, blieb auch Mitterrand nichts anderes als die Wende zur Austeritätspolitik, zum Sparen an den Gehältern des kleinen Mannes. Allerdings ist auch hier zu fragen, ob die Ursachen für diesen wirtschaftspolitischen Schwenk des Jahres 1983 ausschließlich in der Seinemetropole zu suchen sind. Es war von vornherein klar, daß mit dem französischen Experiment die Regierungsfähigkeit von Linkskoalitionen generell auf dem Prüffeld stehen würde. Wie autonom können aber sozialistisch-kommunistische Koalitionen in der westlichen Welt des späten 20. Jahrhunderts noch handeln, zumal, wenn man ihre Einbindung in das europäische und globale Finanz- und Handelssystem sieht? André Lajoinie, der KPF-Fraktionsvorsitzende im französischen Parlament, brachte es auf den Punkt, als er sagte: „Was nützt es den Franzosen, links zu wählen, wenn unsere Politik sich derjenigen unserer (rechts regierten) Nachbarländer anpassen muß?“[251] Durch diese Frage ist in einem grundsätzlichen Sinne die Problematik des Handlungsspielraums von sozialistisch-(euro-)kommunistischen Regierungskabinetten in einem durch zunehmende Wirtschafts-, Finanz- und Handelsverflechtung gekennzeichneten westeuropäischen Umfeld angesprochen. Welche erneuernden, verändernden oder destabilisierenden Impulse können von ihnen ausgehen? Die KPF mochte noch so sehr gegen die Abhängigkeit vom deutschen Geld wettern und eine totale Abschottung Frankreichs durch das Austreten aus den supranationalen Organisationen Westeuropas befürworten, realisierbar war ein solcher Weg nicht, das wußte Mitterrand nur zu gut. 1981 war nicht 1935. Die fortgeschrittene westeuropäische Integration hatte den Handlungsspielraum moskauorientiert gebliebener KPen als Juniorpartner in sozialistischen Regierungen fast auf den Nullpunkt reduziert. Die KPF mußte sich anpassen, ideologisch verändern - oder zurück ins Ghetto der Opposition.

Und eben diesen letzten Weg wählte sie. Hatte der Linksunion schon bei allen Wahlen seit dem sozialistischen Siegesrausch von 1981, gleich ob kantonal oder regional, der Wind barsch ins Gesicht geweht, so kam die Niederlage bei den Wahlen zum Europäischen Parlament im Jahre 1984 praktisch einem von der Mehrheit aller abstimmungsberechtigten Franzosen ausgesprochenen Mißtrauensvotum gleich. Während die vereinigte Rechte (UDF und RPR) auf fast 43% der Stimmen kam und die PS mit gut 20% nach dem euphorischen Hoch vor drei Jahren wieder auf ihren historisch angestammten Platz rutschte, fiel die KPF ins Bodenlose. Praktisch gleichauf mit der rechtsradikalen *front national* (11%) des ausgemachten Hitler-Bewunderers Le Pen streifte sie nur noch mühsam jenen Wert elektoraler Zweistelligkeit, jenseits dessen das Reich der politischen Zwerge beginnt. Natürlich konnte dieser freie Fall in ein historisches Tief, das die Partei letztmalig in den späten 20er Jahren durchschritten hatte, nicht ohne Konsequenzen bleiben, zumal auch Mitterrand seine Lehre aus der empfindlichen Niederlage der Sozialisten zog, indem er das Kabinett auf der entscheidenden Position des Premierministers veränderte: an die Stelle des Jaurès-Verehrers Pierre Mauroy trat mit dem gebannt auf den sich speziell in Japan manifestierenden Erfolg des technologischen Fortschritts starrenden Pariser Elitezögling Laurent Fabius der jüngste französische Regierungschef seit 150 Jahren. Dessen Devise war kurz, knapp und klar: die Wirtschaft, insbesondere der Komplex verstaatlichter Unternehmen, müsse in Kürze schwarze Zahlen schreiben, auch unter der Preisgabe sozialistischer Essentials. Das war starker Tobak für den Partner von links. Die Kartons, die schon bald nach Fabius' Ernennung auf den Korridoren der von Kommunisten geleiteten Ministerien zu sehen waren, zeigten die Reaktion an: Wieder einmal war eine Linksunion zerbrochen; diesmal eine, die die Macht ausübte. „Frankreich durchlebt eine schlimme Stunde", mit diesen Worten begann die Erklärung, mit der die KPF ihr Ausscheiden begründete.[252] Sie war fast ausschließlich auf die Person des neuen, forschen Premier und dessen wirtschaftspolitisches Programm der „Strenge" *(rigueur)* abgestellt, das den zum Teil hoffnungslos veralteten industriellen Sektor der „Grande Nation" notfalls mit drastischen Massenentlassungen gesundschrumpfen wollte.

Das war die konsequente Fortsetzung, ja Forcierung der 1983 begonnenen Hinwendung zur Austeritätspolitik, die den Bruch auf Regierungsebene aus Gründen der ökonomischen Gesundung bewußt in Kauf nahm. Mochten die Linken in der eigenen Partei Mitterrand auch den Vorwurf des „Thatcherismus mit freundlichem Antlitz" machen, mochte die kommunistische CGT-Gewerkschaft in der seit einem Jahrhundert von der Stahlproduktion lebenden Longwy-Region, in der auf einen Schlag ganze Fabrikzüge stillgelegt wurden, geradezu generalstabsmäßige Betriebsbesetzungen organisieren – gleichzeitig erlaubten es die Bischöfe von Metz und Nancy in merkwürdigem Zusammenwirken aus Atheismus und Transzendenz, daß die Pfarrer von Longwy die Totenglocken läuteten –, die Gesamtbilanz der drastischen Kehrtwende sprach für sich. Die Inflationsrate, die 1982 noch bei 11,8% gelegen hatte, sank 1984 auf 7,5%; die Absenkung des Außenhandelsdefizits, ein wesentlicher Bestandteil des auf die *reconquête du marché intérieur*, die „Wiedereroberung des Binnenmarktes" ausgerichteten neuen Programms, konnte bei einem Fehlbetrag von 25 Mrd. Franc 1984 gegenüber 92 Mrd. 1982 nur als Erfolg bezeichnet werden, und selbst hinsichtlich der Arbeitslosigkeit gelang es, die wenn auch zu hohe Zahl von gut zwei Millionen Franzosen konstant zu halten. „Der Fehlschlag des französischen Neo-Keynesianismus 1981 und 1982 war ein Menetekel"[253], Mitterrand schien diesen Befund, den Helmut Schmidt 1985 aus der Rückschau formulierte, rechtzeitig erkannt und umgesetzt zu haben. Ähnlich verfuhr er mit der im Siegesrausch von 1981 noch fast ins Sakrosankte hochstilisierten Nationalisierung der Großbetriebe. Die stillschweigende Reprivatisierung setzte hier praktisch ein Jahr vor der Märzwahl 1986 ein. Georges Marchais hatte so unrecht nicht, als er sagte, daß „die Entstaatlichung bereits begonnen (habe), werden doch die nationalisierten Unternehmen wie private geführt". Die chronisch verschuldeten Staatskonzerne waren einfach gezwungen, einzelne Tochtergesellschaften in Form von „Investitionszertifikaten" an private Anleger zu verkaufen. Diese Beteiligungsscheine brauchten dann später nur noch in Aktien mit Stimmrecht umgewandelt zu werden - und die alten Besitzverhältnisse waren wiederhergestellt. Deshalb entpuppte es sich als schwerwiegender Fehler Mitterrands, den Kommunisten bei der Bildung einer gemeinsamen Regierung dahingehend nachgegeben zu haben, die großen Industrieunternehmen zu hundert und nicht (mehrheits-)anteilig zu 51 Prozent zu verstaatlichen. Nicht nur bei Renault hätte so eine Unsumme von Verlusten vermieden werden können. Aber derartige Fragen stellten sich längst nicht mehr.

Das Bild, das die KPF dem kritischen Beobachter im Vorfeld ihres 25. Parteitages entbot, war von innerer Zerrissenheit und Schizophrenie gekennzeichnet. Noch im April 1984 hatten alle Abgeordneten der Linken dem Stahl-Sanierungsplan zugestimmt, wenig später bezeichnete Marchais ihn indes als „tragischen Irrtum". Im Politbüro und selbst unter den kommunistischen Ministern hatte sich eine klare Mehrheit für den Auszug aus der Regierung ausgesprochen, und dennoch prägte die Partei eine Reihe von Formeln, die für die Öffentlichkeit den Eindruck vermitteln sollten, daß die linke Zweckehe zwar aufgelöst sei, ohne daß vorher allerdings förmlich die Scheidung eingereicht worden wäre: man rechne sich weiter zur „präsidialen Mehrheit“, bilde gleichzeitig aber eine „positive Opposition“ und übe insgesamt eine „Unterstützung ohne Teilnahme“. Während Lajoinie fast verzweifelt betonte: „Es handelt sich nicht um einen Bruch der Linksunion“, konterte Marchais: „Wir haben nicht die geringste Verantwortung mehr für die Führung der Geschäfte dieses Landes.“[254] Wenn aus diesem Sammelsurium von Zwitterhaftigkeiten und Widersprüchen eines deutlich wurde, dann dies: Gerade weil die KPF nicht die historische Schuld auf sich laden wollte, den Mythos der vereinigten Linken endgültig zerstört zu haben, konnte es Mitterrand mit seinem Programm der „wirtschaftspolitischen Strenge“ gelingen, Zwietracht in ihren Reihen zu säen, sie dadurch zu dezimieren und sich insgeheim zur Mitte hin zu orientieren. Marchais jedenfalls mußte sich im Sommer 1984 Vorwürfe aus den eigenen Reihen von bislang ungekannter Schärfe anhören. Marcel Rigout hielt ihm noch als Minister im Kabinett Mauroy und ausgerechnet bei einem Besuch in Italien, im Lande des erfolgreichen Rivalen KPI, vor, er sei für die Mehrzahl der Franzosen ein „Mann der Niederlagen“ und darüber hinaus verantwortlich für die verhängnisvolle Gleichsetzung zwischen kommunistischer Partei, Sowjetunion und Gulag, auf die man allenthalben stoße.

Der 25. Parteitag, der im Februar 1985 durchgeführt wurde, begann eigentlich schon drei Wochen früher, und zwar mit einem unheimlichen Paukenschlag. Am Morgen des 17. Januar meldeten die Pariser Gazetten, daß Jean Colpin, Mitglied des Politbüros, des höchsten Führungsgremiums der KPF, tot in seiner Wohnung aufgefunden worden war. Er hatte sich erschossen. Sein Abschiedsbrief belegte, daß die Gründe für den Freitod nicht im Privaten zu suchen waren. Nach diesem unheilvollen Auftakt nahm ein Parteitag seinen Lauf, der in der Paradoxie seiner Aussagen kaum noch zu überbieten war. Marchais' Rechenschaftsbericht, dessen zentrale Aussagen im folgenden wiedergegeben werden sollen,[255] glich einer Aneinanderreihung sich selbst widersprechender Schlußfolgerungen. Zunächst wagte er es, angesichts des tragischen Vorfalls davon zu sprechen, daß es in der KPF keine „Kopfabschneider“ gebe. „Die Kapitalisten haben die Anpassung an die moderne Gesellschaft geschafft. Wir nicht.“ So hieß es weiter, und insgesamt räumte er ein, daß „die Bilanz so mager ist im Vergleich zu den Hoffnungen, die wir geweckt, und zu den Kräften, die wir mobilisiert haben. (...) Ja, wir nehmen auf uns einen Teil der Verantwortung für die Illusionen, die das Experiment der letzten 25 Jahre hervorgerufen hat." Alsdann sprach der Vorsitzende von einem nicht näher definierten „strategischen Nachholbedarf"; die Partei habe sich von Mitterrand übertölpeln lassen, dessen Absicht es von Anfang an war, „den Einfluß der KPF zu schmälern". Er sehe ein, daß es „ein grundlegender Irrtum" war, seit 1958 „die Linksunion und das Gemeinsame Programm zum zentralen Anliegen unserer Partei zu machen", fast im gleichen Atemzug bezeichnete er sich aber als „festen Anhänger der Linksunion". Immerhin: das ewige Hin und Her, einschließlich Regierungsein- und -austritt, mag die Öffentlichkeit „verwirrt" haben, insgesamt bekräftigte er aber, daß das leninistische Organisationsprinzip des demokratischen Zentralismus „die Aktionseinheit aller Kommunisten gewährleistet. Er gibt den Werktätigen, unserem Volk die Gewißheit, daß unsere Partei nur ein Wort, nur eine Politik kennt." Demgegenüber geschah auf dem Parteitag etwas Ungeheuerliches, denn 10% der Delegierten lehnten den Bericht ab oder enthielten sich, der Prozentsatz der *silent dissenters* dürfte mindestens doppelt so hoch gewesen sein. Das wiederum hieß: weit über fünfzigmal hatte eben jener Filter des demokratischen Zentralismus versagt; auf so vielen Führungspositionen saßen Leute, die dorthin nur mit Einwilligung von ZK und Politbüro hatten gelangen können, dessen Linie gleichwohl aber ablehnten. Angeführt wurde die Gruppe der Reformer von dem eurokommunistischen Pierre Juquin, der von der „Führungsfrage Marchais" sprach und es wagte, das Wort vom „historischen Niedergang der Partei" in den Mund zu nehmen. „Das Beispiel der KPI zeigt uns, daß dem nicht so ist. Wir müssen uns einer Selbstprüfung unterziehen – ohne Vogel-Strauß-Politik. (...) Wir können die Fragen, die unser Beharren im Irrtum seit 25 Jahren aufwirft, nicht den Historikern überlassen." Der Block namens KPF zeigte Sprünge. Gleichzeitig erschien in „Le Monde" eine großangelegte Anzeige mit dem süffisanten Titel „Il y a encore des communistes à la gauche"[256], in der die bereits Ausgeschlossenen unter der Federführung von Henri Fiszbin den Reformern innerhalb der Partei beisprangen. In den Vorwürfen, die hier erhoben wurden, bestritt man der KPF praktisch ihren historischen Stellenwert, indem es hieß: „Le 25e Congrès vient (encore) de le confirmer: le Parti communiste a déserté le camp de la gauche. (...) Nous sommes des eurocommunistes ... La dérive de la machine communiste ne nous a pas abattus. (...) Aujourd'hui le parti de la gauche c'est le parti socialiste ... C'est la clé du succès."

Das Urteil, das der Parteitag angesichts dieser Querelen und Dissonanzen in der Öffentlichkeit fand, war praktisch einhellig. Das Pariser Wochenmagazin „Le Point" sprach gar vom „letzten Gefecht", die „Frankfurter Allgemeine Zeitung" indes konstatierte etwas zutreffender den Rückzug der einstigen Massenpartei in die Zitadelle.[257] Das immerhin konnte auch innere Stärkung auf dem Weg in die historische Bedeutungslosigkeit anzeigen, und in der Tat: Die drei Reformer Juquin, Rigout und Damette wurden vom Politbüro ins ZK „hinuntergesäubert", aus dem wiederum 12 „Abweichler" ausscheiden mußten. Immerhin war es der Parteivorsitzende selbst, der sich – gegen erheblichen Widerstand der Hardliner in den eigenen Reihen – dafür eingesetzt hatte, daß die drei Reformer die Partei nicht ganz verlassen mußten, sondern in relativ hohen Positionen verblieben. So etwas hatte es seit den frühen 30er Jahren in der KPF nicht mehr gegeben. Mochte „Die Zeit" Marchais auch einen „Stalinist(en) mit schlechtem Gewissen"[258] nennen, die Tatsache, daß ihm auf dem Kongreß kein Stellvertreter zur Seite gestellt wurde, festigte seine Position. Unübersehbar allerdings blieb der sich zum *déclin historique* erweiternde elektorale Wählerschwund. „Wenn wir am Ende nur noch ein Gespenst wären, das in Frankreich umgeht, was sollte dann unser Volk noch mit uns anfangen können?" Diese von der Tribüne des Parteitags in die Schar der Delegierten herabgerufene Frage Juquins traf deshalb ins Schwarze, weil mit ihr die Dreiheit der Identitäts-, Legitimations- und Existenzkrise, unter der die KPF litt und leidet, ohne Umschweife thematisiert worden war.[259] Es half alles nichts: Das Wort von der Sekte, das auch ein Leitmotiv dieser Untersuchung ist, wurde mehr und mehr zur Kennzeichnung jener politischen Gruppierung verwendet, die einstmals als stärkste französische Partei aus dem Zweiten Weltkrieg hervorgegangen war. „La Secte"[260], so betitelte auch Philippe Robrieux, Autor einer vierbändigen KPF-Geschichte und wohl bester Kenner des französischen

Kommunismus, seinen letzten, gewissermaßen fünften Band, in dem er der Partei sowohl moralisch als auch faktisch das Recht abspricht, sich noch als „die" Arbeiterpartei Frankreichs zu bezeichnen. „Bildet Marchais' schwindende Gemeinde also eine Kirche oder aber eine Sekte, deren Mitglieder sich in der Not reflexartig um den Führer scharen?"[261] Auf jeden Fall hat ihr Bestreben, sich selbst ideologisch *pure et dure* zu halten, ihren Weg in die Bedeutungslosigkeit beschleunigt.

So schleppten sich die französischen Kommunisten mehr schlecht als recht in die Parlamentswahlen des Jahres 1986. Sie drückten die Partei endgültig unter die Zehn-Prozent-Grenze. Mit nunmehr nur noch 9,8% sackte die KPF auf das Niveau der 20er Jahre - den Zeitraum ihrer Gründung. In Paris, wo sie noch 1976 die stärkste linke Kraft war, konnte sie keinen einzigen Sitz mehr erringen. Die Sozialisten, ihr eigentlicher Rivale, ließen mit 31,2% die Frage der Dominanz innerhalb der Linken zu einem historischen Thema werden. Doch trotz dieses respektablen Ergebnisses hieß es: Erstmals seit Bestehen der V. Republik hatte ein französischer Staatspräsident die Mehrheit im Parlament verloren. Zusammen mit den fünf fraktionslosen rechten Abgeordneten verfügte die Koalition aus Gaullisten und Giscardianern über die hauchdünne Überzahl von 291 Mandaten in der *assemblée nationale.* Mit 35 Sitzen erzielte die rechtsextreme *front national* von Le Pen exakt das gleiche Ergebnis wie Marchais' KPF. Dabei war diese noch mit einem blauen Auge davongekommen. Hätte Mitterrand nicht in einem wahren Parforceritt das Mehrheits- durch das Verhältniswahlrecht ersetzen lassen, wären den Kommunisten in der 577 Sitze zählenden *assemblée nationale* nur noch ganze neun Abgeordnete geblieben - die Schrumpfung zur Sekte wäre perfekt gewesen. Das französische Regierungs- und Parteiensystem hatte auf einmal ein neues Gesicht bekommen. Das phantasiebeflügelnde Schlagwort der *cohabitation* war geboren worden. Am 16. März 1986 betraten die Franzosen „ein gefährliches und sumpfiges Niemandsland".[262] Präsidentielle und parlamentarische Mehrheit waren erstmals nicht mehr im Einklang. Die Verfassung der V. Republik bot in dieser Situation keine Hilfe. „Sie strotzt vor Widersprüchen, sie ist unbestimmt und auch unvollständig."[263] Das französische Wort *cohabitation* klingt im Deutschen ein wenig nach wilder Ehe.[264] Inwieweit würde oder wollte Jacques Chirac als Premierminister der neuen parlamentarischen Mehrheit der bürgerlichen Parteien das neue Kräfteverhältnis zu seinen Gunsten umsetzen?

Gleichwohl: Mochte diese Frage auch ganz Frankreich nicht mehr zur Ruhe kommen lassen, die KPF hatte bei der Lösung dieses Problems kein Wort mehr mitzureden. Sie hatte sich selbst ins Abseits manövriert. Marchais' bald nach den Wahlen ausgesprochene Ankündigung, er werde bei den Präsidentschaftswahlen 1988 nicht kandidieren, kam dem resignierenden Rückzug desjenigen Mannes gleich, mit dem der historische Abstieg des französischen Kommunismus unauflösbar verbunden ist. An seiner Stelle wurde als Kandidat der KPF ihr Fraktionsvorsitzender André Lajoinie nominiert. Mag dieser Schachzug auch dem Zweck gedient haben, innerparteilicher Kritik an Marchais' Person nach dem Wahldesaster von vornherein das Wasser abzugraben, irgendeine Einsicht oder gar reformorientierte Öffnung verband sich mit ihm nicht. Dazu verhalf nicht einmal die nüchterne Analyse der im März 1986 erzielten Resultate: Die KPF hatte überall dort relativ gut abgeschnitten, wo Reformer kandidierten. Der Dank der Partei sah so aus, daß genau diese Gruppe in einem Bericht des Zentralkomitees scharf verurteilt wurde. Immerhin waren damit Leute wie das Politbüromitglied Claude Poperen, der Bruder des stellvertretenden Parteichefs der Sozialisten - der 1987 nach einem erbitterten Streit, in dem ihn Marchais mit dem Schimpfwort des „Liquidators" belastet hatte, seinen Rücktritt aus dem ZK wie auch aus dem Politbüro der KPF bekanntgab -, Marcel Rigout, von 1981 bis 1984 Minister für Berufsausbildung, und - natürlich - Pierre Juquin gemeint, der 1987, nachdem er sein „Koordinationskollektiv kommunistischer Erneuerer" begründet hatte, regelrecht aus dem ZK herausgeekelt wurde. „Wir müssen alles tun, um die Liquidierung der Kommunistischen Partei zu verhindern", mit diesem Tenor und „einem Ton der Verzweiflung in der Stimme"[265] wandte sich der letztere noch vor den Märzwahlen im französischen Fernsehen an die Öffentlichkeit. Ist mit dem Ergebnis von 1986 bereits das „Ende der kommunistischen Versuchung"[266] eingeleitet?

Nicht wenige Anzeichen sprechen dafür. „Die KPF ist zur Résistance" geworden, so spottete das Pariser Linksblatt „Libération" in

Anspielung auf die (erst durch die jüngste Forschung erwiesene) kleine Zahl von Widerstandskämpfern gegen die deutsche Besatzung. Spätestens mit dem Urnengang von 1986 ist die KPF endgültig aus dem Quartett der vier großen französischen Parteien herausgefallen. „Je jünger die Wähler sind, desto schneller vollzieht sich ihre Absetzbewegung."[267] Mindestens 1 000 Betriebszellen sind in den letzten Jahren eingegangen. Die der Partei verbundene Richtungsgewerkschaft CGT, die es 1947 einmal auf 5,8 Millionen Mitglieder gebracht hatte, wird heute auf gerade noch 900 000 Beitragszahler geschätzt. Die Mutterpartei selbst reklamiert zwar noch über 600 000 Mitglieder für sich, abgesprungene Funktionäre schätzen den tatsächlichen Bestand aber auf nur noch allerhöchstens 350 000 Mitglieder.[268] Kenner der Szenerie wie Manfred Steinkühler sprechen gar von nicht mehr als 150 000.[269] Und die Zahl der Wähler? Unmittelbar nach dem Abschluß des „gemeinsamen Regierungsprogramms" mit den Kommunisten im Jahre 1972 hatte François Mitterrand auf einem Kongreß der Sozialistischen Internationale in Wien eben dies formuliert: „Unser Hauptziel ist es, auf dem Terrain, das die Kommunistische Partei okkupiert hat, eine große Sozialistische Partei wiederherzustellen, um damit zu beweisen, daß von den fünf Millionen kommunistischen Wählern drei sozialistisch wählen können." Am Ende der 80er Jahre kann dieses Ziel zu einem großen Teil als realisiert angesehen werden. Die traditionelle Funktion des „Volkstribuns", die ihr unbegrenzt ein Fünftel der Stimmen zu garantieren schien, ist gegenwärtig von der rassistischen Partei Le Pens besetzt. Unterdes ist die KPF zum am stärksten vergreisten Teil der französischen Linken degeneriert. Sie ist nicht mehr der Anwalt jener „diffusen Masse von Unzufriedenen"[270]. Ihr „Glaubwürdigkeits- und Identitätsverlust" (Juquin) ist bereits bis zur historischen Unumkehrbarkeit fortgeschritten. Nach einer gewaltigen intellektuellen Auszehrung hat sie nun auch den Einfluß auf die Jugend verloren, und mit dem Niedergang der CGT bröckelt auch ihre einst so unangefochtene Position in der Arbeiterschaft. Ihre soziologische Basis war die Schwerindustrie. Dadurch, daß sie deren „Gesundschrumpfen" verhindert hat, hat sie den Niedergang gerade der französischen Stahlproduktion beschleunigt – eine Erkenntnis, die sich in nichtkommunistischen Gewerkschaftskreisen zunehmend durchsetzt.

Aus der ursprünglichen Partei- bzw. Ideologie- und nachfolgenden Identitätskrise ist längst eine Legitimations- und Existenzkrise geworden.

Wo der Anfang vom Ende lag, ist nicht einfach festzulegen. Wahrscheinlich hat sich die Partei nie richtig entstalinisiert. Immer noch beherrscht der weit über 70jährige Plissonier wie ein Zuchtmeister den Apparat. Nach wie vor ist die KPF-Führung revolutionär-konspirativen Denkmustern verhaftet, aber die Zahl der für die Reformer Sympathie hegenden *silent dissenters* wird auf ein Drittel der Mitglieder geschätzt. Somit „bündeln sich im strikten Festhalten am demokratischen Zentralismus die (eigentlichen) Probleme der KPF" (Heinz Timmermann). Aber wie sollte sich auch eine Partei entleninisieren, die nicht einmal vollständig entstalinisiert ist? „Die KPF steht nicht links, sondern im Osten", so lautet ein gängiges Urteil der französischen öffentlichen und veröffentlichten Meinung. Sie selbst dürfte sich allerdings so sehen, wie es die „Frankfurter Allgemeine Zeitung" umschrieb: „Die Kommunisten stehen unter Beweiszwang vor der Geschichte"[271], und es spricht alles dafür, daß sie diesem Zwang erliegen wird. Der *déclin historique* der KPF ist somit gewissermaßen das Ergebnis einer Vielzahl von Entwicklungsfaktoren, die ihre Wurzeln zum einen im Innern der Partei und in ihrer Verankerung in der internationalen kommunistischen Bewegung haben, die zum anderen aber ein direkter Ausfluß der jüngeren und jüngsten französischen Geschichte sind. Der doppelte „Verrat" an der gemeinsamen Sache der Linken, einmal im Vorhof der durchaus erreichbaren Macht 1977/78, einmal während der tatsächlich ausgeübten Macht 1984, ist der Partei vom linksorientierten französischen Wähler nicht verziehen worden. Was dabei letztlich herausgekommen ist, ist mehr als die Marginalisierung der stärksten Partei im Nachkriegsfrankreich. Jürgen Habermas trifft die darüber hinausgehenden Wirkungen richtig, wenn er sagt: „In Paris herrscht, nachdem der orthodoxe Marxismus abgewirtschaftet hat, ein Pluralismus, der mit den alten Monopolen auch die klaren Fronten auflöst."[272] Diese Tendenz hat durch die Märzwahlen des Jahres 1986 noch einmal eine ungeheure Verstärkung erfahren. In der Tat ist die *quadrille bipolaire*, mit der Maurice Duverger das Parteiensystem der V. Republik kennzeichnete, praktisch nicht mehr existent.[273] Dadurch, daß sich die Sozialisten noch in der Regierung zur Mitte orientierten, beschleunigten sie das Abgrenzungsbedürfnis der Kommunisten. „Der durch keinerlei Bedenken mehr aufgehaltene Rechtsrutsch der Sozialisten und das kommunistische Sektierertum bedingen sich wechselseitig."[274] Die durch drei fast gleich starke Kräfte parteipolitisch besetzte Mitte ist nunmehr - wie in der IV. Republik - von einer relativ kleinen radikalen Gruppe auf der Rechten wie auf der Linken flankiert, zudem gehören Präsident und Premier gegnerischen Lagern an. Hat mit dem März 1986 eine qualitative Umschichtung der V. Republik, ja gar auch der Anfang von ihrem Ende begonnen?

16. Spanien

Die Kommunistische Partei Spaniens (KPS) galt besonders unter ihrem langjährigen Generalsekretär Santiago Carrillo als der eigentliche Bannerträger und Erfinder des Eurokommunismus. Diese Mitte der 70er Jahre vollzogene Wandlung wiederum ist nicht losgelöst vom Ableben des Generalissimo Franco zu sehen, ein Ereignis, auf das die Partei während ihrer vier Jahrzehnte währenden Illegalität förmlich hingelebt hatte, und als es dann tatsächlich eintrat, war man wenig geneigt, vom rechten Totalitarismus in den linken zu fallen.

Die KPS war lange Zeit die mit Abstand mitgliederstärkste und am besten organisierte Partei Spaniens. In ihren besten Zeiten brachte sie es auf 250 000 Mitglieder. Ihr ausgesprochen schlechtes Abschneiden in den Wahlen des nachfrankistischen Spanien darf - trotz des unübersehbaren Niedergangs - immer noch nicht über die tatsächliche Macht hinwegtäuschen, zumal sie über die fast völlig mit ihr verflochtenen *Comisiones Obreras* (CCOO) den gesamten Gewerkschaftsbereich beeinflußt. Eigentlicher Machtträger der KPS ist das Parteisekretariat, dem neben dem gegenwärtigen Generalsekretär Gerardo Iglesias die drei Generalsekretäre der regionalen kommunistischen Parteien in Katalonien, Galicien und dem Baskenland, die Beauftragten für internationale Beziehungen, für Organisation und Kultur, für den Bezirk Madrid und für den Bereich Information und Universitäten angehören. Die drei genannten Regionalparteien sind formal unabhängig von der KPS, wobei der katalonische *Partit Socialista Unificat de Catalunya* (PSUC) sogar einen regelrechten Autonomiestatus besitzt. Nicht zufällig setzte die Sowjetunion 1980 auch hier dann die Hebel zur Spaltung der von 1977 bis 1981 recht einhellig auf eurokommunistischem Kurs segelnden Gesamtpartei an.

Die kommunistische Partei Spaniens ist weitgehend geprägt worden vom ideologischen und hierarchischen Vorrang ihrer beiden Generalsekretäre, der über neunzigjährigen Dolores Ibárruri *(La Pasionaria)*, die die Partei von 1942 bis 1960 leitete, und des über siebzigjährigen Santiago Carrillo, der ihre Nachfolge antrat.

Wie fast alle anderen kommunistischen Parteien in Westeuropa ist auch die spanische Anfang der zwanziger Jahre als Abspaltung von der sozialistischen Partei als Reaktion auf die Frage des Beitritts zur Leninschen Dritten Internationale entstanden. Dies geschah 1921 auf dem dritten außerordentlichen Parteitag des *Partido Socialista Obrero Español* (PSOE), auf dem sich die knapp unterlegenen Anhänger der Dritten Internationale (*Terceristas*) als eigene Partei konstituierten. Ein Jahr nach ihrer Begründung wird die Partei durch den Diktator Primo de Rivera verboten. Auf ihrem dritten, im Pariser Exil abgehaltenen Parteitag, dem absoluten Tiefpunkt in der Geschichte der KPS, sondern sich die katalanischen Kommunisten ab und bilden eine eigene Partei. Vollends verworren, was die Koalitionen und Allianzen der einzelnen Linksparteien, aber auch ihre zum Teil gnadenlos ausgetragenen Rivalitäten angeht, wird die Lage im spanischen Bürgerkrieg. Der 24jährige Willy Brandt, den der Traum des Schulterschlusses aller Linken nach Barcelona getrieben hatte, wird Zeuge jenes seltsamen Schauspiels, in dem sich die Kommunisten mit den rechten Sozialdemokraten Largo Caballeros zur Volksfrontregierung verbünden, um auf diesem Wege die drohende faschistische Machtübernahme durch Franco zu verhindern. Nachdem dies scheitert, steht die KPS am Ende des Krieges zum zweitenmal in ihrer Geschichte völlig isoliert als „Verbannter unter Verbannten“[275] da: selbst im aufgezwungenen Exil wollte niemand mit ihr paktieren.

Noch bis 1948/49 propagierte die KPS den direkten, bewaffneten Kampf zum Sturz des Franco-Regimes. Die totale Erfolglosigkeit dieses Unternehmens zwang aber zu neuen Methoden. Spätestens seit Stalins Tod 1953 versuchte sie, das Regime in einer Art Doppelstrategie auch auf friedlichem Wege zu stürzen. Es war etwa in diesem Zeitraum, in dem die Partei begann, die Zelte ihres Exils in der Tschechoslowakei aufzuschlagen. Hier hatte man sich - besonders mit seiner eigentlichen Wunderwaffe, dem Rundfunksender *Radio España Independiente* - inzwischen fest etabliert, als Alexander Dubček 1968 mit seinen Reformexperimenten einsetzte. Die Affinität der spanischen Exilgenossen, die bis dahin kaum ernsthafte Entstalinisierungsversuche gemacht hatten, zu den in ihrem direkten Umfeld agierenden Prager Reformern steigerte sich so sehr, daß Carrillo am Vorabend des drohenden Einmarsches im Kreml vorstellig geworden sein und für den Fall des gewaltsamen Eingreifens den Bruch mit Moskau angekündigt haben soll.[276] Und in der Tat geht Carrillo unter der Schockeinwirkung dieser brutalen Erfahrung neue Wege. Als General Franco am 20. November 1975 die Augen für immer schloß, da sollte dieses lange herbeigesehnte Ereignis ganz im Gegensatz zu der noch Mitte der 60er Jahre vertretenen Generallinie nicht als „Auftakt zu einem Revolutionsprozeß" verstanden werden, sondern als „schrittweise Evolution" in Richtung Demokratie. Statt von der *ruptura*, dem radikale gesellschaftliche Veränderungen beinhaltenden Bruch mit dem Franco-Regime, sprach die KPS nur noch von der *ruptura pactada*, dem „ausgehandelten Bruch". Aber derartige Läuterungen zeitigten auf die spanische Rechte keinerlei Wirkung. Vor allem für die Armee war es selbstverständlich, daß der KPS der Status der Legalität weiterhin zu versagen sei. Die nach Francos Tod amtierende Übergangsregierung wählte daraufhin einen ausgeklügelten Schachzug: Sie erklärte die kommunistische Partei am Karsamstag 1977, als der Großteil der Generalität im Familienurlaub weilte, für zugelassen. Widerwillig und zähneknirschend akzeptierte das hohe Offizierskorps in der folgenden Woche die neue Regelung - ein *pronunciamento*, eine „Aussprache mit der Waffe in der Hand", wie die traditionelle Form des militärischen Aufstands in Spanien zu übersetzen wäre, war verhindert worden.[277]

Am 15. Juni 1977 erhielt die gesamte spanische Linke ähnlich wie bei den letzten legalen Wahlen vor Ausbruch des Bürgerkriegs zusammen wieder weit über 40% der Stimmen und führte damit das erklärte, auf eine totale Ausrottung des Marxismus gerichtete Ziel der Franco-Herrschaft ad absurdum. Die Wendung der KPS zur Garantierung von Grund- und Menschenrechten, parlamentarischer Demokratie und Mehrparteiensystem wurde vom Wähler indes nur wenig honoriert: sie erhielt nur 9,2% der Stimmen. Mit dieser schweren Demoralisierung im Rücken machte Carrillo sich daran, den ersten legalen Parteitag seit 1932 vorzubereiten. Quertreiber waren, wie eh und je in der Geschichte des spanischen Kommunismus, die katalanischen Genossen, die dann auf dem Parteitag auch das Hauptkontingent jener Delegierten stellten, die gegen eine Streichung des Attributs „leninistisch“ aus den Parteistatuten stimmten. Am 21. Januar 1978 hatte Carrillo in einer grundlegenden Rede vor dem Zentralkomitee der KPS davon gesprochen, „die Wege zu erkunden, um die Errichtung der Hegemonie der Arbeiterklasse zu beschleunigen, die Kräfte der Arbeit und der Kultur in der Gesellschaft.“[278] Diese Abwendung vom Leninschen Revolutions- zu einem eindeutig die Vorstellungen Gramscis zum Ausdruck bringenden gesellschaftlichen Transformationskonzept untermauerte er gleichzeitig in dem weltberühmt gewordenen Bestseller „‚Eurokommunismus‘ und Staat“[279], der – so sehr er im Ausland verschlungen wurde – im Nordwesten Spaniens nicht auf fruchtbaren Boden fiel. Nicht zufällig stieß die Sowjetunion bei ihrer unermüdlichen Suche nach Sollbruchstellen innerhalb der KPS dann auch auf die katalanische Schwesterpartei. Auf dem 5. Parteitag der PSUC im Januar 1981 kam es zum „politischen Erdbeben im spanischen Kommunismus“[280]: Alle Hinweise auf Begriff und Inhalt des Eurokommunismus wurden aus den Parteitagsthesen gestrichen. Die Gruppierung der *prosoviéticos* hatte in trauter Zusammenarbeit mit den *leninistas* den Flügel der *eurocomunistas* niedergehalten, was im offiziellen Bericht der KPS-Delegation, die den Parteitag beobachtet hatte, ausschließlich sowjetischen Einflüssen zugeschrieben wird. Der Kölner Politologe Heinz Timmermann belegt jedoch Schritt für Schritt, daß die entscheidenden Gründe für die „katalanische Wende“ in der Unzufriedenheit mit der KPS, insbesondere mit ihrem Generalsekretär Santiago Carrillo lagen, die sich die Spaltungsstrategen des Kreml nur noch geschickt zunutze zu machen brauchten. Einen Eurokommunismus, der der PSUC von der Madrider Zentrale aufgezwungen wurde, wollte in Barcelona niemand. In dieser Hinsicht sind die regionalistischen Spannungen des modernen Spanien im Parteipolitischen und Ideologischen kaum geringer als im Fußballsport. Ulrich Matthée, der in seiner Kieler Habilitationsschrift urteilt: „Es wird allgemein nur noch von der kommunistischen Partei gesprochen, die für ganz Spanien gleichermaßen kompetent sei", und der in diesem Zusammenhang der „Entkatalanisierung" der PSUC den Weg bereitet sieht, hat hier wohl eine voreilige Prognose abgegeben.[281] Ein quasi mit Methoden des „demokratischen Zentralismus" durchgesetzter Eurokommunismus mußte, abgesehen davon, daß er im Hinblick auf die von ihm selbst postulierten gesellschaftlichen und innerparteilichen Reformvorstellungen ein Widerspruch in sich war, unausweichlich eine Zerreißprobe innerhalb der KPS heraufbeschwören. Hier zeigte sich eben, daß die Gefahr eines „orthodoxen Rückschlags" in einer noch bis Mitte der 60er Jahre stalinistisch zu nennenden Partei größer war als in der KPI, die ihren Reformprozeß behutsam über die Jahrzehnte vorangetrieben hatte. Konfrontation, Zersetzung und ein zum Teil schwindelerregender Verlust sowohl an Wählern als auch an (Führungs-)Mitgliedern waren in der spanischen KP jedenfalls die Folge. Dabei waren es durchaus nicht nur Orthodoxe oder Moskauorientierte, die der Partei den Rücken kehrten. Die Enttäuschung, daß der KPS nach der Legalisierung der eigentliche politische Durchbruch nicht gelungen war, führte vielmehr zu einem Zerfallsprozeß in allen ihren Gruppierungen. Mit Ramon Tamames, dem stellvertretenden Bürgermeister von Madrid, resignierte im Mai 1981 ein „klassischer" Eurokommunist. Pilar Brabo, jahrelang eine der wichtigsten Personen in der Führung der KPS und eine Zeitlang aussichtsreichste Kandidatin für die Zeit nach Carrillo, verließ das ZK und trat später in die PSOE ein. Kurz darauf veröffentlichten 250 Führungsmitglieder das „Manifest der eurokommunistischen Erneuerer" *(renovadores).* Mit Manuel Azcárate war niemand anders als der Chefideologe der Partei ihr Wortführer.

In diesem Zustand allgemeiner Verwirrung und Desorientierung fand im Juli 1981 der 10. Parteitag der KPS statt. Zwar wurde Carrillo wieder mit einer Zwei-Drittel-Mehrheit zum Vorsitzenden gewählt, aber dieses einmütige Bild täuschte. Hinter den Kulissen rumorte es. Kundige Beobachter urteilten, daß nach dem „Mythos Suárez“ - dem ersten Ministerpräsidenten nach dem Tode des Generalissimo - ein „anderer Mythos des postfrankistischen Spaniens“ zusammengebrochen sei, weil die „zweideutige eurokommunistische Kombination zwischen einem im Grunde sozialdemokratischen Pluralismus in den Außenbeziehungen und einem leninistischen Monolithismus in den inneren Beziehungen“[282] auf die Dauer keine glaubwürdige Basis sei. Und in der Tat: als die *renovadores* innerparteilichen Abweichlern Meinungsplattformen einräumen wollten, setzte Carrillo (wiederum mit der Drohung des eigenen Rücktritts) durch, daß ihre führenden Köpfe ausgeschlossen wurden. Manuel Azcárate, seit 45 Jahren Mitglied der KP Spaniens und zuletzt Leiter ihrer Auslandsabteilung, der „Fahnenträger des Eurokommunismus“[283], war unter ihnen. In einem Interview mit dem Nachrichtenmagazin „Der Spiegel“ resümierte er: „... wir stecken zweifellos in der tiefsten Parteikrise seit dem Stalinismus. Die Partei ist im Begriff, zur dogmatischen sektiererischen Praxis zurückzukehren, auch wenn sie ihre eurokommunistische Fassade beibehält.“[284]

Mitten auf dem Höhepunkt dieser Krise wurde die KPS von der Proklamation des Ausnahmezustands in Polen überrascht. Hatte man in der KPI davon gesprochen, daß hiermit „die vorwärtstreibenden Kräfte der Oktoberrevolution erschöpft seien“, so heißt es im spanischen Dokument abgeschwächter, daß die „Gestaltungsform der revolutionären Bewegung, wie sie um die Oktoberrevolution von 1917 in Rußland entstand, endgültig überwunden ist“.[285] Der feine Unterschied war nicht ohne tiefergehende Bedeutung, er enthüllte vielmehr den schizophren-janusköpfigen Zustand, der das innere Gefüge der Partei in einem so widersprüchlichen Licht erscheinen lassen mußte. Carrillos Versuch, den Zerfall der Partei durch hartes Durchgreifen und ideologische Rigorosität aufzuhalten, schlug von nun an ins Gegenteil um. Zwar konnte man sich immer noch nicht vorstellen, ohne ihn vor den Wähler zu treten, aber auch das sollte sich schnell ändern. Die Kommunistische Partei Spaniens verlor bei den Parlamentswahlen vom 28. Oktober 1982 im Vergleich zum letzten Urnengang von 1979 60% ihrer Wähler und mußte dadurch einen Rückgang ihres Stimmenanteils von 10,8% auf 3,9% bzw. ihrer Parlamentsmandate von 23 auf 4 hinnehmen. Die sozialistische Partei unter ihrem jungen, charismatischen Chef Felipe Gonzales gewann 48,4% und die absolute Mehrheit der Mandate, die von Suárez geführte „Union des Demokratischen Zentrums" (UCD) löste sich selbst auf, nachdem sie von 34,9% auf 7,1% eingebrochen war, und die *Alianza Popular* (AP) des ehemaligen Franco-Ministers Manuel Fraga Iribarne, die während des Wahlkampfs von den im Februar 1981 gescheiterten Putschisten um Oberstleutnant Tejero offen unterstützt worden war, schnellte von 6,3% auf 26,1% empor.[286] Für die beiden Männer, die mit ihren Parteien einen wesentlichen Anteil am unblutigen und demokratischen Übergang Spaniens zum neuen Parlamentarismus hatten, bedeuteten die Wahlen den politischen Garaus. Gonzales' Wort, „was Franco in 40 Jahren harter Verfolgung nicht leisten konnte - die Zerstörung der KP -, das hat Carrillo in den letzten drei Jahren geschafft"[287], traf den Nagel auf den Kopf. Der „eurokommunistische Stalinist" trat nach dieser neuerlichen Niederlage Schritt für Schritt von der politischen Bühne ab.

Das Mehrparteiensystem der Übergangsperiode seit dem Tode Francos war nach dem Urnengang vom Herbst 1982 in sich zusammengebrochen. Die „alten Geister" des Generalissimo einerseits und der letzten demokratisch gewählten Regierung vor seinem Machtantritt andererseits meldeten sich wieder und wurden zu den stärksten Kräften im Lande. Der Sympathieschub, der den Sozialisten zum erstenmal seit 46 Jahren wieder zum Sieg verhalf, war bei weitem größer als derjenige in Frankreich, Griechenland und Portugal, der Mitterrand, Papandreou und Soares in ihren Ländern triumphieren ließ. Die spanischen Kommunisten hingegen befanden sich wieder in der Stunde Null. Ende des Jahres wählten sie (nur mit knapper Mehrheit) den 37jährigen Gerardo Iglesias zu ihrem neuen Generalsekretär. Er stand nun vor der gigantischen Aufgabe, aus den auseinanderdriftenden und miteinander rivalisierenden Flügeln der „Harten", der *duros*, sowie der *renovadores* und der *prosoviéticos* wieder eine einheitliche Partei zu formen. Der 21. Parteitag der KPS im Dezember 1983 war seine erste Bewährungsprobe, und bereits hier wurde aus dem einstigen Zögling Carrillos dessen unerbittlicher Gegner. Carrillo hatte mit seinen *duros* hinter den Kulissen eigentlich die Zügel in den Händen behalten wollen, aber bereits auf dem Kongreß kam es zur offenen Kampfabstimmung zwischen den Anhängern des alten und neuen Vorsitzenden. Iglesias trat dafür ein, den Eurokommunismus nicht nur in den auswärtigen Beziehungen zu praktizieren, sondern gerade im Innern der Partei, in einer konsequenten Reform des „demokratischen Zentralismus" und in einer – wenn auch kritischen – Öffnung und Unterstützung der regierenden Sozialisten. Die kräftige Schützenhilfe, die er hierbei von seinem Stellvertreter Nicolás Sartorius erhielt, gab den Ausschlag. Der Machtverlust Carrillos wie auch die „italienischen" Tendenzen in der KPS verstärkten sich nun von Tag zu Tag. Ähnlich der schwindenden Bedeutung des Cossutta-Flügels in der KPI spielten die sich um den Altkommunisten Ignacio Gallego scharenden *prosoviéticos*, die sich wenig später als Parallelpartei organisierten, auf dem Kongreß keine Rolle mehr. Trotzdem ging die KPS einen ungewissen Weg. Das Autonomiestreben der einzelnen spanischen Regionen beeinträchtigt nach wie vor den Zusammenhalt der Gesamtpartei. Die große Zahl der Ämter, die von Gewerkschaftsvertretern in Verneinung des beispielsweise in der westdeutschen SPD praktizierten Inkompatibilitätsprinzips in der KPS bekleidet werden, und das traditionell anarchosyndikalistische Element, das sie in die Partei einbringen, verstellen trotz Iglesias' Politik den Weg zu einer sozialdemokratischen Entwicklung. In der Mitgliederzahl zeigt sich schon seit dem Ende der 70er Jahre eine geradezu verheerende Abwärtsentwicklung: Die Hälfte der Mitglieder ist ihr davongelaufen. Für Ende 1982 wurde die offizielle Zahl mit 110 000 angegeben, der „Spiegel" hingegen sprach nur noch von 40 000.[288] Die spanische Ausformung des Eurokommunismus war und ist heterogen, bizarr, gespalten, in sich widersprüchlich und in ihrer zukünftigen Entwicklung völlig offen. Am Beispiel der PSUC läßt sich demonstrieren, daß prosowjetische und prosozialdemokratische, leninistische und gramscianische Gruppierungen in ein und der gleichen Regionalpartei um den dominierenden Einfluß kämpfen. Wie sehr dieses ideologische Gegeneinander dazu geeignet ist, den Weg in die Bedeutungslosigkeit zu beschleunigen, zeigten die katalanischen Wahlen vom Frühjahr 1984, in denen anderthalb Jahre nach der Madrider Zentral- auch die widerborstige Schwesterpartei total einbrach und bei nur noch fünf Mandaten landete.

Der spanische Kommunismus setzte seinen Marsch ins politische

Abseits mit lemmingähnlichem Instinkt fort. Als Felipe Gonzales Ende des Jahres mit dem Arbeitgeberverband und der sozialistischen UGT-Gewerkschaft *(Unión General de Trabajadores)* - die in der Zahl ihrer Wähler und Mitglieder längst mit den kommunistischen CCOO gleichgezogen hatten - einen auf zwei Jahre befristeten Sozialpakt zur wirtschaftlichen Gesundung Spaniens abschloß, da war vom „Ausverkauf" der Arbeiterinteressen die Rede. Vorbei waren die Zeiten des „Pakts von Moncloa", in dem die KPS unmittelbar nach dem Tode Francos ihre Bereitschaft zur Zusammenarbeit mit allen demokratischen Kräften beurkundet hatte! Santiago Carrillo, der spiritus rector der damaligen Linie, hatte sich inzwischen zum unerbittlichen Abgrenzungspolitiker gewandelt, und als solcher versuchte er, auch weiterhin die Fäden zu ziehen. Der neue Vorsitzende Iglesias konnte deshalb einen für seine Führung entscheidenden Erfolg verbuchen, als Carrillo im Frühjahr 1985 als Sprecher der (arg dezimierten) KPS-Fraktion in den *cortes* abgesetzt wurde. Nicht wenige Mitglieder verlangten sogar, ihn ganz aus der Partei auszuschließen, falls er nicht von seinem unverhohlenen Ansinnen ablasse, auf eine „Wiedervereinigung" mit den moskautreuen Kommunisten unter Ignacio Gallego hinzuarbeiten. Ganz so weit kam es zwar nicht, wenig später wurde er aber - ein weiterer Schritt seiner unaufhaltsamen Entmachtung - zusammen mit 18 seiner Anhänger aus dem Zentralkomitee der Partei ausgeschlossen, was er mit den Worten quittierte: „Ich befinde mich in der Todeszelle und warte auf die Bestätigung des Todesurteils und meine Hinrichtung", und Julian Ariza, einer seiner engsten, ebenfalls ausgeschlossenen Mitkämpfer, verstieg sich sogar zu der biblizistisch angereicherten Metapher: „Auf einem Tablett bietet ihr Gorbatschow den Kopf Santiago Carrillos an."[289]

So war die KPS durch ihre internen Zwistigkeiten zur Randgruppe verkommen, als die *Pasionaria* am Jahresende ihren 90. Geburtstag beging. Ernest Hemingway hatte ihr mit der Figur der „Pilar" in „Wem die Stunde schlägt" bereits das literarische Denkmal gesetzt, ihren in der Roten Armee kämpfenden Sohn hatte sie vor Stalingrad verloren, nun aber schaute sie auf die Trümmer der Partei, die sie vor über 60 Jahren einmal mitbegründet hatte und deren Präsidentin sie immer noch ist. Alle miteinander rivalisierenden Gruppen beriefen sich gleichermaßen auf diesen Mythos zu Lebzeiten, der durch seine doktrinäre Ausrichtung auf Moskau nicht unschuldig an der Uneinigkeit im linken Lager und damit an der Niederlage im Bürgerkrieg gewesen war und der seitdem immer treu und fest zu der jeweiligen Führung stand, die die KPS sich gab. Iglesias mochte in den gravierenden außenpolitischen Entscheidungen des Jahres 1986, die durch die Frage der EG- und NATO-Mitgliedschaft Spaniens gekennzeichnet waren, von diesem irrationalen Bonus zehren.

Im November 1981 hatte die Regierung Calvo Sotelo mit ihrer Mitte-Rechts-Mehrheit im Parlament den Beitritt zum Nordatlantik-Pakt beschlossen. Gonzales, der die Regierungsbastionen ein Jahr später im Sturm eroberte, empfand dies als *fait accompli.* Schon im Wahlkampf hatte er angekündigt, den Spaniern diesen Schritt für den Fall des sozialistischen Sieges in einem Referendum wieder zur Disposition zu stellen. Gonzales' langfristige Strategie zielte darauf ab, das weitere Verbleiben in der NATO von der (zum 1. Januar 1986 dann tatsächlich vollzogenen) Aufnahme in die EG abhängig zu machen – ein Junktim zwischen Verteidigungslast und wirtschaftlicher Subvention, dem sich die KPS nicht unterwerfen wollte. Anders als Cunhals stalinistische Genossen in Portugal und anders als die moskautreuen griechischen Kommunisten am Beginn der 80er Jahre plädierte die Partei aber für den Beitritt zur EG, allerdings bei kategorisch aufrechterhaltener Gegnerschaft gegenüber der NATO. Indes, die Rigorosität dieser Position mochte auch mit dem Sektendasein zusammenhängen, zu dem die KPS inzwischen verkommen war. Am Vorabend des Referendums, das im Sinne der Sozialisten eine deutliche Mehrheit für den Verbleib im Nordatlantik-Pakt brachte,[290] gab Gonzales dem Nachrichtenmagazin „Der Spiegel" ein interessantes Interview, in dem er diesen Sachverhalt praktisch umdrehte. Auf die Frage: „Liefern Sie mit dem NATO-Referendum nicht politisch unbedeutenden Splittergruppen einen Kristallisationspunkt, um sich zu einer Oppositionsbewegung gegen Ihre Regierung zu vereinigen?" gab er die Antwort: „Ich habe nichts dagegen, daß sich die Kommunisten zusammenschließen. Denn ich glaube, daß ihre Spaltung nicht gut ist für Spanien. Ich füge noch eine persönliche Überzeugung hinzu: Wenn die Kommunisten mit zehn Prozent im Parlament vertreten wären statt mit vier, würden sie bestimmt nicht nein zur Allianz sagen."[291] Mißt man dieses *wishful thinking* ihres eigentlichen ideologischen und elektoralen Rivalen an dem tatsächlichen Zustand, mit dem die KPS in den Wahlkampf des Jahres 1986 ging, dann bot sich einem das erschütternde Bild einer unausweichlich dem historischen Niedergang verfallenen Partei. Eine einheitliche Linie hat sie auch nach der Entmachtung Carrillos nicht finden können, im Gegenteil, der Fraktionierungsprozeß hat auf die CCOO, ihre (einstige?) Domäne übergegriffen, womit sie nach ihrem politischen auch ihren sozialen Einfluß zu verlieren droht[292] – Auflösungserscheinungen und Autoritätsverfall allenthalben. Dies wiederum ist nur ein Spiegelbild des von Ambivalenzen und Widersprüchlichkeiten gekennzeichneten ideologischen Kurses, mit dem Iglesias die Partei hinsichtlich ihrer inneren Organisation wie auch ihrer „Außenpolitik" steuert. Auf der einen Seite fordert er „demokratische Bedingungen für eine breitere und dauernde Aussprache", auf der anderen lehnt er die „Diskrepanz als normalen Bestandteil dieser Aussprache" ab, weil sie „schädlich für die einheitliche Anwendung der Beschlüsse" sei, die nur „mittels des demokratischen Zentralismus" zu erreichen ist. Er verlangt, „die Aussprache über die Strategie, über den Eurokommunismus zu vertiefen", er spricht im gleichen Atemzug aber von der „schädlichen Praxis", die durch die an den „sozialistischen Ländern geübte Kritik" entstanden sei[293], und bekundet im Zusammenhang mit dem NATO-Referendum wenig Interessen, „an Papi Reagans Hand" daherzukommen.[294] Am schlüssigsten erscheint noch die innenpolitische Position, derzufolge er im Gegensatz zu Carrillo für eine Anlehnung an die Sozialisten, ja für eine „Konvergenz der Linken" eintritt, aber auch diese halbwegs eindeutige Option kann nicht darüber hinwegtäuschen, daß sich die KPS insgesamt in eine politisch-programmatische Selbstblockade hineinmanövriert hat. Sartorius' Wort, daß es für eine „dogmatische, sektiererische und veraltete kommunistische Partei" in Spanien keine Zukunft mehr gebe[295], legt durchaus Merkmale ihres gegenwärtigen Zustands offen.

Im Oktober 1985 begründete der abgehalfterte Carrillo seinen *Partido Comunista de España Marxista Revolucionario* (PCEMR). Schon zuvor hatte er in einem „Spiegel"-Interview kundgetan, daß die „Allianzen mit der Bourgeoisie" nach Francos Tod „im reinsten

Geiste Lenins"[296] abgeschlossen worden waren. Hatte der Erfinder des Eurokommunismus diesen tatsächlich nur als Tarnkappe benutzt? Auf jeden Fall war die Tarnung bei seinem Nachfolger Iglesias zum eigentlichen Gesicht geworden. Michail Gorbatschow indes akzeptierte die späte Rückverwandlung des einstigen Quertreibers Carrillo nicht mehr. Zum 27. Parteitag der KPdSU im Februar 1986 waren nur noch Delegationen von Iglesias' KPS und Gallegos *Partido Comunista de los Pueblos de España* (PCPE) geladen - mit einer deutlichen Bevorzugung der letzteren. In die Parlamentswahlen des Jahres 1986 ging der spanische Kommunismus demzufolge mit drei Parteien. „But they were beggars arguing over crumbs."[297] Iglesias selbst hat dies nur zu deutlich gesehen. Er setzte deshalb mit Erfolg all seine Energie dafür ein, mit einer Wahlallianz der „Vereinigten Linken", gebildet aus seiner eurokommunistischen Partei, Gallegos PCPE, den Ökologen und anderen linken Splittergruppen, ins Rennen zu gehen. Carrillo kandidierte auf einer eigenen Liste. Das Ergebnis konnte den unaufhaltsamen Niedergang des spanischen Kommunismus nur mühsam kaschieren. Carrillo ging, Endpunkt einer langen Karriere, völlig leer aus, und auch die „Vereinigte Linke" brachte es nur auf sieben (mehrfach aufzuteilende) Mandate. Die aktuelle spanische Politik wird weiterhin von dem Sozialisten Felipe Gonzales bestimmt, der auch nach den Cortes-Wahlen 1986 über die unangefochtene absolute Mehrheit und damit über die alleinige politische Führung verfügt.[298]

Iglesias aber, für den kein Zweifel daran besteht, daß es Carrillos zentrales Ziel ist, die KPS „in Asche zu legen"[299], handelt weiter nach der Maxime, daß es für eine „dogmatische, sektiererische und veraltete kommunistische Partei" in Spanien keine Zukunft mehr gibt.[300]

17. Portugal

Die am 6. März 1921 gegründete Kommunistische Partei Portugals (*Partido Comunista Português*, PCP) kann mit Fug und Recht als die ideologisch rückständigste Partei in einem der entwicklungsmäßig rückständigsten Länder Westeuropas bezeichnet werden. Die PCP ist im Grunde genommen bis auf den heutigen Tag die alte, verschlossene, konspirative, von der Arbeit im Untergrund gekennzeichnete Organisation geblieben, die sie in der Zeit ihrer Illegalität geprägt hat. Von 1926 bis zur berühmten „Revolution der Nelken“ im April 1974, in der sich Offiziere der portugiesischen Armee erfolgreich gegen das Regime Salazars und Caetanos erhoben, lebte die Partei in der Illegalität - ein Zeitraum, der mehr als zwei Drittel ihrer Geschichte umfaßt. Das beinahe ein halbes Jahrhundert währende Verbot ist immer noch der genauso dunkle wie dominierende Block, der zwischen den beiden kurzen Phasen freier Betätigung liegt. Zusammengehalten werden alle drei Abschnitte der Parteientwicklung von der eigentlichen Zentralfigur des portugiesischen Kommunismus: Alvaro Cunhal. Er trat der PCP 1931 als 17jähriger bei, wurde schon 1936 de facto ihr Vorsitzender und leitet seit 1961 offiziell ihre Geschicke. Auch wenn das Wort von Mario Soares, seinem großen Gegenspieler und Intimfeind, dem erfolgreichsten Politiker des demokratischen Portugal, stammt, so trifft es doch den Kern der Sache, wenn er sagt: „Cunhal fährt fort, in der Klandestinität zu leben ... Die Partei wird von Leuten gelenkt, die über 60 Jahre alt sind und seit 1941 im Untergrund lebten ...“[301] Wovon die Erfahrungswelt wie auch die Zukunftsvisionen dieses engsten Führungskaders gekennzeichnet sind, bedarf kaum noch der Erwähnung: von der Sowjetunion und vom Mythos der Oktoberrevolution.

Schon 1919 hatte ein leninistischer Flügel der anarcho-syndikalistischen Gewerkschaftsbewegung *Confederação Geral do Trabalho* (CGT) die Gruppierung *Federação Maximalista Portuguesa* (*maximalista* = bolschewistisch) gegründet, aus der zwei Jahre später die kommunistische Partei hervorging. Innerhalb des organisierten Gewerkschaftswesens vertrat die Vorläuferrichtung die Linie der „roten“ Gewerkschaften, die aus der CGT austrat und mit der *Intersindical* bald darauf ihren eigenen Interessenverband gründete, der als einzige nicht-staatliche Arbeitnehmerorganisation den *Estado Novo* Salazars überlebte und 1975 vorübergehend das Monopol der Einheitsgewerkschaft zuerkannt bekam.

Die PCP zählte in ihren Gründungsjahren nur wenige hundert Mitglieder. Auf ihrem 1. Parteitag 1923 wählte sie sich mit C. Rates einen nicht unbedingt orthodoxen Marxisten zum Generalsekretär, dem nach dem Tode Lenins aber das Vertrauen von seiten der Komintern aufgekündigt wurde. Dessen Nachfolger Bento Gonçalves bolschewisierte und stalinisierte das innere Gefüge der PCP im Sinne des „demokratischen Zentralismus“ und schloß Rates auf dem 2. Parteitag 1926 aus. Durch die gleichzeitige Herrschaftsübernahme der Salazar-Diktatur war die Rechts-Links-Polarisierung in Staat und Gesellschaft Portugals, die fast fünfzig Jahre währen sollte, besiegelt. Sie machte das Land zusammen mit dem gleichermaßen ängstlich wie feindlich beäugten Nachbarn Spanien hinsichtlich Demokratie und Pluralismus zum Schlußlicht im freien Teil des Alten Kontinents.

Überall dort, wo die Löhne am niedrigsten und die Lebensbedingungen am schlechtesten waren, fand der Kommunismus raschen Zulauf, insbesondere im Industriegebiet um Lissabon und im Alentejo, wo „es seit alten Zeiten ein unterbeschäftigtes und landhungriges Tagelöhnerproletariat gibt“.[302] Breitere Mitgliedsresonanz wurde aber durch den Verbotsstatus und die dadurch drohenden Verfolgungen verhindert. „Andere Regimegegner wurden belästigt, ausgewiesen oder kurze Zeit eingesperrt; Illegalität und langjährige Einkerkerung, Internierung und Folter waren das Los der Kommunisten.“[303] Selbst nach PCP-offiziellen Angaben betrug die Zahl der Mitglieder im Untergrund nie mehr als 3 000. Am Vorabend der Nelkenrevolution 1974 sollen es 15 000 gewesen sein, und erst nach der Legalisierung zeigte die Kurve steil nach oben.

Als folgenschwerste Fehleinschätzung in der Frühgeschichte der Partei gilt der mißglückte Generalstreik vom Januar 1934. Die Sozialistische Partei, die auch nach dem Zusammenbruch der Ersten Republik (1910–1926) weitergekämpft hatte, hatte sich im Gegensatz zur PCP ein Jahr zuvor selbst aufgelöst. Gonçalves wurde 1935 verhaftet und in ein Konzentrationslager auf den Kapverdischen Inseln geworfen, wo er 1942 nach schweren Mißhandlungen starb.

Es begann die Ära Cunhal, die Ära eines ausgesprochen intelligenten, gefürchteten, ja geheimnisumwobenen Parteiführers. Sein Privatleben ist – alten bolschewistischen Traditionen folgend – völlig tabu. Angeblich ist nicht einmal bekannt, ob er verheiratet ist.[304] Cunhal schweißte die Partei mit eiserner Disziplin zusammen und machte sie „zur stärksten und militantesten Kraft des Widerstands."[305] Sobald sich aber herausstellte, daß die Überwindung der Salazar-Diktatur auf offenem Wege nicht möglich war, wechselte er die Taktik. Auf dem 3. Parteitag 1943 wurde die Bildung einer „2. Front" beschlossen, derzufolge in Anlehnung an die Dimitroffsche Volksfronttaktik der gesamte portugiesische Staats- und Verwaltungsapparat mit eigenen Leuten unterwandert, zersetzt und zum Einsturz gebracht werden sollte. Das in diesem Zusammenhang 1945 begründete *Movimento de União Democratica* (MUD, „Bewegung der Demokratischen Einheit") mußte zur Parlamentswahl Ende des Jahres zugelassen werden, weil die Kapitulation des nationalsozialistischen Deutschland auch für die Rechtsdiktatur des *Estado Novo* eine enorme Schwächung bedeutete. Als das *Movimento* die Wahl klar zugunsten der *Nationalen Volksaktion* Salazars verlor, wechselte Cunhal erneut die Taktik. Der 4. Parteitag der PCP 1946 beschloß, mit der Strategie des „nationalen bewaffneten Aufstandes" zunächst die Bildung einer provisorischen Allparteienregierung herbeizuführen, die ihrerseits die Wahl einer verfassunggebenden Versammlung vorbereiten und anberaumen sollte. Natürlich bestand das eigentliche Ziel darin, in dieser alle anderen Parteien zu majorisieren und die portugiesische Gesellschaftsordnung im marxistisch-leninistischen Sinne zu transformieren. Bis auf dieses (entscheidende) letzte konnte die PCP in der Nelkenrevolution 28 Jahre später alle anderen Ziele realisieren.

Den von 1949 bis 1960 reichenden Zeitraum verbrachte Cunhal im Gefängnis, hiervon acht Jahre in strengster Einzelhaft. Schlagartig ging der Einfluß der PCP bzw. des von ihr gesteuerten Wahlbündnisses MUD zurück. 1958, bei der letzten direkten Präsidentschaftswahl, konnte nicht der MUD-Kandidat Vicento, sondern der parteilose General Delgado, der für den Fall seiner Wahl zum Präsidenten die Entlassung des autokratisch regierenden Ministerpräsidenten Salazar versprochen hatte, das erhebliche Stimmenpotential von 23,5% für sich verbuchen. Als die PCP in vollständiger Verkennung der Tatsachen Delgado dann noch wegen seines Amtes als Sonderbotschafter in den Vereinigten Staaten „General Coca-Cola" nannte, sank ihr Einfluß fast auf den Nullpunkt. USA und Sowjetunion wirkten durch die ideologische Brille wie Schwarz und Weiß, wie das Reich des Bösen und das Reich des Guten. An dieser Wahrnehmungsverengung hatte und hat sich bis heute nichts geändert.

Erst mit der Befreiung Cunhals aus dem Gefängnis am 13. Januar 1960 durch die Hand der eigenen Genossen begann der Wiederaufstieg der Partei. Cunhal tauchte sofort in den Untergrund ab. 1961 wurde er offiziell zum Generalsekretär gewählt. Im selben Jahr begann die Emigration fast der gesamten Führungsebene der Partei ins Ausland. Cunhal selbst dürfte sich von 1963 an im Exil befunden haben, vor allem in Moskau und - zusammen mit den spanischen Genossen - in Prag. Dort, wo die KPS ihr eurokommunistisches Damaskus erlebte, bewirkte auch die Konfrontation mit sowjetischer Brachialgewalt bei der PCP keinen Gesinnungswandel. Candida Ventura, ein ehemaliges Mitglied des PCP-Zentralkomitees, berichtet allerdings, wie der Prager Frühling auch in den Reihen der dortigen Exil-Kommunisten Zustimmung und Zuspruch fand, daß diese Tendenzen vom PCP-Vorsitzenden aber radikal ausgemerzt wurden.[306] Von beinahe weltgeschichtlicher Bedeutung wurde die Tatsache, daß das Dokument, mit dem die Sowjetunion den Einmarsch der Warschauer-Pakt-Staaten in die Tschechoslowakei zu legitimieren versuchte, auch den Handzug von Alvaro Cunhal trägt. Portugal und die portugiesische KP erlangten für die Sowjetunion als Sprungbrett zu den afrikanischen Befreiungsbewegungen in Angola, Rhodesien und Moçambique nun eine zunehmende Bedeutung.

Das auf dem 6. Parteitag 1965 verabschiedete Programm sah den Austritt des iberischen Staates aus der NATO vor. Die tatsächliche Haltung der PCP in dieser essentiellen Frage aber sah anders und äußerst widersprüchlich aus. So wies man während der Nelkenrevolution auf das Beispiel Kuba hin, wo es ebenfalls möglich sei, daß Stützpunkte der westlichen Verteidigungsgemeinschaften in einem kommunistisch regierten Staat fortbestehen könnten, andererseits beeilte man sich aber, auf den Programmpunkt von 1965 zu verweisen, als die spanische KP Anfang der 80er Jahre den Vorwurf erhob, die portugiesischen hätten nun genauso wie die italienischen Genossen die NATO akzeptiert. Ähnlich widersprüchlich gestaltete sich ihre Rechtfertigung der diplomatischen Beziehungen zwischen dem Salazar-Regime und der Sowjetunion, deren Aufnahme mit dem Spanien Francos Carrillo an die Adresse Moskaus gerichtet scharf kritisierte: der Kreml ordne hier die Interessen des proletarischen Kampfes dem staatlichen Eigeninteresse unter. Cunhal hingegen verstieg sich zu der schizophrenen Argumentation, Beziehungen mit dem Mutterland des Sozialismus dienten eo ipso auch den antifaschistischen Kräften im eigenen Lande.[307]

Die Wahlen des Jahres 1969 nach dem Ableben Salazars waren praktisch die ersten frei durchgeführten seit dem Ende der Ersten Republik. Die Chance für die Linke, auf legalem und friedlichem Wege an die Macht zu gelangen, war zum Greifen nah. In diesem Sinne vereinbarten alle Oppositionskräfte auf dem „II. Republikanischen Kongreß von Aveiro" ein gemeinsames Vorgehen. Dieses wurde dadurch zerstört, daß das *Comissão Eleitoral da União Democrática* (CEUD, „Wählervereinigung der Demokratischen Einheit") und das *Comissão Democrática Eleitoral* (CDE, „Demokratische Wählervereinigung), das sozialistische und kommunistische Wahlbündnis, sich nicht auf eine einheitliche Wahltaktik verständigen konnten, insbesondere bei der Aufstellung von Kandidaten und Listen. Dadurch hatte man sich den durchaus gangbaren Weg zur Übernahme der Regierung selbst verbaut. Das Verhalten der PCP wirkte wie ein Wetterleuchten für das, was sich während und nach der Nelkenrevolution abspielen sollte: entweder allein an die Macht oder gar nicht. Caetano indes konnte nunmehr darauf verweisen, mit den demokratischen Weihen des portugiesischen Volkes in die Fußstapfen seines Vorgängers zu treten, was ihn nicht daran hinderte, die Repressionspolitik Salazars in nur unmerklich modifizierter Form fortzuführen.

Tatsächlich hatten sich die Funktionsfähigkeit von Wirtschaft, Verwaltung und Gesellschaft sowie die Lebensbedingungen für den einfachen Menschen auf dem Lande im atlantisch-mediterranen Randstaat der Iberischen Halbinsel seit Jahrzehnten kaum mehr verbessert. Der sprichwörtliche Witz „In der Bank von Portugal hat man Gold gefunden, es war der Ehering einer Reinmachefrau" war bezeichnend für den Zustand eines Landes, das zu den ärmsten in Europa gehörte. In der Industrie dominierte eine Gruppe von Holdings, die die Preise untereinander absprachen und die Löhne diktierten, in der Landwirtschaft hatte sich praktisch seit der Jahrhundertwende an dem krassen Mißverhältnis zwischen Großgrundbesitzern und Tagelöhnern nichts mehr geändert, und in der Verwaltung gehörten Bestechung und Korruption zur gängigen Praxis. Die Geheimpolizei PIDE fungierte gewissermaßen als verlängerter Arm der Regierung. In den letzten zehn Jahren vor der Nelkenrevolution hatten, zuerst klammheimlich, dann unter Caetano legal, von den weniger als zehn Millionen Portugiesen anderthalb Millionen das Land verlassen. Gerade unter den jüngeren war das „Schamgefühl darüber, Portugiese zu sein und einem derartig ‚unzeitgemäßen' Land und Regime anzugehören", ungemein weit verbreitet.[308] Die gesamtgesellschaftliche Situation am Anfang der 70er Jahre war kalamitär und trieb, je mehr sich die Erstarrung auf allen Ebenen zeigte, unausweichlich einer politischen und sozialen Lösung - in welcher Form auch immer - zu.

Die PCP hatte sich nach der Wahlniederlage von 1969 vorwiegend auf die Arbeit und Agitation im außerparlamentarischen Raum konzentriert. Sie verstärkte ihre Präsenz in der Intersindical-Gewerkschaftsorganisation, sie infiltrierte in der Armee vor allem die unteren Offiziersränge mit ihren Leuten (was nicht unerheblich zu der sich Ende 1973 formierenden „Bewegung der Streitkräfte" beitrug), und sie scheute auch nicht davor zurück, mit der *Acçâo Revolucionária Armada* (ARA, „Revolutionäre Bewaffnete Aktion") eine paramilitärische Terrororganisation aufzubauen, deren Anschläge im ganzen Land gefürchtet waren.

Am 19. April 1973 war unter entscheidender Mitwirkung der westdeutschen SPD der Partido Socialista (PS, Sozialistische Partei) in Bad Münstereifel in der Bundesrepublik Deutschland gegründet worden. Sie war aus der CEUD hervorgegangen. Noch im gleichen Jahr trafen PS und PCP in Paris ein Abkommen, das auf die Bildung einer gemeinsamen Volksfront hinauslief. Es war die Zeit, in der Europa und die ganze Welt dem Schicksal Salvador Allendes und der *Unidad Popular* in Chile nachhingen, was die Neigung zu volksfrontartigen Bündnissen eher bestärken mußte. Nicht zum ersten Mal in der Weltgeschichte war es ein Buch (General Spinolas „Portugal und die Zukunft"), das den weiteren Verlauf der Ereignisse entscheidend mitbestimmte. Am 25. April 1974 wurde der *Estado Novo* Caetanos durch den nicht zu Unrecht als „Revolution" verstandenen Militärputsch des *Movimento das Forças Armadas* (MFA, „Bewegung der Streitkräfte") gestürzt. Um ihre Verbundenheit mit dem Volk zu demonstrieren, gegen die sich ihre Waffen nicht richten würden, hatten die Soldaten Blumen, zumeist Nelken, in ihre Gewehrläufe gesteckt - womit der Name der nun folgenden portugiesischen Revolution geboren war. Als in den frühen Morgenstunden des Tages der katholische Sender *Radio Renascena* das zuvor jahrelang verbotene Lied *Grandola vila morena*, das melancholisch das dunkle, kleine Landarbeiterstädtchen Grandola im Alentejo besingt, durch den Äther klingen ließ, wußten die Eingeweihten in den Kasernen, daß nun das Signal zum Losschlagen gegeben war. *Grandola vila morena* wurde zur Hymne der Nelkenrevolution.

Die Armee war es gewesen, die 1926 die Erste Republik zu Grabe getragen und Salazar den Weg bereitet hatte, und die Armee war es wiederum, die Caetano stürzte und eine demokratisch-pluralistische Entwicklung einleitete. Aber war das wirklich ihr Ziel? „Die Revolution stellte nicht nur das Verhältnis Europas zu Portugal auf eine harte Probe, sondern im Verlauf der revolutionären Bewegung selbst war die Frage einige Zeit heftig umstritten, ob überhaupt die Bindungen zu Europa aufrechterhalten werden sollten."[309] Inwieweit das MFA marxistisch orientiert war und, mehr noch, inwieweit es personelle Verflechtungen mit der PCP gab, kann als die zentrale Frage des 25. April gelten.

Cunhal immerhin war am Tag X nicht in Portugal, was nicht auf eine intime Kenntnis der Dinge schließen läßt. Er entstieg erst sechs Tage später einem aus Moskau kommenden Flugzeug und versuchte sofort, sich auf dem Rücken der Streitkräfte an die Macht tragen zu lassen. „Ich begrüße die Bewegung der Streitkräfte und ihre entscheidende Intervention zur Wiederherstellung der Grundfreiheiten, wie auch die ‚Junta der Nationalen Rettung', die gegenwärtig die Funktionen einer Regierung ausübt ..."[310] Diese Worte, mit denen Cunhal portugiesischen Boden betrat, waren bezeichnend für seine Strategie. In Wirklichkeit tat er in der ersten Revolutionsphase alles, um General Spinola, den Chef der Junta, auszubooten. Mit umsichtiger Entschlossenheit nutzte die PCP die Tatsache, daß sie als einzige Partei über Verbindungen zur Ersten Republik verfügte, ja, daß sie neben der noch im Aufbau befindlichen PS praktisch die einzige Partei Portugals war. Dies alles verschaffte ihr beim Übergang zur

Demokratie einen enormen Startvorteil. „Andererseits trug der im Widerstand geformte Charakter der PKP als streng marxistisch-leninistischer Kampfpartei nach den Anfangserfolgen Ende 1975 entscheidend zur Niederlage ihrer Revolutionsstrategie und zu ihrer darauffolgenden Isolierung bei."[311]

Diese Entwicklung von vornherein nur mit ideologischer Orthodoxie und Borniertheit abtun zu wollen, wird dem eigentlichen Gang der Dinge nicht gerecht. Wer wie die portugiesischen Kommunisten jahrzehntelang in den Gefängnissen gesessen hatte und dort nicht selten gefoltert worden war, in dem mußte schon ein gehöriges Maß an Besessenheit stecken, um ein derartiges Los zu überstehen. Daß sich im Weltkommunismus seit Tito, Chruschtschow und Togliatti einiges verändert hatte, war sicherlich vielen nicht bekannt, als sie sich endlich wieder frei bewegen konnten, und so nimmt es nicht Wunder, daß in Portugal 1974 wahrscheinlich zum letzten Mal der Versuch gemacht worden ist, einen radikalen gesellschaftlichen Umsturz nach dem Muster der Oktoberrevolution von 1917 durchzuführen. In gewisser Weise war die PCP der Nelkenrevolution immer noch die Partei aus der Zeit Dimitroffs und des Spanischen Bürgerkriegs, geprägt durch eine manichäische, Hobbessche Realitätsverarbeitung: entweder der Weg geht weiter in Richtung Sozialismus und Kommunismus oder aber zurück zum Faschismus Caetanos und Salazars.[312]

Schon bald nach dem Aprilumsturz wurde das alte kommunistische Wahlbündnis CDE um den Namenszusatz *Movimento Democrática Português* (MDP, „Portugiesische Demokratische Bewegung") erweitert. Hiermit sollte die Öffnung gegenüber Sozialisten und Linkskatholiken, also der volksfrontartige Charakter zum Ausdruck gebracht und der Pariser Beschluß von 1973 realisiert werden, genau hierüber kam es jedoch später zum Bruch mit der sozialistischen Partei, die im *Movimento* ein Trojanisches Pferd der PCP und damit schließlich auch der Sowjetunion sah. „Hat Leonid Breschnjew in Lissabon seine Hände im Spiel?" Diese Frage wurde 1974/75 nicht nur in Portugal, sondern in der gesamten Weltöffentlichkeit wieder und wieder gestellt.[313] Niemand anderes als der amtierende amerikanische Außenminister Henry Kissinger war es, der Portugal zu diesem Zeitpunkt binnen Jahresfrist kommunistisch oder neutralistisch, auf jeden Fall aber aus dem westlichen Verteidigungsbündnis herausgelöst sah.[314]

Alles in allem und nach dem bisherigen Stand der Kenntnisse erscheint es als zu vordergründig, die Sowjetunion in der Rolle des Drahtziehers zu sehen, die mit ihrer Marionette Alvaro Cunhal und der CDE/MDP-Volksfront die „Bewegung der Streitkräfte" des Generals Spinola unterwandern und die portugiesische Revolution in marxistisch-leninistischem Sinne umwandeln wollte. Mußte der Zustand der enormen „ideologischen Verspätung", in dem sich die „bolschewistische" PCP zweifellos befand, ihr nicht ohnehin genau diesen Weg weisen?

Breschnjew selbst wurde mitten in der Vorbereitungsphase für die KSZE-Konferenz mit der Entwicklung in Portugal konfrontiert. Die Partei Cunhals bedeutete für ihn also nicht nur eine Chance, sondern auch die Gefahr, mühsam gewonnene Glaubwürdigkeit wieder zu verspielen. Der Kremlchef entschied sich deshalb für die bewährte Strategie, die Sowjetunion aus der Schußlinie zu nehmen und an der portugiesischen Revolutionsfront einen Stellvertreter aus dem eigenen Lager agieren zu lassen. Es verstand sich fast von selbst, daß diese Rolle der SED zufiel, die schon 1968 in diese ost-westliche „Betreuungsfunktion" geschlüpft war, als die tschechoslowakischen Genossen unzuverlässig zu werden begannen. Allerdings muß es fraglich bleiben, ob die sozialistische Einheitspartei der DDR ihre Aufgabe im Sinne der KPdSU gelöst hat. „Während die Sowjetunion sich zunächst eher schwankend verhielt und im Zusammenhang mit der Konferenz über Sicherheit und Zusammenarbeit in Europa (KSZE) deutlich zu verstehen gab, daß sie das Spiel in Portugal nicht bis zu einem Punkt überreizen wollte, der das Ende der Entspannung signalisiert hätte, während auch andere Ostblockstaaten wie beispielsweise Polen mäßigend auf die politische Entwicklung in Portugal einzuwirken versuchten und die führenden Exponenten des ‚Eurokommunismus' fürchteten, die Militanz der PCP könne der kommunistischen Bewegung in Westeuropa schweren Schaden zufügen, wurde von seiten der DDR permanent Öl ins Feuer gegossen. In schonungsloser Offenheit schürte Ost-Berlin Konflikte und animierte zur Gewalt."[315] Die DDR überzog Portugal binnen zweier Jahre mit einem dichten Netz städtischer und örtlicher „Freundschaftsgesellschaften", sie baute 1975 den größten Druckereibetrieb mit eigener Vertriebsorganisation in dem iberischen Randstaat auf,[316] und sie ließ zusammen mit orthodoxen Bruderparteien aus Ost und West Gelder fließen, zusammen ca. 45 Millionen Dollar.[317] Alvaro Cunhal brachte noch im Februar 1978 bei einem Besuch in Ost-Berlin seinen Dank für „ganz konkrete Aktionen der Unterstützung für die Kommunisten und die demokratischen Kräfte Portugals, für die portugiesische Revolution"[318] zum Ausdruck. Kaum weniger die Wahrheit traf deshalb auch Jaime Gama, der Abgeordnete der Sozialistischen Partei Portugals, als er 1977 vor dem Europarat schlußfolgerte: „Während der Ostblock die Schlußakte der KSZE aushandelte, hat er in Portugal gegen die elementaren Prinzipien der Nichteinmischung verstoßen ..."[319]

Die politische Strategie der kommunistischen Partei unmittelbar nach dem 25. April 1974 lief darauf hinaus, die im Einvernehmen mit den Offizieren des MFA vorgenommenen gesellschaftlichen Umwandlungen (Verstaatlichungen, Agrarreform) zur Eroberung der eigenen Macht auszunutzen. Cunhal war in der ersten, von der Junta eingesetzten Revolutionsregierung Minister ohne Portefeuille. Er prägte das Schlagwort von der „Volks-MFA", worunter er ein unauflösbares Bündnis zwischen den von seiner Partei repräsentierten „Massen" und den Militärs verstand. Und tatsächlich: ein großer Teil der Offiziere stand dieser Parole bejahend gegenüber, was sich vor allem in dem Moment zeigte, als Otelo de Carvalho am 13. Juli das Oberkommando COPCON über alle in Portugal stehenden Einheiten erhielt (COPCON für „Kommando Portugal Kontinent") und Vasco Gonçalves kurz darauf zum Ministerpräsidenten ernannt wurde - beides gegen den erklärten Willen des Generals Spinola, aber mit der stillschweigenden Billigung von Cunhal, der sich attentistisch zurückhielt und hinter den Kulissen die Fäden zog.

Derjenige, der dies durchschaute, war der amtierende Präsident Spinola, und er bezahlte für diese Erkenntnis mit seiner politischen Existenz. Um einen Linksrutsch in der Bevölkerung zu verhindern, hatte er für den 28. September 1974 eine Großdemonstration mit vorwiegend antikommunistischen Parolen nach Lissabon anberaumt. Portugals „schweigende Mehrheit"[320] sollte endlich sprechen. Die PCP bediente sich der alten Wahlallianz MDP/CDE und kommunistischer Gewerkschafter, um in der Nacht vor dem Ereignis Barrikaden und Sperren auf allen Zufahrtsstraßen zur Hauptstadt zu errichten. Schließlich wurde die (vom Präsidenten ausgehende!) Demonstration sogar verboten. Spinolas wichtigste Anhänger in der „Junta der Nationalen Rettung" sahen sich alsbald ihrer Funktionen beraubt, woraufhin auch dem Präsidenten selbst nur der Rücktritt übrig blieb. Mario Soares' PS hat dies alles - wenn auch sicherlich contre coeur - mit unterstützt. Noch funktionierte die Aktionseinheit zwischen Sozialisten und Kommunisten. Spinola warnte seine Landsleute in einer letzten Fernsehansprache vor dem drohenden Chaos, das die Kommunisten und ihre Gleichgesonnenen bewußt herbeiführen wollten.

Neuer Staatschef wurde Costa Gomes. Er war ein Präsident von Cunhals Gnaden. Der Mann, der Jahrzehnte seines Lebens in portugiesischen Gefängnissen verbracht hatte, befand sich nunmehr auf dem Höhepunkt seiner Macht in Portugal. Die Zahl der PCP-Mitglieder, die Anfang 1974 noch nicht einmal die 10 000 erreicht hatte, vergrößerte sich mit atemberaubender Geschwindigkeit von Tag zu Tag. Binnen zweier Jahre überschritt sie die 100 000-Grenze, und 1979 lag sie bei 165 000. Ende der 80er Jahre soll die PCP, wenn man ihren eigenen Angaben Glauben schenken darf, mit ca. 200 000 Mitgliedern die größte Partei Portugals sein.

Für Ende 1974 berief Cunhal in der Stimmung des absoluten politischen Triumphes den 7. (außerordentlichen) Parteitag ein. In dem neu verabschiedeten Programm wurde von der nationalen Einheit zwischen dem Volk und der „Bewegung der Streitkräfte" als dem „revolutionären Motor" ausgegangen, das Bündnis mit dem linken Flügel der MFA war noch intakt. Wie bei den französischen und italienischen Genossen ließ man die Formel von der „Diktatur des Proletariats" wegen ihrer „negativen Assoziationen" fallen, und sogar von einer Akzeptierung der NATO wie auch der „demokratischen Legalität" im eigenen Lande war die Rede.[321]

Es war die Frage der gewerkschaftlichen Organisation, die das Verhältnis zwischen PCP und PS im gleichen Zeitraum seinem Bruchpunkt zutreiben ließ. Beide Parteien richteten ihr Hauptaugenmerk auf den Gewerkschaftsapparat, weil er „für ihre unterschiedlichen Taktiken und Ziele ... ein innenpolitisches Manövrierfeld gewährte".[322] Von der Intersindical-Gewerkschaft ist bereits eingangs die Rede gewesen. Im Untergrund war sie fast vollständig unter die Kontrolle der Kommunisten geraten, was dadurch erleichtert wurde, daß die Sozialisten mit einer eigenen parteipolitischen Organisation noch gar nicht existierten. In der ersten der sechs kurzlebigen provisorischen Regierungen nach der Nelkenrevolution war die Intersindical mit dem führenden kommunistischen Gewerkschaftsfunktionär Avelino Pacheco Gonçalves als Arbeitsminister vertreten. Unter den Lohnabhängigen genoß die Intersindical ein enormes Ansehen, weil sie in der Ära Salazar/Caetano das einzige Gegengewicht zu den staatlichen Gewerkschaftsführungen darstellte. „Die Intersindical war in den ersten zwei Jahren nach der Revolution ein reines Instrument der PCP. Oft diente sie als die eigentliche Vorhut der Partei, und es gibt kein Beispiel dafür, daß sie je von der Parteilinie abgewichen wäre."[323] Im August 1974 hatten der Intersindical 214 Einzelgewerkschaften angehört, die ca. 1,6 Millionen Arbeitnehmer repräsentierten.

Ende des Jahres war die Frage der Gewerkschaftsgesetzgebung Tagesordnungspunkt der III. Provisorischen Regierung. Vom Beginn der Verhandlungen wurde deutlich, daß die PCP den Vorsprung auf diesem Sektor, ihrer eigentlichen Domäne, gegenüber der PS auf keinen Fall preisgeben, sondern idealiter ausbauen wollte. Ihre Verhandlungsstrategie zielte deshalb darauf ab, die Gewerkschaftseinheit *(unidade)* durch das gesetzliche Monopol *(unicidade)* einer faktisch auf die alleinige Etablierung der Intersindical als Einheitsgewerkschaft hinauslaufenden Gesetzgebung zu verankern. Beide Parteien mobilisierten während der Beratungen ihre Bataillone, indem sie versuchten, das MFA als das eigentlich entscheidende Gremium mit dem Druck der Straße zu beeinflussen. Zwar sprach sich die „Bewegung der Streitkräfte" mit hauchdünner Mehrheit für die *unidade* aus, in der vom 19. auf den 20. Januar 1975 stattfindenden Kabinettssitzung konnten sich Ministerpräsident Gonçalves und Cunhal jedoch nicht mit ihrem Bestreben durchsetzen, allen Einzelgewerkschaften den Beitritt zur Intersindical vorzuschreiben. Das englische System des *closed shop* – Betriebe, in denen ausschließlich Mitglieder der Einheitsgewerkschaft beschäftigt werden – sollte in Portugal keine Nachahmung finden. Das Kabinettsvotum vom Januar „stärkte diejenigen Kräfte in den Einzelgewerkschaften, die zum Widerstand gegen eine von der PCP beherrschte Gewerkschaftszentrale neigten."[324] *Unidade* und *Unicidade* standen damit weiterhin gegeneinander. Es kam nicht von ungefähr, daß die KPI auf der Höhe dieser Ereignisse kundtat, daß „das Konzept einer gesetzlich vorgeschriebenen Einheitsgewerkschaft ... unserer pluralistischen Sichtweise widerspricht".[325] Retrospektivisch gesehen kann es kaum überraschen, daß es die Gewerkschaftsfrage, die Frage der Organisation der arbeitenden Massen war, die sowohl die „Bewegung der Streitkräfte" als auch das Zweckbündnis zwischen Sozialisten und Kommunisten zerbrechen ließ. Es kann außerdem zu den Paradoxien der portugiesischen Revolution gerechnet werden, daß die maoistischen und linkssektiererischen Splitter, die nie ein Mandat oder eine nennenswerte Rolle im politischen Leben erlangten, sich in dieser Phase auf die Seite der PS und nicht der PCP schlugen.

So hing die Frage der endgültigen gewerkschaftlichen Ausformung gewissermaßen in der Luft, als die portugiesische Revolution einen neuen Schub erfuhr. Für den 25. April 1975, ein Jahr nach der Nelkenrevolution, waren die Wahlen zur Verfassunggebenden Versammlung anberaumt. Alvaro Cunhal mochte die Bedeutung dieses Ereignisses noch so sehr herunterspielen und den gesamten Staatsapparat hektisch mit seinen Gesinnungsgenossen durchsetzen (man schätzt für das Frühjahr 1975 mehrere Tausend PCP-Leute in den hohen administrativen Funktionen[326]), irgendwo schien er doch Angst vor dieser Stunde der Wahrheit zu haben und sie durch ein *fait accompli* am liebsten nie schlagen lassen zu wollen. Schon im Oktober 1974, als Staatspräsident Costa Gomes und Mario Soares, Außenminister in der zu dem Zeitpunkt amtierenden Provisorischen Regierung, mit dem US-Präsidenten Ford und dessen Außenminister zusammengetroffen waren, hatte Kissinger den „übermäßigen Einfluß der KP" beklagt und Soares vorgeworfen, daß er „ein Kerenski" sei, vielleicht aufrichtig, aber „naiv".[327]

Obwohl die Hintergründe des Putschversuchs vom 11. März 1975 immer noch im dunkeln liegen, so gilt es doch als wahrscheinlich, daß die gescheiterte Aktion der Offiziere von Tancos, unter denen sich auch General Spinola befand, durch eine lancierte Falschmeldung der Kommunisten ins Rollen gebracht wurde, die sich dann den Gang der Ereignisse zueigen machen wollten.[328] Spinola floh nach dem Mißlingen des Unternehmens aus Portugal. Noch in der gleichen Nacht formierte sich eine Gruppe von MFA-Offizieren als „Revolutionsrat“ und erklärte die bisherige „Junta der Nationalen Rettung“ für abgesetzt. Zu den ersten Maßnahmen des neuen Machtzentrums gehörte die Verstaatlichung der Banken und Versicherungen. Ministerpräsident Vasco Gonçalves trat zwar zurück, bildete aber sofort wieder eine Regierung, die praktisch von Kommunisten beherrscht war. Sollte sich Kissingers Wort bewahrheiten? Das neue, radikalisierte MFA und die PCP entfalteten jedenfalls eine fiebrige revolutionäre Betriebsamkeit auf allen Ebenen in Wirtschaft, Staat und Gesellschaft, je näher die April-Wahlen rückten. Über 3 000 Führungspersonen aus Politik und Verwaltung wurden verhaftet, wobei die PS keineswegs verschont wurde. Mario Soares sprach auf diesen Zeitraum und die portugiesischen Kommunisten bezogen von der „Angst vor der Demokratie ... Sie leben in einem Zustand permanenter Verschwörungen, um die absolute Macht zu erreichen, bereiten ‚coup über coup‘ vor, in allen Richtungen: Gewerkschaften, Zeitungen, Ministerien und in der Armee. Der Wille des portugiesischen Volkes war ihnen unwichtig ...“[329] Die Parteien mußten dem „Revolutionsrat“ zusichern, daß die eigentliche politische Macht in den nächsten fünf Jahren, also bis 1980, bei der „Bewegung der Streitkräfte“ liegen werde. Das MFA sollte bis zur Wahl eines Parlamentes das Recht haben, bei der Wahl des Staatspräsidenten sowie der Minister für Verteidigung, Inneres und Wirtschaftsplanung mitzuwirken und mitzubestimmen. Außerdem beanspruchte es die Gesetzgebungskompetenz in maßgeblichen und sensiblen Bereichen. Alles in allem lag hier der Versuch vor, einer Wahl, der man irgendwie doch mit einem mulmigen Gefühl entgegensah, durch präventive Sicherungen ihre befürchtete entrevolutionierende Wirkung zu nehmen. PCP und MDP/CDE erklärten sich deshalb auch sofort mit den diktierten Bedingungen einverstanden, während die PS und die bürgerlichen Parteien nur dem Zwang folgend unterschrieben, weil nur so eine Befragung des Wählers möglich war.

Der programmgemäß ein Jahr nach der Nelkenrevolution ablaufende Urnengang wurde zum Desaster für die Kommunisten und das ihnen nahestehende Bündnis MDP/CDE, die 12,5% bzw. 4,1%

der Stimmen erreichten. Die bürgerlichen Parteien dagegen brachten es auf zusammen 34%. Der eigentlich dominierende Gewinner indes war die sozialistische Partei mit 38%. Es war nunmehr klar, daß sie im Kräfteparallelogramm der Verfassunggebenden Versammlung der entscheidende Faktor sein würde. Binnen weniger Monate war es Mario Soares gelungen, mit dem Kampfruf „Sozialismus ja, Diktatur nein“ die Stimmung im ganzen Lande umzudrehen. An einer Volksdemokratie nach osteuropäischem Vorbild war selbst den Armen im Alentejo nicht gelegen. Ohne Zweifel: die PS wurde als Bollwerk gegen den „Stalinismus“ empfunden. Die PCP mochte es noch so sehr verurteilen, den „elektoralen Prozeß“ zum alleinverbindlichen Entscheidungsmaßstab für Portugals Zukunft zu machen, und das MFA mochte noch so sehr aus den Wahlresultaten herauslesen, daß das portugiesische Volk „massiv für den Sozialismus (und) ... für das revolutionäre Projekt“[330] gestimmt habe, die Wahlen zur Konstituante hatten zweifelsfrei ergeben, daß die überwältigende Mehrheit der Portugiesen der kommunistischen Politik nicht folgen wollte. Wiederum war es Mario Soares, der die Situation blitzschnell erfaßte und mit der Parole „Das Volk ist nicht mit dem MFA“ den Wahlausgang in den eigenen Vorteil ummünzte. Die revolutionäre Legitimität von 1974 und die repräsentative Legitimität von 1975 standen ab jetzt gegeneinander.[331] Dies zeigte sich zunächst bei der weiterhin ungeklärten Gewerkschaftsfrage.

Das im Januar 1975 festgelegte Prinzip der Gewerkschaftseinheit, der *unidade*, veranlaßte die sozialistische Partei, eine Strategie auszuarbeiten, die langfristig auf die Gründung einer eigenen Gewerkschaftszentrale hinauslief. Als Ergebnis dieser Bestrebungen entstand 1978 die *União Geral dos Trabalhadores* (UGT, „Generalunion der Arbeiter“). Unmittelbar nach den eindeutigen Wahlen zur Konstituante hatte der „Revolutionsrat“, wohl im Bewußtsein seiner schwindenden Macht, die Intersindical doch noch zum einzigen Dachverband der Gewerkschaften erklärt und damit das Prinzip der *unicidade* verwirklicht. Allerdings hatte das MFA - insofern den Kommunisten nicht völlig hörig - mit diesem Votum die Erwartung verbunden, daß die Intersindical sich in ihrem inneren Aufbau demokratisieren würde. Je mehr dies ausblieb, um so schneller zerfiel das Vertrauensverhältnis zwischen MFA und PCP. Der erste legale

Kongreß der Intersindical vom Juli 1975 wurde ohne vorherige Aussprache über die Grundsätze und Ziele der Gewerkschaftsarbeit und oft auch ohne Wahlen in den seit dem *Unicidade*-Beschluß untergeordneten Einzelgewerkschaften einberufen. Nur zu deutlich wurde damit, daß erst der Ausgang der portugiesischen Revolution auch in dieser Hinsicht endgültige Klarheit schaffen würde.

Diese trieb im Sommer und Herbst 1975 ihrem eigentlichen Siedepunkt zu. Schon am 1. Mai war es zu ersten schweren Zusammenstößen zwischen Sozialisten und Kommunisten gekommen. *Avante*, das Parteiorgan der PCP, hatte den Wahlsieg der PS tags zuvor praktisch als null und nichtig abgetan. Statt dessen wurden die einflußreichen Beziehungen zur Armeeführung, insbesondere zu COPCON betont. Tatsächlich verabschiedete das MFA am 8. Juli einen „Leitfaden für das Bündnis Volk - MFA", in dem die „Schaffung eines neuen Staatsapparats auf Volksbasis" angestrebt wurde, der sich seinerseits auf Organisationsebenen der direkten Demokratie aufbauen sollte.[332] Etwa zur gleichen Zeit ließ Cunhal in einem Gespräch mit der italienischen Interviewkünstlerin Oriana Fallaci die Maske fallen und fuhr sie kurz, aber eindeutig an: „Sie haben sehr richtig verstanden. Ich verspreche Ihnen, daß es in Portugal kein Parlament (im westlichen Sinne) geben wird."[333] Kein Zweifel: Der Beschluß vom 8. Juli beinhaltete den „Weisungsplan"[334] zum Aufbau einer Rätedemokratie. Von nun an ging es Schlag auf Schlag. „Folterungen, Bespitzelungen, Denunziationen und gewaltsame Besetzungen nahmen kurzzeitig ein in Portugal zuvor nie gekanntes Ausmaß an, wofür der Volksmund den Begriff des ‚Terror Gonçalvista' ... prägte."[335] Cunhal ging auf dem Höhepunkt der Ereignisse sogar so weit, die Auflösung der Verfassunggebenden Versammlung zu fordern.

Am 13. Juli brannte in einer kleinen Ortschaft nördlich von Lissabon das erste kommunistische Parteibüro. Sofort setzte eine „Jacquerie" der Verwüstung von über 100 Parteibüros der PCP und der MDP/CDE ein, vor allem in Mittel- und Nordportugal. Mit Sätzen, „die geradezu das Bild eines Kreuzzuges heraufbeschworen", heizte der Erzbischof von Braga „die bereits gespannte Atmosphäre ... bis zum Siedepunkt an"[336] - am nächsten Morgen brannten die nächsten Parteizentralen. Als die (erwarteten) Hilfeleistungen und Gegenmaßnahmen durch das Militär ausblieben, verstieg sich Cunhal zu der prophetisch anmaßenden wie historisch aufgeladenen Warnung: „Es besteht große Ähnlichkeit zwischen der Situation in Deutschland, als sich der Nazismus festsetzte, und der jetzigen in Portugal. In Deutschland war es der Antisemitismus, der die niedrigsten Empfindungen des Volkes ausbeutete. Hier ist es der Antikommunismus ...“[337] Mehr und mehr in die Isolierung geratend, besann die PCP sich auf ihren alten Trick mit den Barrikaden, um die Menschen gerade von den Massenversammlungen der PS in den Städten abzuhalten. „Doch die Zeiten hatten sich geändert.“[338] Mario Soares forderte den Präsidenten auf, die Barrikaden einreißen zu lassen, und tatsächlich wandte sich das COPCON wenig später gegen die Hindernisse auf den nach Lissabon führenden Hauptverkehrsstraßen. Am 10. August verließen die Sozialisten die V. Provisorische Regierung und zwangen die Militärs damit zur eindeutigen Standortwahl.

Schon für den 25. Juli hatte die „Bewegung der Streitkräfte“ eine außerordentliche Versammlung anberaumt, auf der dieses Problem zum Austrag kommen sollte. Auf der Zusammenkunft hieß es dann, die PS müsse „eine revolutionäre Partei“ werden, die nicht „alles vermittels Wahlen und Parlamentarismus“ erreichen wolle. Die PCP andererseits sei zwar „eine für die Revolution notwendige Partei“, das MFA dürfe aber „niemals zulassen, daß wir dem Eindruck zum Opfer fallen, MFA gleich PCP, weil an dem Tage, an dem dies die Meinung der Mehrheit des portugiesischen Volkes ist, wir die Revolution verlieren“.[339] Somit kann von einer ideologischen Deckungsgleichheit zwischen den Kommunisten, den Militärs, dem Revolutionsrat und den Repräsentanten der Regierung nicht die Rede sein. Die Avantgarde-Vorstellungen von Ministerpräsident Gonçalves, die von sich ständig erweiternden, die fortschrittlichen Parteien, die Gewerkschaften, das MFA und die Intellektuellen umfassenden Bevölkerungskreisen ausgingen, waren mit Fug und Recht gramscianisch (und nicht leninistisch) zu nennen, wohingegen der COPCON-Kommandant Otelo de Carvalho mit seinem „poder popular“-Konzept eindeutig rätedemokratischen Modellen nachhing. (Er zählte Fidel Castro zu seinen Vorbildern und wurde 1987 als „strategischer Kopf“ von terroristischen Aktionen gegen Unternehmer und Polizisten während der Nelkenrevolution zu fünfzehn Jahren Gefängnis verurteilt.) Staatspräsident Costa Gomes schließlich befürwortete gesellschaftliche Transformationen nur, insoweit sie nicht den Besitzstand der bäuerlichen und kleinstädtischen Mittelschichten berührten. Eben diese unterschiedlichen Vorstellungen von Portugals gesellschaftlicher Zukunft waren es, die schließlich nicht nur das machtpolitisch bedeutsame Einvernehmen zwischen MFA und PCP zerstörten, sondern die auch innerhalb des MFA zu derart gegensätzlichen Fraktionsbildungen führten, daß sich die Streitkräftebewegung selbst aus dem weiteren Gang der Ereignisse herausdividierte.

Aber so weit war es einstweilen noch nicht. Noch stand die Gefahr des portugiesischen Abdriftens vom NATO- ins sowjetisch beherrschte Lager auf der weltpolitischen Tagesordnung ganz oben an, und die Vereinigten Staaten verhielten sich entsprechend. Völlig richtig machten sie die sozialistische Partei als das entscheidende Zwischenglied aus, das es in ihrem Sinne zu beeinflussen galt. Als Kontaktschiene, wahrscheinlich auch als Geldbriefträger diente die westdeutsche SPD, die 1973 maßgeblich bei der Gründung der Soares-Partei auf deutschem Boden mitgewirkt hatte. Die Sorge um Portugal jedenfalls war es, die Horst Ehmke im Sommer 1975 ins U.S. State Department führte. Insgesamt sind, natürlich auch über die CIA, ca. 45 Millionen Dollar in den iberischen Randstaat eingeschleust worden, was den aus dem Ostblock an die PCP gegebenen Geldern entspricht.[340] Interessanterweise waren es aber nicht nur die Vereinigten Staaten und die SPD, die sich um Portugals Verbleiben im Westen bemühten, sondern auch die italienischen Eurokommunisten unter Enrico Berlinguer. Auf dem Höhepunkt der gewalttätigen Ausschreitungen urteilte das KPI-Organ *Unità*, daß aufgrund der „politischen und geographischen Lage“ des Landes, „seiner Handelsbeziehungen, des internationalen Gesamtbildes, in das es eingefügt ist, und der Verbindung seiner Politiker zu denen anderer Länder (es) keinen Zweifel geben (könne), daß die Perspektiven Portugals im Zusammenhang mit Westeuropa gesehen werden“ müßten.[341] Santiago Carrillo ging sogar so weit, am Parteitag der PS und nicht an dem der PCP teilzunehmen. Cunhals kategorische Verwerfung des Eurokommunismus trug hier ihre ersten Früchte. Für ihn hatte es keine „rechtsopportunistischen“ Abweichungen vom Modell des Marxismus-Leninismus zu geben, gerade was die politische Praxis anging, mit der er in jenen Tagen konfrontiert war.

Für einige Tage im August sah es wohl so aus, als würde die PCP eine „Machtergreifung“ im Stile eines „Sturms auf das Winter-Palais“ versuchen. Aber die unübersehbaren Machtverschiebungen innerhalb der „Bewegung der Streitkräfte“ ließen ein derartiges Vorgehen von vornherein als aussichtslos erscheinen. Vielmehr riefen die „Gemäßigten“ innerhalb des MFA eine Offiziersversammlung vom 2. bis 5. September nach Tancos ein, auf der Ministerpräsident Gonçalves zum Rücktritt gezwungen wurde. Damit hatte die PCP ihren eigentlichen verlängerten Arm in der Regierung verloren. Die VI. (und letzte) Provisorische Regierung unter Ministerpräsident Admiral Azevedo amtierte, bis die neue Verfassung am 2. April 1976 verabschiedet wurde und die Parlaments- bzw. Präsidentschaftswahlen am 25. April bzw. am 27. Juni 1976 stattgefunden hatten. Sie umfaßte drei sozialistische und zwei bürgerliche, jedoch nur noch einen kommunistischen Minister, womit den Wahlresultaten zur Konstituante Rechnung getragen wurde. Cunhal selbst zeigte sich unfähig zur Verarbeitung derartiger Signale. In „erstaunlicher Konfusion“ (Poulantzas) bekundete er mehrfach, daß ihm die Gefahr einer neuerlichen Rechtsdiktatur weniger Sorgen bereitete als die sich abzeichnende Installation der bürgerlichen Demokratie. Noch im Oktober hieß es aus seinem Munde: „Die portugiesische Revolution kann nicht in den Lösungen der Sozialdemokratie Raum finden. Das revolutionäre Portugal von heute muß die Gefahren der Gegenrevolution besiegen; es kann sich nicht in ein bürgerlich-demokratisches Regime verwandeln, in ein parlamentarisches Regime, das die politische und wirtschaftliche Macht des Monopolkapitals deckt und das dem ausländischen Imperialismus und den großen Landbesitzern nahesteht.“[342]

Am 12. November umzingelten von der Intersindical angestiftete Bauarbeiter das Parlament und nahmen den Ministerpräsidenten, das Kabinett und die Konstituante gefangen. Aber obwohl viele nun die Tage des „roten Portugal“ gekommen sahen, zeigte sich sehr schnell, daß diese Gruppen ihre Kräfte überreizt hatten. Schon seit August war eine Interventionstruppe unter Major Eanes auf ihren Einsatz vorbereitet worden. Sie nahm die Revolutionäre von Lissabon gefangen, ernannte Eanes zum Generalstabschef der Armee und löste COPCON auf. Das eigentlich Neue an all diesem war, daß damit erstmals außerhalb des MFA stehende Armeeteile Einfluß auf den Lauf der Dinge auszuüben begannen – was die PCP automatisch weiter von den Zentren der Macht entfernen mußte. Cunhal selbst war es, der die Zeichen der Zeit sofort erkannte und versuchte, den Gang der Ereignisse mit einem letzten Gewaltakt herumzuwerfen.

Der fehlgeschlagene Putsch vom 25. November 1975, den linke Armeekräfte in direktem Einvernehmen mit der PCP inszenierten, wurde zum eigentlichen Wendepunkt, zum „Thermidor“ der portugiesischen Revolution. „Ob die Entscheidung, am 25. November alles auf eine Karte zu setzen, mit auf Anraten Ost-Berlins erfolgte, wofür manches spricht, läßt sich anhand von Quellen nicht belegen.“[343] Trotzdem stimmt es nachdenklich, daß SED-Spitzenfunktionäre die letzten Gesprächspartner waren, die Cunhal vor dem 25. November konsultierte.[344] Noch im Dezember 1974 hatte der PCP-Vorsitzende im DDR-Fernsehen erklärt, daß es schwer sein würde, den „Sieg“ zu erreichen – nun war er ganz und gar in unerreichbare Ferne gerückt. Letztlich bewirkte die Armee-Revolte genau das Gegenteil ihrer ursprünglichen Intention: Die Kommunisten gerieten immer weiter in die Isolierung. Nun rächte es sich bitter, daß sie in ihrer ideologischen Fixierung dem Irrglauben verhaftet waren, zur Eroberung der nur ihnen zustehenden politischen Macht immer neue Bündnisse einzugehen: Bis zum April 1975 marschierten sie Seit' an Seit' mit den Sozialisten, danach sahen sie bis zum Juli in der „Bewegung der Streitkräfte“ den eigentlichen „revolutionären Motor“, anschließend lehnten sie sich an bedeutungslose marxistische Splittergruppen an, um nach dem November – gezwungenermaßen – wieder im Volksfrontbündnis mit der PS die Zukunftsformel zu entdecken. Das Ergebnis all dieser Schwenkmanöver bestand darin, daß sich seit 1975 ein ständig breiter werdender Graben zwischen den Kommunisten und den übrigen Parteien bildete. Daran änderte auch die Tatsache nichts, daß die PCP zu den Mitunterzeichnern der am 25. April 1976 in Kraft getretenen portugiesischen Verfassung gehörte. Cunhal glaubte ihr zustimmen zu können, weil in ihrer Präambel der Aufbau des Sozialismus als gesellschaftspolitische Zielprojektion festgeschrieben war. Aber schon die Einzelbestimmungen des Verfassungswerks zeigten, daß es ein Trugschluß war, diese globale Vorgabe mit marxistisch-leninistischem Inhalt füllen zu können. Dies wird in den Abschnitten, die sich mit der zukünftigen Gestaltung und Organisation des Gewerkschaftswesens beschäftigen, besonders deutlich. Sie tragen die Handschrift der Sozialisten, der in der Konstituante eigentlich dominierenden Partei.

Zwar wird in der Verfassung von 1976 das Streikrecht garantiert und die Aussperrung verboten, entscheidend ist aber, daß sie die Koalitionsfreiheit wiederherstellt und das *unicidade*-Prinzip abschafft. Der Gründung von mehreren Gewerkschaftsverbänden stand nun nichts mehr im Wege. Natürlich versuchte die *Intersindical*, die sich exakt (und zur Demonstration ihres eigentlichen Anspruchs) *Confederacão Geral dos Trabalhadores Portugueses – Intersindical Nacional* (CGTP-IN) nannte, auch weiterhin, alle Interessenvertretungen der Arbeitnehmer unter ihre Fittiche zu bringen. Ende des Jahres gehörten zu ihr 201 Einzelgewerkschaften mit 1,6 (von insgesamt 3,6) Millionen Mitgliedern. 1983 hießen die entsprechenden offiziellen Zahlen 146 Einzelgewerkschaften mit 1,4 Millionen Mitgliedern, wobei der tatsächliche Mitgliederbestand allerdings knapp unter einer Million anzusiedeln war. Damit hatte die CGTP-IN trotz des Einschnitts von 1976 ihr Ziel erreicht. Zwar waren schon 1979 40% der Intersindical-Gewerkschaften zur sozialistischen Arbeiter-Interessenorganisation UGT übergewechselt, die 1983 gut eine Million Mitglieder für sich reklamierte – in Wirklichkeit dürften es allerdings weniger als die Hälfte gewesen sein. Die Kommunisten kontrollierten weiterhin de facto das portugiesische Gewerkschaftswesen und benutzten dies wieder und wieder als Druckmittel gegen Mario Soares und die sozialistische Partei, die von nun an auf der parlamentarischen Bühne den Ton anzugeben begann.

An dem Tag, an dem die Verfassung in Kraft trat, fanden die ersten allgemeinen Parlamentswahlen nach der Wiederherstellung der Demokratie statt. Die PS verlor drei und fiel auf 35%, blieb aber mit Abstand stärkste politische Kraft (107 Mandate). Die bürgerlichen Parteien brachten es zusammen auf nur acht Sitze mehr (115). Die 14,5% für die Kommunisten bedeuteten zwei Prozent Gewinn und Verlust zugleich: da die MDP/CDE diesmal nicht antrat, gewann die

PCP allein zwei Prozent, insgesamt bedeuteten sie jedoch einen Verlust in gleicher Höhe gegenüber den 16,5%, die das Wahlbündnis ein Jahr zuvor erzielt hatte. Immerhin erreichte sie mit 40 Sitzen fünf mehr als zusammen mit der MDP/CDE in der Verfassunggebenden Versammlung. Trotz dieses respektablen Ergebnisses blieb Cunhals Partei vor den Toren der Macht. Erster „vom Volke gewählter" Ministerpräsident wurde Mario Soares und, wenig später, erster Staatspräsident im gleichen Sinne Ramalho Eanes - ein Mann, der nicht aus den Kreisen der MFA kam. Obwohl sich nunmehr auch Auflösungstendenzen in der „Bewegung der Streitkräfte" zeigten und obwohl die PCP nun erstmals seit dem Beginn der Revolution keinen direkten Zugang zu den Zentren der Herrschaft besaß, blieb Cunhal in seinem ideologischen Dogmatismus befangen und dachte nicht daran, auch nur einen Millimeter von seinem Moskaukurs abzuweichen. Auf dem 8. Parteitag im November 1976, auf dem er triumphal und ohne Gegenstimme als Generalsekretär bestätigt wurde, verdammte er jede eurokommunistische Regung in Grund und Boden, wenngleich er sich auch hütete, die Erscheinung selbst bei ihrem Namen zu nennen.

Als die Minderheitsregierung Soares im Herbst des darauffolgenden Jahres ins Schlingern kam, weil ihr die bürgerlichen Parteien die Unterstützung versagten, suchte die PS nolens volens die Wiederannäherung an die Kommunisten. Aber zur Neuauflage des volksfrontartigen Bündnisses aus den Urzeiten der Nelkenrevolution kam es nicht, weil die Haltung der PCP insbesondere in Fragen der Landreform und der Unternehmensenteignungen intransigent blieb: Beides sei ohne jede Entschädigungszahlung zu forcieren. Weil Soares gleichzeitig mit dem Internationalen Währungsfonds wegen dringend benötigter Anleihen verhandelte, konnte er auf diese Bedingungen nicht eingehen. In den Parlamentswahlkampf des Jahres 1979 zogen beide Parteien wieder als Erzfeinde. Die eigentliche Überraschung war, daß Enrico Berlinguer den portugiesischen Genossen intensive Wahlhilfe leistete. Interessanterweise hatte aber schon das ZK-Mitglied Teixeira auf dem kurz zuvor abgehaltenen 9. Parteitag der PCP Kritik an Stalin geübt, ein für portugiesische Verhältnisse immer noch unerhörter Vorgang. Zur Wahl selbst trat die Partei wieder mit einem Bündnis an, und zwar der *Aliança Povo*

Unido (APU, „Allianz Vereintes Volk"), in dem unter anderem die alte MDP aufgegangen war. Sie erreichte fast 19% der Stimmen, während die PS auf 28% fiel. Die Regierung stellten als eigentliche Sieger die bürgerlichen Parteien.

Langsam gerieten die hektischen Tage der Nelkenrevolution in Vergessenheit, und Portugal „gewöhnte" sich an die Demokratie. Durch die zunehmende Verlagerung der Entscheidungsbefugnisse zum Präsidenten und zum Parlament waren die „Bewegung der Streitkräfte" und der Revolutionsrat, die Machtzentren von einst, zum Schatten ihrer selbst geworden. Ihr tatsächliches Gewicht stimmte längst nicht mehr mit dem Stellenwert überein, der ihnen noch in der Verfassung von 1976 eingeräumt worden war. Eine Neufassung war dringend vonnöten. Die PCP mochte noch so sehr versuchen, dem Revolutionsrat die Existenz zu bewahren, indem sie argumentierte, er legitimiere doch nur „militärische Eingriffe in politische Vorgänge, die sowieso stattfinden"[345], mit der Verfassungsnovellierung vom 12. August 1982 wurde der Revolutionsrat endgültig abgeschafft. Diesmal stimmten die Kommunisten dagegen, aber zwischen ihnen und allen anderen Parteien klaffte längst, wahrscheinlich schon seit 1975/76, ein tiefer Graben. Noch im Parlamentswahlkampf 1983 behauptete Cunhal, der Prozeß der Verfassungsrevision sei ein „konterrevolutionärer Prozeß" mit dem Ziel, die Demokratie in Portugal in kurzer Zeit auszumerzen. Der Wahlgang 1983 wurde damit zu nicht geringen Teilen auch zum Referendum über die kurz zuvor beschlossene konstitutionelle Änderung. Das Ergebnis bestätigte zwar die kommunistisch dominierte APU (19,2% bzw. 44 Sitze), es ließ aber auch die Sozialisten mit 36,6% in die Höhe schnellen, während die bürgerlichen Parteien mit zusammen 39,4% der eigentliche Verlierer waren. Sie verfügten nunmehr über nur noch vier Sitze mehr als die PS (105 zu 101). Es überraschte deshalb nicht, daß Mario Soares am 9. Juni 1983 sein Amt als „neuer" portugiesischer Ministerpräsident antrat. Aber das Glück währte nur kurz. Die vorgezogenen Neuwahlen vom Oktober 1985 halbierten nahezu den Mandatsanteil der PS (57), und sie dezimierten auch denjenigen der APU (38 Sitze bzw. 15,4%), während die Rechte mit zusammen 155 Abgeordneten die überwältigende Mehrheit gewann. Die eigentliche Überraschung war die kurz zuvor gegründete linkspopulistisch-nationalistische „Partei der Demokratischen Erneuerung" (PRD) des (noch) amtierenden Präsidenten Eanes, die auf Anhieb 18 Prozent der Stimmen gewann. Cunhal selbst entdeckte in ihr die Chance für „neue soziale und politische Bündnisse". Wer geglaubt hatte, daß der alte Fuchs Soares nun aber seine Asse ausgereizt hatte, sah sich schon 1986, als Ramalho Eanes nach zweimaliger Amtszeit nicht erneut für das Präsidentenamt kandidieren konnte, Lügen gestraft. Der neue Präsidentschaftskandidat hieß - Mario Soares. Wieder einmal und vielleicht zum letztenmal spielte sich das Drama ab, daß Cunhal seinen Leuten empfehlen mußte, als geringeres Übel den im Grunde verhaßten Sozialisten zu wählen. „Deckt mit eurer linken Hand sein Bild auf dem Wahlzettel zu, damit ihr ihn nicht anschauen müßt, aber macht das Kreuz dahinter"[346], mit dieser eingestandenermaßen schizophrenen Kapitulation verhalf der Altstalinist dem „Arbeiterverräter" und Todfeind auf den Präsidentensessel, dem ersten Zivilisten in diesem Amt seit sechzig Jahren. Soares konnte sich im zweiten Wahlgang knapp gegenüber dem konservativen Diego Freitas do Amaral durchsetzen, nachdem der kommunistische Kandidat Zenha im ersten Wahlgang nur - oder immerhin - auf 20,8% gekommen war. Aber so einfach wie gewohnt hatte es Cunhal diesmal nicht. Selten wie kaum zuvor regte sich Widerspruch in den eigenen Reihen, und er mußte eigens einen außerordentlichen Parteitag einberufen, um einen 1984 verabschiedeten Parteitagsbeschluß zu annullieren, in dem alle Mitglieder der PCP expressis verbis verpflichtet worden waren, nie wieder Soares zu wählen. Es erscheint deshalb nicht als übertrieben, wenn man es der eisernen bolschewistischen Disziplin zuschreibt, einmal gefaßte Beschlüsse auch in die Tat umzusetzen, die bewirkt hat, daß Mario Soares nach wie vor *die* dominierende Gestalt der portugiesischen Politik ist. Paradoxerweise leisteten damit gerade die Kommunisten - wahrscheinlich wider Wissen und Willen - einen entscheidenden Beitrag zur Stabilisierung der Republik.

Im Frühjahr 1987 witterten die Linksparteien PS, PRD und PCP ihre Chance, stürzten den amtierenden Ministerpräsidenten Anibal Cavaco Silva der bürgerlichen Minderheitsregierung per Mißtrauensvotum und zwangen diesen für den Juli des gleichen Jahres zur Ausschreibung von Neuwahlen. Sie wurden zum politischen Erdrutsch und zur vielleicht einschneidendsten Zäsur in Portugal seit der Nelkenrevolution. Zum erstenmal seit 1974 konnte eine einzige Partei, nämlich eben jener *Partido Social Democrata* (PSD) des liberalkonservativen Cavaco Silva mit über 50% bzw. 148 der 250 zu vergebenden Mandate die absolute Mehrheit der Sitze erlangen und die alleinige Regierung stellen. Die *Eanistas* der PRD, die mit so viel Vorschußlorbeeren ins Rennen gegangen waren, schrumpften auf ganze 5%, die Sozialisten behaupteten mit über 22% ihre Vormachtposition auf der Linken, und die Kommunisten, die - wohl erstmals in Europa - in der rot-grünen Wahlallianz des *Coligação Democrática Unitária* (CDU) antraten, konnten mit gut 12% (und 31 Abgeordneten) ihre Position als drittstärkste Fraktion im portugiesischen Parlament mit leichten Einbußen halten. Damit war der Tag der *cohabitation* auf portugiesisch gekommen. Ein sozialistischer Präsident amtierte neben einem bürgerlichen Regierungschef.

Unübersehbar war, daß die Mehrheit des Volkes für eine Abkehr der „sozialistischen" Tendenzen der Verfassung von 1976 votiert hatte, und eben hier setzte Cavaco Silva nach der Wahl auch die Hebel an. Die „Gegenrevolution" hatte 1987 in gewisser Weise gewonnen, ohne daß sie die Diktatur vor 1974 in irgendeiner Weise restaurieren wollte. Silva suchte auch sofort nach dem Ausgleich mit der Mehrzahl der übrigen Parteien, weil er wußte, daß er für sein Ziel, den Sozialismus als Staatsziel aus der Verfassung zu streichen und die Vorschriften zu eliminieren, nach 1974 verstaatlichte Unternehmen nicht zu reprivatisieren, die Zweidrittelmehrheit im Parlament benötigte.

Portugal heute und seine kommunistische Partei: Beide bieten trotz der einschneidenden Veränderungen seit dem April 1974 im gesamteuropäischen Maßstab immer noch ein Bild der Rückständigkeit. Eindeutig ist, daß der politischen Demokratisierung keine soziale gefolgt ist. Noch immer übt die PCP im Alentejo die Macht aus, „ohne sich um Lissabon und seine Gesetze zu kümmern, als ob es zwei Portugal gäbe".[347] Die Partei ist immer noch die, die sie zu Zeiten von Salazar war: von einem harten Kern verschwiegener, in der Klandestinität geprägter, russophiler und an die siebzig Jahre alter Männer beherrscht, und eigentlich ist sie immer noch die Sache eines Mannes, Cunhal. Auch wenn auf dem 9. Parteitag 1983 erstmals in namhaftem Umfang Jüngere in die Leitungsorgane berufen wurden (z. B. 48 neue Mitglieder in das 165 zählende ZK), so gibt es keinerlei Anzeichen dafür, daß sein Einfluß abnimmt. Setzt man die Zahl der offiziell reklamierten Mitglieder (200 000) in Relation zur Gesamtbevölkerung, dann ist die PCP nach der italienischen die zweitstärkste kommunistische Partei Westeuropas, ja der westlichen Welt, ein Machtfaktor. Sie ist auf der Basis ihrer ca. 10 000 Zellen streng nach dem Prinzip des demokratischen Zentralismus organisiert. Die Arbeiter bilden mit 57,4% ihrer Mitglieder (Angestellte 20%, Intelligenz 6%, Bauern 2%) nach wie vor ihr eigentliches Rückgrat. Nach der revolutionären Offensive der 70er Jahre scheint die Partei heute primär darauf zu setzen, die Errungenschaften der Nelkenrevolution (Nationalisierungen in der Industrie, Agrarreform) zu behaupten und zu konsolidieren. Diese gilt es zunächst vor der Gefahr einer kapitalistischen oder gar „faschistischen" Rückeroberung zu bewahren.

Portugal drohte in der Mitte der 70er Jahre aus der NATO und dem westlichen Staatensystem auszubrechen und ins östliche Lager abzudriften. In der Tat hat der Westen, allen voran die Vereinigten Staaten von Amerika, dem massiv, auch mit finanziellen Mitteln, entgegengewirkt. Das eigentliche Votum gab aber das portugiesische Volk, das in den ersten eigentlichen Parlamentswahlen 1976 nicht die Kommunisten, sondern die Sozialisten zur stärksten politischen Kraft machte. Soares' bald darauf abgegebener Aufnahmeantrag hinsichtlich der Europäischen Gemeinschaft (der erst knapp zehn Jahre später realisiert wurde) wirkte wegweisend. Ob die Sowjetunion wirklich glaubte, das am Westrand Europas gelegene Portugal dauerhaft in seinen Einflußbereich ziehen zu können, ist darüber hinaus allerdings fraglich und umstritten. In seriösen Interpretationen wird es nicht für unmöglich gehalten, daß Breschnjew seinem verlängerten Arm im iberischen Randstaat die geradezu selbstmörderische, das anfängliche Bündnis mit den Sozialisten zerstörende Alles-oder-Nichts-Strategie aufzwang, um den Entkolonisierungsprozeß in Angola und Moçambique marxistisch-leninistisch zu „gestalten", mit der Einschließung Südafrikas als langfristigem Ziel. In Angola jedenfalls konnte eine kubanische Stellvertreterarmee landen, in Lissabon hätte dies den (Welt-) Krieg bedeutet. „Es kann immerhin als eine mögliche Vermutung gelten, daß die PCP, bewußt oder unbewußt aus dem Hintergrund gelenkt, das Spiel Moskaus getrieben haben könnte, indem sie sich so verhielt, wie es für die Interessen Moskaus in Südafrika am zweckmäßigsten war."[348] Fest steht, daß die Verbindungslinien zwischen den portugiesischen Kommunisten und den Befreiungsbewegungen in den südafrikanischen „Frontstaaten" in keiner Zeit so intensiv waren wie in der Zeit vor, während und nach der Nelkenrevolution. Dies verhalf der Sowjetunion, zunächst unbemerkt von der Weltöffentlichkeit, an entscheidender Stelle zu beträchtlichem Einflußgewinn, während jedermann davon ausging, daß sie durch das - in ihrem Sinne - erfolgreiche Ende des Vietnam-Krieges und den gleichzeitigen Abschluß des KSZE-Prozesses das globale Gleichgewicht und den Status quo nicht noch weiter gefährden wollte. Deshalb mußten die kubanischen, ostdeutschen und portugiesischen Kommunisten als Stellvertreter in einer subtilen Strategie fungieren, durch die man sich im Westen und in der dritten Welt trotzdem weiter nach vorn schob. Aus diesem Grunde leuchtet es auch ein, daß die eurokommunistische Versuchung, von der ihre Bruderparteien in Italien, Spanien und Frankreich zur gleichen Zeit befallen waren, für die PCP kein gangbarer Weg war, so wenig sie ihn darüber hinaus aus ihrer Geschichte und Tradition zu gehen gewillt war.

Das Verhältnis der Cunhal-Partei zum Eurokommunismus ist bis heute gespannt bis feindselig. Dies gilt besonders für die Genossen im Nachbarland. Das eigentlich Erstaunliche hierbei ist, daß sich auf der Iberischen Halbinsel zwei Spielarten des Kommunismus herausgebildet haben, wie sie gegensätzlicher kaum sein können, und denen doch eines gemeinsam ist: Die Rückkehr Spaniens und Portugals zur parlamentarischen Demokratie hat sie isoliert. Die einen konnten sich den neuen Verhältnissen nicht schnell genug anpassen, die anderen wollten bzw. durften es nicht. So stehen sich hier moskauorientierter und reformierter Kommunismus in geradezu idealtypischer Ausformung weiterhin Grenze an Grenze gegenüber und beäugen sich mißtrauisch. Die PCP wirft den Eurokommunisten vor, die kommunistische Weltbewegung faktisch zu spalten, aber damit ist es im iberischen Fall nicht abgetan. Hier stehen sich mit Cunhal und Carrillo zwei ehrgeizige Rivalen in bitterer Erzfeindschaft gegenüber, auch wenn sich der letztere mittlerweile aus dem politischen Geschäft selbst herausmanövriert hat. Doch auch als Gerardo Iglesias, der neue Chef der KPS, im Juli 1983 seinen Antrittsbesuch in Lissabon machte, zeigte Cunhal ihm die kalte Schulter. Respektvoller ist die Beziehung zur mächtigen italienischen KP, obwohl diese während der Nelkenrevolution die Front der an der PCP Kritik übenden Parteien anführte. Nach einer vorübergehenden Annäherung durch den Berlinguer-Besuch 1979 kam es insbesondere aufgrund des krassen Dissenses hinsichtlich der Ausrufung des Ausnahmezustands in Polen aber zum neuerlichen Zerwürfnis. So ist und bleibt die Kommunistische Partei Frankreichs der eigentliche ideologische Partner der PCP in Westeuropa.

Deren Probleme, deren schwere gegenwärtige Identitätskrise hat sie dafür möglicherweise aber auch noch vor sich, zum Beispiel, wenn Portugal dank der (von der PCP heftig bekämpften) Mitgliedschaft in der Europäischen Gemeinschaft und den damit verbundenen massiven Hilfen einmal nicht mehr das Armenhaus Westeuropas sein wird und die geänderten Verhältnisse hinsichtlich des Lebensstandards die Disposition und die Geneigtheit der Bevölkerung für radikale ideologische Lösungen abschwächen. Schon heute haben es die Portugiesen der Partei nicht vergessen, daß, immer wenn die Revolution einen neuen Schub in Richtung Pluralismus und westliche Demokratie machte, sie diesen mithilfe ihrer Verbindungen zur Armee, also durch Putschversuche, wieder rückgängig machen wollte. Seitdem ist sie im konkreten politischen Geschäft isoliert und von der Machtteilhabe ausgeschlossen. Im November 1986 zerbrach schließlich auch das alte Bündnis mit der MDP, wodurch auch die APU-Wahlallianz ihr Leben aushauchte. Die MDP klagte die PCP nicht ganz zu Unrecht an, sektiererisch zu agitieren und eine „hegemonistische Praxis“ zu verfolgen. Mehr und mehr zum Problem wird aber auch der Mann, der die Geschicke der PCP seit über einem halben Jahrhundert lenkt: Alvaro Cunhal. Er steht inzwischen hoch im achten Lebensjahrzehnt. Niemand weiß, was nach ihm kommt. Über Kronprinzen ist nichts bekannt, und für sie ist auch im quasi immer noch stalinistischen Personenkult kein Platz. Solange er noch lebt, ist die PCP das einzige westeuropäische Beispiel dafür, daß hier eine kommunistische Partei den fundamentalen

Widerspruch zwischen national-reformerischer und sowjetischer Orientierung unbewältigt lassen kann, ohne dadurch gleichzeitig den Weg in die Sozialdemokratie oder in die Sekte gehen zu müssen.

18. Griechenland

Unter dem direkten Einfluß der russischen Oktoberrevolution wurde im November 1918 die „Sozialistische Arbeiterpartei Griechenlands" gegründet, die sich schon auf ihrem 2. Parteitag 1920 das Attribut „kommunistisch" hinzufügte und der III. Internationalen beitrat. Mit ca. 1 000 Mitgliedern war die Partei zu dem Zeitpunkt eine Sekte. Griechenland selbst stand noch bis 1924 unter der Herrschaft des Hauses Glücksburg, einer konstitutionellen Monarchie, die im gleichen Jahr nach der Niederlage in Kleinasien (1922) abdankte und der Errichtung der Republik freien Lauf ließ. Erst jetzt, auf ihrem 3. Parteitag, konnte man sich die offizielle Bezeichnung *Kommunistikó Kómma Elládas* (KKE, „Kommunistische Partei Griechenlands") geben. Eine eigentliche sozialistische Partei hat es von da an in Griechenland bis 1974 nicht mehr gegeben. Nikos Zachariádes, "der griechische Thälmann"[349], wandelte die KKE sofort in eine gefügige, voll und ganz bolschewistische Sektion der Komintern um, die zunächst allerdings noch relativ erfolglos blieb. Noch 1930 hatte sie nicht mehr als 1 500 Mitglieder und gerade 10 Parlamentsmandate. Unterste Organisationseinheit war die Zelle, jedwede Fraktionsbildung wurde untersagt, und Zachariádes erhielt 1935 den Titel „Parteiführer". Längst waren die Beschlüsse der Zentrale (Einrichtung eines Politbüros seit dem 3. Parteitag 1927) für alle untergeordneten Organisationen verbindlich.

Gleichfalls 1918 hatte sich der „Allgemeine Bund der Arbeiter Griechenlands" (GSEE) gegründet, der nach vorübergehender Einigung 1929 aber in eigene (kommunistische und sozialistische) Dachverbände zerfiel. Zu einem einheitlichen Verband kam es erst wieder 1934 angesichts der drohenden faschistischen Gefahr. Er hatte aber nur zwei Jahre Bestand. 1936 wurden die ca. 1 000 Einzelgewerkschaften der GSEE in einer der Deutschen Arbeitsfront (DAF) ähnlichen Einheitsorganisation zusammengefaßt. Völlig unreflektiert hatte die KKE 1928 auf ihrem 4. Parteitag die Sozialfaschismusthese der Komintern übernommen. In den Wahlen bis 1935 blieb die Partei unbedeutend und meist ganz ohne Mandatsgewinn. Erst 1935 proklamierte sie ihre Absicht, mit allen liberalen und republikanischen Kräften eine Volksfront zu bilden, um die drohende Restauration der Monarchie zu verhindern. Als die KKE in den Januarwahlen des Jahres 1936 mit ihren 15 Mandaten (5,8%) zum Zünglein an der Waage in einer parlamentarischen Pattsituation wurde, wuchs besonders auf der Rechten die Angst vor der kommunistischen Gefahr. Der kurz danach ausbrechende Bürgerkrieg in Spanien mag dann ein übriges getan haben, daß die durch den König vollzogene Berufung des Generals Metaxas zum Diktator am 4. August 1936 praktisch ohne Widerstand blieb.

Metaxas verfolgte die zu dem Zeitpunkt ca. 14 000 Mitglieder zählende KKE unerbittlich. Ins Paradoxe gesteigert wurde die kommunistische Position noch dadurch, daß die Komintern die KKE im Zeichen des Stalin-Hitler-Pakts aufforderte, mit ihrem Peiniger Metaxas zusammenzuarbeiten. Mussolinis Angriff auf Griechenland im Oktober 1940 und der Einmarsch der Deutschen im April 1941 wurden von der Moskauer Kommandozentrale als „antiimperialistische Aktion" gegen den englischen „Hauptfeind" deklariert. Erst nach Hitlers radikaler Wendung im „Unternehmen Barbarossa" befahl Stalin den Widerstand gegen die Besatzungsmächte, aber die KKE hatte sich durch ihre unglaubwürdigen Schwenks in der griechischen Bevölkerung selbst diskreditiert. Der zunächst in Griechenland inhaftierte Zachariádes war inzwischen in das Konzentrationslager Dachau gebracht worden.

Die am 27. September 1941 mit sozialistischen Gruppen und der linksgerichteten Bauernpartei abgeschlossene „Nationale Befreiungsfront" (EAM) leitete den Wiederaufstieg der Partei ein. In der EAM, in der zuletzt von den sieben Millionen Griechen anderthalb Millionen organisiert waren, wuchsen die Kommunisten bald zur stärksten Kraft heran. Dieses Faktum hinwiederum stand in direktem Zusammenhang mit der Besetzung Griechenlands durch die Achsenmächte. Die im Lande verbliebenen orthodoxen Führungsmitglieder der KP verfolgten das Anwachsen ihrer Partei mit zwiespältigen Gefühlen, weil sie eine Verwässerung der „reinen Lehre" befürchteten. „Die Energien der breiten, keinesfalls kommunistischen Volksbewegung der EAM wurden im Sinne der Dogmatiker kanalisiert, Führungskader, die mit diesem Kurs nicht einverstanden waren, wurden diszipliniert, und die Basis wurde durch Appelle an die Parteidisziplin auf den rechten Weg gebracht."[350] Im August 1944 trat die Partei in die Exilregierung Papandreou ein und unterstellte ihre Partisanenkämpfer dem britischen Oberbefehl. Es spricht alles dafür, daß sie auch, was diese Verhaltensweise anging, getreu an Stalins Gängelband marschierte. Der rote Diktator gedachte die Jalta-Abmachung mit Churchill einzuhalten, nach der Griechenland im britischen Einflußbereich bleiben sollte. Das hatte zur Folge, daß er den eigenen Genossen nach dem Abzug der Deutschen praktisch verbot, in Griechenland nach der Macht zu streben. Die Tatsache, daß sich nicht alle Kommunisten dieser neuerlichen Moskauer Paradoxie unterwarfen, hat den Ausbruch des Bürgerkrieges entscheidend mitausgelöst. Stalin machte nochmals deutlich, daß er den Bürgerkrieg nicht wünsche und keinerlei Hilfe leisten würde. War dies schon dazu geeignet, die Kommunisten in die Isolation zu führen, so war es nicht weniger eine folgenschwere Fehlentscheidung, die der im Mai 1945 aus Dachau zurückgekehrte Zachariádes gegen den Rat des Kreml durchführte: Mit dem Entschluß, die ersten Nachkriegswahlen von 1946 zu boykottieren, überließ er praktisch den bürgerlichen Parteien das Feld. Das wachsende Ansehen und Vertrauen, das sich die KKE in der EAM mühsam erworben hatte, waren damit im Nu wieder verspielt. Zachariádes ging schon im Oktober 1946 wieder in den Untergrund, um den bewaffneten Kampf zu schüren - das Verbot der Partei im Oktober 1947 war die Konsequenz. Es begann die über ein Vierteljahrhundert bis 1974 währende Phase der Illegalität.

Zachariádes wich noch weiter, ins Exil im Ostblock, zurück und proklamierte von dort die alte Volksfrontstrategie sowie die sukzessive Unterwanderung der Gewerkschaften. Tatsächlich aber begann jetzt, während die Partei in einem grausamen Bürgerkrieg fast aufgerieben, verboten und zu großen Teilen außer Landes gegangen war, die letzte und schärfste Stufe ihrer Stalinisierung. Zachariádes verfügte sogar vom Exil aus, daß die in Griechenland verbliebenen

Kommunisten gnadenlos ihre Reihen zu säubern hätten, und selbst wenn sich dies innerhalb der Konzentrationslager der Regierung vollzog, in denen entdeckte KKE-Mitglieder interniert waren. Hiermit begann der Vorsitzende gewissermaßen, die eigene Partei in ideologischer Verbohrtheit zugrunde zu richten. Immer heftigere Querelen, insbesondere zwischen den Emigranten und den in der Heimat Agitierenden, waren die notwendige Konsequenz. Aber auch innerhalb der Exil-KP kam es zu derartigen Richtungskämpfen und Selbstzerfleischungen, daß viele Funktionäre in den Ostblockstaaten verhaftet und erschossen wurden. Es begann außerdem das im Grunde genommen bis heute ungelöste Problem der sogenannten „Andarten" wirksam zu werden. Die so bezeichneten waren ca. 100 000 kommunistische Partisanen, die 1949 das Land verlassen mußten und zumeist in die Sowjetunion gingen. Nur 35 000 von ihnen kehrten zurück, und dies erst Ende der 70er Jahre, als sie davon ausgehen konnten, daß sich die demokratische Regierungsform in Griechenland stabilisiert hatte und sie nicht mehr Gefahren an Leib und Leben gewärtigen mußten. Aber auch jetzt wurden sie ihres Lebens in der lang entbehrten Heimat nicht richtig froh: Sie gerieten direkt in den Streit zwischen eurokommunistischer und moskauorientierter KP, was für viele gleichbedeutend war mit einem Lebensende in Ratlosigkeit und Verzweiflung.

Stalins Tod 1953 war gleichzeitig auch Zachariádes' Ende. Bis dahin war es dem „griechischen Thälmann" gelungen, alle Gegner innerhalb der eigenen Reihen mit dem Vorwurf des „Titoismus" zu brandmarken und dadurch eine Diskussion über die Ursachen für die Niederlage im Bürgerkrieg im Keim zu ersticken. Der 20. Parteitag der KPdSU und sein Entstalinisierungsimpuls brachten hier die Wende. 15 000 emigrierte KP-Veteranen protestierten in Taschkent gegen Zachariádes' selbstherrliche Führung. Auch ihm wurde der Vorwurf des Personenkults gemacht, erstmalig war offen von den Fehlern in den 40er Jahren die Rede, mithin: Der Vorsitzende wurde nicht nur abgesetzt, sondern auch aus der Partei ausgeschlossen.

Diese begann sich im gleichen Zeitraum in Griechenland selbst wieder zu erholen, und zwar abermals durch das Aufgehen in größerem Organisationszusammenhang. Schon im Jahre 1951 hatte sich die *Eniaia Dimokratiki Aristera* (EDA, „Vereinigte Demokratische Linke"), eine Dachorganisation aus Sozialisten, Kommunisten, ehemaligen EAM-Mitgliedern und anderen linken Gruppen, begründet. Zachariádes hatte sofort versucht, die EDA unter die Fuchtel der Exil-KKE zu bringen, indem er sie praktisch als legalen und verlängerten Arm der eigenen Partei betrachtete. Dies führte zu ständigen Spannungen und Differenzen mit den starken nichtkommunistischen Kräften in der EDA. Um so bemerkenswerter ist deshalb ihr politischer Erfolg. Bei den Wahlen 1958 erreichte sie 24,5% der Stimmen, und 1963 waren es immerhin noch 14,5%. Natürlich steigerte dies die Begehrlichkeiten der Auslandskommunisten. 1958 erging ein Beschluß, nach dem sich alle illegalen Organisationen der KKE aufzulösen und deren Mitglieder der EDA beizutreten hatten. Die hierdurch bedingte kommunistische Stärkung innerhalb der EDA zeitigte gewissermaßen dialektische Konsequenzen: Sie wandelte sich mehr und mehr zur marxistisch orientierten Partei, wodurch die Auslands-KP ihren Führungsanspruch im Heimatland bedroht sah. Zachariádes' Nachfolger versuchten deshalb bald schon wieder, die Entwicklung der EDA zur marxistisch-leninistischen Partei zu verhindern und befahlen ihr, die direkte Konfrontation mit den bürgerlichen Parteien zu suchen, obwohl sich die Anzeichen für einen neuerlichen Staatsstreich von rechts mehrten. Der griechische Kommunismus war und blieb paradox, bizarr, und, obwohl in der Bevölkerung mit großem Einfluß und Sympathien, bedroht, von seiner jeweiligen Führung immer wieder um die Früchte der eigenen Arbeit betrogen zu werden.

Seit 1965 hatte die KKE unter dem Diktat der Auslandsführung begonnen, völlig eigenständige Gruppierungen in der EDA aufzubauen. Während die letztere den Kurs ausgab, Wege der Zusammenarbeit mit den Parteien der Mitte zu suchen, blieben die moskauorientierten Kommunisten ausschließlich auf sich selbst fixiert und verlangten von den Führungskräften der EDA, für deren Legalisierung einzutreten. „Statt der drohenden Gefahr des Rechtsputsches durch Geschlossenheit aller demokratischen Kräfte zu begegnen, trug die (KKE-)Führung zu deren Zersplitterung bei und erleichterte objektiv die Machtübernahme durch die faschistischen Offiziere."[351] Seit dem 21. April 1967 waren nunmehr sowohl KKE als auch EDA illegal. Schuld an dieser Entwicklung waren natürlich wieder die anderen. Auf der für den Februar 1968 von Parteichef Kolijannis einberufenen Vollversammlung des Zentralkomitees, zu dem die in Griechenland lebenden Mitglieder gar nicht eingeladen worden waren, wurden wahllos „Schuldige" herausgepickt, die dann „in bester stalinistischer Manier aus der Partei ausgeschlossen"[352] wurden.

Aber nun endlich begannen die Betroffenen sich zu wehren. Sie erhielten Schützenhilfe von KKE-Mitgliedern, die in griechischen Kerkern einsaßen. In dem nun folgenden und zur Spaltung des griechischen Kommunismus führenden Prozeß wurde auch mit jahrzehntelang gehüteten Tabus gebrochen, insbesondere mit dem Verschweigen des katastrophalen Fehlverhaltens im Bürgerkrieg der 40er Jahre. Wolfgang Leonhard sieht in diesem Zeitraum nicht zu unrecht praktisch schon den Beginn der Spaltung.[353] Viele der Sezessionisten von 1968 hatten die damaligen Fehler noch selbst erlebt. Der Einmarsch der Warschauer-Pakt-Staaten in die ČSSR im August 1968 beschleunigte nur den Prozeß des Auseinanderbrechens. Erstmals kam es zu zwei konträren außenpolitischen Stellungnahmen. Noch im Frühjahr 1968 hatten sich 22 hochrangige Kommunisten aus einem griechischen Gefängnis mit dem folgenden Brief an Kolijannis gewandt: „Die Kommunisten Griechenlands sind nicht mehr bereit, diese Situation zu ertragen. Die Tragödie, in der wir uns befinden, verpflichtet uns, offen auszusprechen: Genossen, ihr seid jetzt zwanzig Jahre von der Heimat weg, gewiß nicht durch eure Schuld. Ihr könnt nicht weiter die Bewegung in Griechenland leiten. Die Führung der KP Griechenlands kann nur aus Mitgliedern des Zentralkomitees bestehen, die in Griechenland an der Spitze der Bewegung stehen."[354] In diesem letzten Versöhnungsversuch wird die Spaltung gewissermaßen schon vollzogen. Kolijannis und seine Getreuen verlagerten ihre Auslandszentrale daraufhin noch vor der August-Aktion gegen die ČSSR (an der Rumänien bekanntlich nicht teilnahm) von Bukarest nach Ost-Berlin. Im April 1969 versammelte sich im griechischen Untergrund zum ersten Mal eine Vollversammlung der neuen Organisation. Spätestens von diesem Zeitpunkt an gab es in dem Lande zwei kommunistische Parteien, die bald so weit voneinander entfernt waren wie heute die italienische und die französische KP. In Griechenland wurde damit etwas vollzogen, was sich mit dieser Konsequenz im westeuropäischen Kommunismus erst im Finnland der 80er Jahre wiederholen sollte. Seither hat es sich eingebürgert, die beiden Parteien durch den Zusatz „extern" und „intern" voneinander zu unterscheiden, da die Leitung der ersteren zunächst im Ausland blieb.

Die Unterschiede in Ideologie, Programm, Statut, Organisation und außenpolitischer Orientierung waren und sind deutlich bis fundamental. Die KKE (intern) transformierte sich in eurokommunistischer Richtung, bevor das Wort überhaupt geboren wurde. Sie arbeitete von Anfang an eng mit der EDA zusammen, von der sie bald kaum noch zu unterscheiden war. Die KKE (intern) ist vorwiegend nach Wohngebieten organisiert, während in der KKE (extern) nach wie vor die Betriebszelle vorherrscht. In der ersteren müssen auch die Führungsmitglieder einer Basisorganisation angehören und in ihr mitarbeiten. Zwar bekennen sich beide Parteien zum demokratischen Zentralismus, er wird in der einen aber streng hierarchisch praktiziert, wohingegen in der anderen die Zwischeninstanzen und die unterste Ebene deutliche Mitwirkungsrechte haben. In der KKE (extern) ist ein deutliches Übergewicht von Parteiführung und Apparat zu konstatieren, augenfällig durch eine Reihe von Kontrollgremien. In der KKE (intern) hingegen heißt es zum entscheidenden innerparteilichen Organisationsprinzip: „Der demokratische Zentralismus ist die in der jeweiligen konkreten Situation gebotene Anwendung der fundamentalsten Prinzipien der Demokratie in einem Organismus, der als ein einziges organisches Ganzes funktioniert. Er verbindet in unauflöslicher Einheit die Freiheit der Meinung mit der verantwortungsbewußten Disziplin, demokratische Formen mit gemeinsamem organisiertem Handeln, die persönliche mit der kollektiven Verantwortung, das Individuum mit dem Kollektiv."[355] Die traditionelle Leninsche Definition des Organisationsprinzips ist hier bereits sichtbar transformiert. Während bei der KKE (extern) die Betonung auf dem Zentralismus liegt, liegt der eigentliche Akzent bei der KKE (intern) auf der Demokratie. Sie setzt sich für den fortwirkenden Pluralismus aller Parteien und für den auf allgemeinen Wahlen beruhenden Wechsel aus Regierung und Opposition ein. Dagegen ist die KKE (extern) „auf dem Stand einer prosowjetischen Propagandapartei und einer außenpolitischen Hilfstruppe der Sowjetunion stehengeblieben."[356] Wenn es nach ihr geht, dann soll Griechenland die NATO und die EG verlassen und der osteuropäischen Wirtschaftsgemeinschaft Comecon beitreten. Zwar verlangt auch die KKE (intern) den Austritt aus der NATO, aber nur im Zusammenhang mit der Auflösung beider Militärblöcke. Der Integration in den Gemeinsamen Markt stimmt sie - im Rahmen ihrer linkssozialistischen Transformationsvorstellungen - zu. Im eigenen Lande will sie nur die Monopolgesellschaften und Großbanken verstaatlichen, die zentrale Planwirtschaft osteuropäischen Musters lehnt sie aber ab. Die Autonomie der Gewerkschaften ist für sie ein integraler Bestandteil ihres politischen Wollens, während die Arbeitnehmervertretungen von der KKE (extern) nach wie vor im Sinne des Leninschen Transmissionsriemenprinzips behandelt werden. Ihre Führungsorgane werden immer noch von der „Alten Garde" aus den Tagen des Bürgerkriegs dominiert. Der Generalsekretär der externen KKE, Florakis, ist Jahrgang 1914. Freiwerdende Positionen werden oft mit aus Osteuropa zurückkehrenden Emigranten besetzt. Völlig anders präsentiert sich die KKE (intern). Sie lehnt die Diktatur des Proletariats ab. Führungspersonen mit stalinistischer Vergangenheit sind nicht mehr in ihr tätig.

1974 brach die Herrschaft der Militärdiktatur zusammen. Die KKE (extern) schätzte diesen entscheidenden Vorgang dergestalt ein, daß er von den „Agenten" der Vereinigten Staaten und der NATO inszeniert worden sei, um den demokratischen Wandel zu verhindern. Sichtbarster Ausdruck dieser Strategie war dann wohl, daß die neue, demokratische Regierung Karamanlis die kommunistischen Parteien (wieder) legalisierte. Trotz der diametralen Gegensätze schlossen sich KKE intern und extern sowie die EDA für die Parlamentswahlen im November 1974 zu einem Bündnis zusammen. Die Wahlen waren so kurzfristig ausgeschrieben worden, daß man praktisch zu einer Vernunftkoalition gezwungen war. Das eigentliche Phänomen des Urnengangs bestand dann darin, daß der linksorientierte Wähler nicht den kommunistischen Parteien zuströmte, sondern der soeben erst gebildeten *Panellinio Sosialistiko Kinima* (PASOK, „Panhellenische Sozialistische Union") Andreas Papandreous (kommunistische Dreierallianz 9,4% bzw. acht Mandate, hiervon zwei für die interne KKE, PASOK 13,6% bzw. zwölf Mandate). Aber das Votum der linkslastigen Griechen kam nicht von ungefähr. Zu sehr trug man der alten KP die Fehler der Vergangenheit, insbesondere des Bürgerkrieges nach, und zu sehr war auch unter ihnen die Angst verbreitet, daß ein legal wiedererstarkter Kommunismus die erneute Putschbereitschaft der Armeeführung heraufbeschwören könnte. Da half es auch nichts, daß die KPen den Résistance-Mythos für sich beanspruchen konnten. Das Ergebnis von 1974 war jedenfalls so katastrophal, daß das Wahlbündnis schnell wieder auseinanderfiel.

Am 6. Juli 1976 wurde der erste Parteitag der inländischen KP in Athen eröffnet. In dem auf ihm verabschiedeten neuen Programm hieß es, daß - bedingt durch den weltweiten Zwang zur friedlichen Koexistenz - gegenwärtig selbst große Teile der Bourgeoisie und der Konservativen auf dem Boden der Demokratie stünden. Deshalb sei ein friedlicher Übergang zum Sozialismus möglich und die Verteidigung der parlamentarischen Demokratie nötig, ja dies sei geradezu die akute „revolutionäre Aufgabe". Eine eigene sozialistische Staatsideologie wird abgelehnt. Im übrigen sei das Land aber von ausländischen Unternehmensführungen und „imperialistischen Mächten" zu befreien. Grundsätzlich wird politischer und gesellschaftlicher Pluralismus befürwortet. Dieser sei vorrangig zu verifizieren durch eine verstärkte Zusammenarbeit innerhalb der Linken, durch eine scharfe und unerbittliche „Entjuntafizierung", durch den Austritt aus der militärischen (nicht politischen) Organisation der NATO (den die Regierung Karamanlis 1974 nach der türkischen Invasion in Zypern bereits vollzogen hatte) sowie durch das Bekenntnis zur nationalen Einheit gegenüber dem türkischen „Aggressor". Programmatisch war damit ein politisches Aktionsfeld abgesteckt, von dem man mit Recht hoffen konnte, daß es in weiten Teilen der griechischen Bevölkerung Anklang finden würde.

Der Ausgang der Parlamentswahlen vom 20. November 1977 wurde deshalb für die KKE (intern) zu einer herben Enttäuschung: sie erreichte nur 2,7% der Stimmen bzw. ein einziges Mandat. Die moskauorientierte KP kam dagegen auf 9,4% bzw. elf Abgeordnete, und die PASOK eilte gar auf 25,3% (92 Mandate) davon. Noch behielt Karamanlis' Partei mit 41,9% (173 Mandaten) die Oberhand.

Aber schon vier Jahre später wurde Andreas Papandreou, „der feuerspeiende ewige Grieche"[357], auf einer Woge der Begeisterung an die Spitze der Regierung getragen: seine PASOK erreichte 48% der Stimmen, während Karamanlis' *Nea Demokratia* (ND) auf 36% absackte, die orthodoxe KKE sich auf 11% verbesserte und die Eurokommunisten mit ganzen 1,3% keinen einzigen Vertreter mehr ins Parlament entsenden konnten. Mit Papandreou nahm eine schillernde Persönlichkeit die politischen Belange der Wiege der Demokratie in die Hand. Gift und Galle spuckt er nach wie vor derjenigen Macht gegenüber aus, der er in seinem Leben viel, wenn nicht alles zu verdanken hat: den Vereinigten Staaten von Amerika. Hier verbrachte er den Weltkrieg und die Zeit der griechischen Diktatur, hier, auf amerikanischer Seite, „kämpfte" er seit 1943 als Krankenpfleger. Die USA waren es, in deren Marine er diente, die ihm sein Studium mit einem großzügigen Stipendium finanzierten, über zwanzig Jahre eine Professur gewährte, und mit einer Amerikanerin, von der er vier Kinder hat, ist Papandreou verheiratet. Kaum an der Macht, hofierte er die Sowjetunion, indem er die Entspannungsbereitschaft des Kreml lobte, die rote Flotte zu Freundschaftsbesuchen einlud, sich bei einem Besuch der Bundesrepublik Deutschland weigerte, die Berliner Mauer in Augenschein zu nehmen, und bei Andropows Tod Halbmast flaggen ließ. Kein Zweifel, wem derartige Gesten innenpolitisch galten. Ohne die 13 Mandate der KKE (extern) hatte Papandreou keine Mehrheit im Parlament, und um deren Wohlverhalten ging es ihm deshalb. Aber damit nicht der Paradoxien genug: Den Vereinigten Staaten war und ist der verbal sowjetfreundliche Kurs des PASOK-Vorsitzenden nicht unangenehm. „Nur von Papandreou kann zur Zeit rechte Politik gemacht, sozialer Aufruhr vermieden und verhindert werden, daß die Moskau-Kommunisten zur dominierenden politischen Kraft mit dreißig und mehr Prozent der Wählerstimmen werden."[358] Der dies sagte, war ein enger Mitarbeiter von Karamanlis, und er hatte sich mit diesem Diktum nur zu gut in die Gedankenwelt des politischen Gegners hineinversetzt. Papandreou weiß genau, daß er den Westen, die EG, die NATO und die amerikanischen Stützpunkte im eigenen Lande braucht, um seine politischen Vorstellungen verwirklichen zu können. Dies zeigte sich deutlich genug in der Zypern-Frage. Die Sowjetunion reagierte nur mit nichtssagenden Erklärungen auf die Unabhängigkeitserklärungen der türkischen Zyprioten, weil ihr das Land Atatürks politisch, militärisch und strategisch wichtiger erscheint - zu Papandreous großer Enttäuschung. Seitdem weiß er, daß er sich ohne den Westen gegenüber den Türken - gleich, ob in Kleinasien oder in Zypern - nicht behaupten kann.

Die KKE (extern) bemühte sich seit der Regierungsübernahme der PASOK ihrerseits, dogmatische Positionen aufzuweichen. „Der KKE ist aber bewußt, daß dieser Annäherungsprozeß für sie äußerst gefährlich ist, droht ihr doch Identitätsverlust durch die Aufgabe zentraler leninistischer Positionen, eine gefährliche Nähe zur eurokommunistischen KKE Inland und schließlich die Absorbierung ihrer Anhängerschaft durch die PASOK."[359] Der Einfluß der KKE (intern) auf die PASOK blieb trotz ihres geringen Elektorats groß. Führungsmitglieder wechselten frühzeitig von der kleinen zur großen Partei, weil sie sich dort mehr Wirkung versprachen und ihre Reformideen umsetzen konnten. So mußte das parlamentarische und allgemeinpolitische Terrain der aufgeklärten Kommunisten in Griechenland schmal und eng begrenzt bleiben. Immerhin gelang es ihr im 1985er Wahlgang, in dem sich der Abstand zwischen den beiden großen Parteien erwartungsgemäß verringerte (PASOK 45,8%; ND 40,8%), wieder mit einem Abgeordneten (1,8%) in die Volksvertretung einzuziehen. Trotz dieses bescheidenen Erfolgs bleibt Griechenland in aller Deutlichkeit der einzige westeuropäische Staat, in dem die sowjetorientierte KP beträchtlich stärker als die eurokommunistische ist (1985: 10% bzw. 13 Mandate). Heinz Richter schrieb Ende der 70er Jahre: „Die weitere Entwicklung muß Spekulation bleiben. Griechenland ist damit zu einem Testfall für die gesamte europäische kommunistische Welt geworden, dessen Auswirkungen zu einem weiteren Schisma führen, aber auch eine völlig neue Entwicklung einleiten könnte. Die griechischen kommunistischen Parteien haben hierdurch eine Bedeutung erlangt, die weit über den nationalen Rahmen hinausgeht. Griechenland ist zu einem Modellfall geworden, den es in Europa genau zu beobachten gilt."[360]

Allem Anschein nach haben diese Hypothesen des namhaften deutschen Griechenland- und Kommunismusforschers auf dem

4. Parteitag der KKE (intern) im Mai 1986 eine gewisse, vielleicht endgültige Klärung und Antwort erfahren. Die Gefahren des rigoros praktizierten demokratischen Zentralismus hatten die älteren Mitglieder in Osteuropa oft am eigenen Leibe erfahren müssen, so daß sie schon früh für eine tatsächliche innerparteiliche Demokratie eintraten. Das eigentliche große Vorbild war und blieb die KPI. Hier nun, im Athen des Jahres 1986, zeigten sich die Langzeitfolgen dieser Prägungen. „Genossen, wo sind unsere Symbole?“, so tönte es durch die Kongreßhalle. In der Tat: Hammer und Sichel wie auch das „K“ im Parteinamen waren verschwunden. Diese Konsequenz hatte auch ihre soziologische Begründung. Während sich die KKE (extern) und die PASOK vorwiegend die Stimmen der Arbeitnehmerschaft teilten, war die KKE (intern) längst zu einem Sammelbekken der undogmatischen Intelligenz, der Studenten und Akademiker, aber auch der Facharbeiter und Manager der mittleren betrieblichen Leitungsebenen geworden. Natürlich provozierten derartige Neuerungen, die noch durch die (nach wie vor) artikulierte Pro-NATO- und Pro-EG-Haltung verschärft wurden, Aufstände in den Reihen der Partei. Der alte Generalsekretär Yiannis Banias warnte auf dem Kongreß davor, daß diese „Flucht nach vorn“ mit einem „Sprung ins Leere“ enden würde – und wurde abgewählt. Der neue Parteichef Leonidas Kyrkos antwortete mit durchaus auf den neuesten Stand gebrachter kommunistischer Argumentation: „Lenin würde sich ins Fäustchen lachen, wenn er sähe, wie wir um unsere Besonderheit ringen und mit byzantinischer Beharrlichkeit auf dem Titel und nicht auf den Ideen bestehen.“[361] Kyrkos, der im Bürgerkrieg bereits einmal zum Tode verurteilt und der insgesamt zwölf Jahre inhaftiert war, schwebt eine große, einheitliche, nur noch von einem „schöpferischen Marxismus“ geleitete Linkspartei vor. Er wird in seinem Heimatland der „griechische Berlinguer“ genannt, der vorerst aber mit seiner 12 000 Mitglieder zählenden Partei gegenüber dem alten Erzrivalen Charilaos Florakis und seiner KKE (extern) mit insgesamt 40 000 Mitgliedern noch wenig ausrichten kann. Trotz allem: Mit der anvisierten „Neuen Griechischen Linken“ dürfte Kyrkos nicht nur das Feld des herkömmlichen Kommunismus, sondern auch des Eurokommunismus in Richtung Sozialismus und Sozialdemokratie verlassen.

19. Türkei

„In der Tat beschränkt sich die Geschichte der Kommunistischen Partei der Türkei fast gänzlich auf ein Untergrunddasein. Ihre Erfahrung mit der Illegalität ist außergewöhnlich lang, länger noch als die der kommunistischen Parteien Spaniens und Portugals."[362] Der Stellenwert der *Türkiye komünist partisi*, der Kommunistischen Partei der Türkei (KPT), ist weder im nationalen noch im internationalen Rahmen von irgendeiner nennenswerten Bedeutung gewesen.

Die KPT wurde 1920 von nach Rußland ausgewanderten türkischen Emigranten in Baku gegründet. Im gleichen Jahr wurde von revolutionären, vom russischen Beispiel inspirierten Kräften die revolutionäre „grüne Armee" auf die Beine gestellt. Damit er von ihr nicht dominiert wurde, konstituierte Mustapha Kemal noch im Oktober des gleichen Jahres eine eigene „nationale" antikommunistische Partei. Kemalisten und „grüne Armee" haben 1920 zur Abwehr der griechischen Invasionstruppen zusammengearbeitet. Bald aber überrundeten die ersteren die „grüne Armee". Von diesen frühen entscheidenden Erfolgen der Unabhängigkeitsbewegung unter Kemal Atatürk hat sich der türkische Kommunismus praktisch nie erholt. Schon im Januar 1921 zerschlug Atatürk die „grüne Armee" mit seinen Soldaten unter Führung des Generals Ismet Inönü. Noch im gleichen Monat wurden die Gründungsmitglieder der KPT aus der UdSSR in die Türkei zurückgelockt. „Im klassisch osmanischen Stil der Eliminierung wurden sie vor Trabzon ertränkt."[363] Der eigentliche innenpolitische Gegner Mustapha Kemals war damit beseitigt. Bereits im März 1921 unterzeichnete er den sowjetisch-türkischen Vertrag, in dessen Präambel beide Länder den „Kampf gegen den Imperialismus" deklarierten. Lenin hatte die türkischen Kommunisten im Interesse einer Verständigung mit dem „bürgerlichen Revolutionär" Atatürk schlicht und einfach fallen gelassen. In seiner Innenpolitik blieb Kemal gleichwohl streng antikommunistisch. 1932, gegenüber General MacArthur, nannte er die Sowjetunion eine „schreckliche Macht, (die) die ganze Zivilisation, ja sogar die ganze Menschheit" mit der Weltrevolution bedrohe.[364] „Wenn sich die Bindung an die Sowjetunion dennoch wie ein roter Faden durch die

Zeit Kemal Atatürks zieht, so liegt die Erklärung ebenfalls auf der Hand: Der junge Sowjetstaat war als einziger Staat in den schweren Jahren der Abwehrkämpfe 1919–1923 bereit, der Türkei zu helfen."[365]

Am 4. März 1925 wurde die KPT aufgrund des „Gesetzes zur Wahrung der Öffentlichen Ordnung" *(Takrir-i Sükun)*, das anläßlich des Kurden-Aufstandes im gleichen Jahr erlassen worden war, verboten. Von diesem Zeitpunkt an ist die Partei praktisch ununterbrochen „eine Geheimorganisation gewesen, die – je nach dem Stand der türkisch-sowjetischen Beziehungen und je nach Orientierung der in Ankara amtierenden Regierung – mehr oder weniger brutaler Repression unterworfen war."[366] 1936 wurde das Gesetz *Takrir-i Sükun* durch die beiden Artikel 141 und 142 des Strafgesetzbuches bestätigt, nach denen alle Vereinigungen verboten waren, die den Klassenkampf auf ihre Fahnen geschrieben hatten. Dadurch daß die KPT diesen in den Jahren nach 1927 direkt propagierte, hatte sie sich sowohl zur kemalistischen Entwicklungsdiktatur als auch zu liberal-demokratischen Strömungen in Gegensatz gebracht, eine Position, die sie auf die Dauer nicht ohne sichtbaren Bedeutungsverlust durchstehen konnte. Bald zeigte sich jedoch, daß die Partei nicht nur innen-, sondern auch außenpolitisch hoffnungslos zwischen die Fronten geriet: Stalin hat sich zeit seines Lebens nie sonderlich um die Interessen der türkischen Genossen gekümmert, sondern über deren Köpfe hinweg je nach weltpolitischer Lage und Konstellation den Ausgleich mit den Westmächten und/oder der politischen Führung in Ankara gesucht. Hier liegt das „dornenreichste und schmerzlichste Kapitel"[367] der Parteigeschichte. Atatürk hatte bis 1937 eng mit der Sowjetunion zusammengearbeitet, sich aber noch kurz vor seinem Tod im darauffolgenden Jahr dem nationalsozialistischen Deutschland zugewandt. Stalin bedrängte seinen Nachfolger, einen Bündnisvertrag mit Frankreich zu schließen, um sich schon wenige Tage später von der „Achse" Paris–Ankara bedroht zu fühlen und hieraus Legitimation für den Nichtangriffspakt mit Hitler zu ziehen. Am Ende des Krieges tat er alles, um die Türkei in die Isolation zu treiben, indem er ihre Zusammenarbeit mit den Westmächten verhinderte, gleichzeitig aber den eigenen Freundschaftsvertrag mit der Bosporusmacht von 1925 aufkündigte und in dieser ihrer Situation der Schwäche selbst die Kontrolle über die Meerengen verlangte.

Trotz vorübergehender Umorientierungen, scheindemokratischer Abspaltungen und mehrfacher Versuche, die Artikel 141 und 142 des Strafgesetzbuches durch abhängige Tarnorganisationen zu umgehen, änderte sich auch nach 1945 am Vorkriegsstatus der KPT nichts, sie blieb unterdrückt und verfolgt. Obwohl Atatürks Nachfolger Ismet Inönü sich unter dem Eindruck des russischen Drangs nach den Meerengen den Vereinigten Staaten von Amerika zuwandte und die Einführung der Mehrparteiendemokratie in Angriff nahm, blieb doch der kemalistische Einfluß auf die politische Kultur und die allgemeine innenpolitische Entwicklung auch nach dem Zweiten Weltkrieg „umfassend und tiefgreifend“[368]. Dies hatte zur Folge, daß auch die Machtwechsel von 1950 und 1960 (Militärputsch) nichts Nennenswertes an der Situation der türkischen Kommunisten änderten. „Die KPT wurde so eine kleine Emigrantenorganisation mit einem im Ausland stationierten Radiosender, für den Moskau die Elektrizität lieferte.“[369]

Die Liberalisierungen, die nach der militärischen „Revolution“ vom 27. Mai 1960 angestrebt wurden, gingen an der KPT vorbei. Immerhin war es möglich, auf dem Boden der 1961 verabschiedeten neuen Verfassung eine sozialistische Partei zu gründen, was am 13. Februar des gleichen Jahres auch geschah. Fünfzehn führende Gewerkschafter (von denen später zwei als Spitzel der Polizei entlarvt wurden) brachen mit dem führenden Gewerkschaftsbund *Türk-Is* und gründeten am gleichen Tag die *Türkiye Isçi Partisi* (TIP, Türkische Arbeiterpartei). Die TIP hatte nicht die „Diktatur des Proletariats“ auf ihre Fahnen geheftet, hinsichtlich ihres Friedensengagements entfaltete sie aber durchaus die Züge einer prosowjetischen Partei. Deshalb verwundert es nicht, daß die KPT die Entstehung der neuen Formation zunächst begrüßte. Es war Mehmet Ali Aybar, ein ehemaliger Dozent der Juristischen Fakultät von Istanbul, der der TIP in der türkischen Öffentlichkeit zu einem gewissen Ansehen verhalf. Er vertrat offen die These vom „lächelnden humanistischen Sozialismus“, lehnte jedoch die Zusammenarbeit mit illegalen Linksparteien ab. Die TIP sollte eine westlich orientierte, sozialistische Arbeiterpartei werden.

In dieser Hinsicht waren die Wahlen von 1965 ein verheißungsvoller Auftakt: Mit Hilfe des Slogans „Boden und Arbeit für alle" gewann die TIP auf Anhieb 3% bzw. 15 Mandate (von 450). Was aber über den Erfolg hinwegtäuschte, war, daß es in der Mehrzahl nicht Arbeiter gewesen waren, die die Partei gewählt hatten, sondern zunächst die „progressiven" Mittelschichten: Istanbuler Intellektuelle sowie auf dem Lande vor allem die aufständischen Kurden und Aleviten - die schiitische Minderheit in der Türkei -, ein rein religiöses Protestpotential also. Hinzu kam, daß auch die konservativen Kräfte durch den (bescheidenen) parlamentarischen Erfolg der TIP aufgeweckt worden waren. Obwohl die Partei bei den 1969er Wahlen mit 2,7% fast genausoviele Stimmen wie vier Jahre vorher erzielte, bedeutete dieses Votum infolge einer Wahlrechtsänderung nur noch den Gewinn von zwei Sitzen. Von nun an führte der Weg bergab. Aybar legte den Vorsitz nieder, und orthodox-marxistische Kräfte gewannen an Boden. Nach dem neuerlichen Staatsstreich der Militärs 1971 wurde die TIP zwischenzeitlich verboten, weil sie den Kommunismus auf „ethnischer Grundlage" propagierte. Heute ist die endgültig zur Sekte abgesunkene Partei (1977: 0,1%) weitestgehend auf die Moskauer Linie eingeschwenkt. Die KPT gab zwar gelegentliche Wohlverhaltensbekundungen zugunsten der Arbeiterpartei ab (so verurteilte sie das vorübergehende Verbot der TIP in den 70er Jahren), auf die Dauer hat sie sich jedoch scharf von allen parteipolitisch rivalisierenden Organisationen auf der Linken abgegrenzt. Über den einzigen nennenswerten Einfluß verfügt sie innerhalb der illegalen Gewerkschaftsbewegung des Landes, der „Konföderation revolutionärer Arbeitergewerkschaften" (DISK), dem Gegenstück zur regierungs- und arbeitgeberfreundlichen *Türk-Is.* 1975 gelang es ihr erstmalig, ihre Mitglieder in Führungspositionen der 1967 gegründeten DISK zu placieren. Aber auch hier versuchte die KPT nur, ihre eigene Vorherrschaft auszubauen, indem für sie alle anderen in der DISK organisierten Linksformationen, insbesondere die Sympathisanten und Anhänger der TIP, tabu waren. „Sie handelte faktisch als politische Polizei innerhalb der DISK, um jede andere sozialistische ‚Infiltration' zu vermeiden."[370] Nach der neuerlichen Machtübernahme des Militärs vom 12. September 1980 wurde (neben der TIP) auch die DISK verboten, ein Urteilsspruch, der im

Dezember 1986 ausdrücklich bestätigt wurde. Als sie daraufhin im Februar 1987 trotzdem demonstrativ-öffentlich in einem Istanbuler Hotel ihr 20jähriges Bestehen beging, wurde dies von der Prominenz der westlichen Gewerkschaftsverbände, unter denen sich der stellvertretende Vorsitzende des Deutschen Gewerkschaftsbundes befand, gewürdigt. Die an gleicher Stelle zustandegekommene Begegnung zwischen Sevket Yilmaz und Abdullah Bastürk, dem Türk-Is- und dem DISK-Vorsitzenden, verlief in eiskalter Atmosphäre.

Die abschließende Gesamteinschätzung des Kommunismus und kommunistischer Parteien, Gruppen und beruflicher Interessenorganisationen in der Türkei muß deshalb kritisch, nüchtern, realistisch und differenziert ausfallen. Turgut Özal, der seit Ende 1983 an der Spitze des Landes steht, setzt die Tradition Kemal Atatürks direkt fort, indem er Antirussismus und Antikommunismus miteinander verbindet. Schon die von den Militärs verabschiedete neue Verfassung von 1982 hatte hier eine eindeutige Sprache gesprochen. Gleichzeitig allerdings bleibt Özal - wie Mustapha Kemal Pascha - konziliant gegenüber der Sowjetunion und ihren Verbündeten. Alles in allem kommt niemand an dem Urteil vorbei, daß die Arbeiter- und Gewerkschaftsbewegung in der türkischen Geschichte nie eine bestimmende Rolle gespielt hat. Die KPT war weder bei der Ausrufung der Republik Anfang der 20er Jahre, noch bei der Einführung des Mehrparteiensystems 1946, noch bei der Verkündigung der Verfassung von 1961, in der erstmals (vorübergehend) die Gewerkschaftsfreiheit und das Streikrecht garantiert wurden, der entscheidende Faktor. Sieht man einmal von den Phasen der „grünen Armee" 1920/21 und der Zeit kurz nach dem Zweiten Weltkrieg ab, dann hat sie irgendeine breitere Verankerung in der türkischen Bevölkerung nicht erfahren. Die Zahl ihrer Mitglieder dürfte - bei einer Gesamteinwohnerzahl von weit über fünfzig Millionen - nie die 3 000 überschritten haben. Für das Ende der 80er Jahre wird sie, unter ihrem gegenwärtigen Vorsitzenden Haydar Kutlu, auf gerade 2 000 geschätzt.

Die nach wie vor aufrechterhaltene Sowjetorientierung hat die Partei bis heute in der Illegalität, ja Konspirativität belassen. Ihr ein gutes Dutzend Mitglieder zählendes Zentralkomitee dürfte immer noch seinen Sitz in Moskau haben. Der KPT-Sender Birim Radyo

(„Unser Radio"), von dem aus die Propagandaarbeit für die Gastarbeiter und Studenten vorwiegend in Westdeutschland geleistet wird, steht in Leipzig. Immer ist die auch in ihren inneren Strukturen unverändert leninistisch gebliebene Partei den Spuren der sowjetischen Arbeiterpartei gefolgt, gleich, ob es sich um die seltsamen Wege Stalins im Zweiten Weltkrieg, den Moskau-Peking-Konflikt, die Unterdrückung des Prager Frühlings oder den Zypernkonflikt handelte, in dem sie die Politik des Erzbischofs Makarios unterstützte, sich für die territoriale Integrität und Neutralität der Insel einsetzte und die Interventionspolitik des türkischen Linkspolitikers und Regierungschefs Bülent Ecevit in den 70er Jahren scharf verurteilte. Natürlich lehnt sie auch die Einbeziehung der Türkei in die Europäische Gemeinschaft bzw. derartige Absichtsbekundungen strikt ab.

„Die mehr als fünfzigjährige Illegalität und die in diesem langen Zeitraum stetige, wenn auch unterschiedlich starke Repression gegen die türkischen Kommunisten, die nur dank der Sowjetunion als Organisation überleben können, erklären den museal anmutenden Charakter ihrer Äußerungen. Aus ihnen geht vor allem hervor, daß die Welt der KPT noch in Ordnung ist. Sie wird nicht von ‚eurokommunistischen' Zweifeln geplagt ... Abweichende Positionen innerhalb der Partei oder anderer linker Gruppierungen können nur als eine Kampfstrategie der Klassenfeinde interpretiert werden ... Mit dieser Erklärung kann die Entwicklung jeglicher Diskussion abgeblockt und die eigene Sekte von ‚Infiltrationen' freigehalten werden. Hier gibt es nur eine Möglichkeit der Änderung: die Legalisierung der türkischen Kommunisten, die sie gewiß in einem weder kurzen noch problemlosen Prozeß zwingen würde, ihre Gespensterwelt zu verlassen und in die konkreten Bedingungen der heutigen türkischen Gesellschaft einzutreten."[371]

In der Tat deutete der amtierende türkische Regierungschef Özal in einem Interview mit dem Nachrichtenmagazin „Der Spiegel" an, daß es - Paradoxon hin, Paradoxon her - gerade die Orientierung der Türkei auf die EG und den Gemeinsamen Markt sei, die von demokratischen Grundprinzipien begleitet sein müsse, nach denen auch die KP in der Türkei (als die einzige im freien Teil Europas) nicht mehr dem allgemeinpolitischen Betätigungsverbot unterliegen könne.[372] Mit bei Özals Überlegungen mag eine Rolle gespielt haben, daß sich marxistisches und kommunistisches Gedanken- und Veränderungspotential in der gegenwärtigen Türkei weiß Gott nicht nur auf die illegale KP beschränkt. Unter den Intellektuellen, in der Republikanischen Volkspartei Ecevits und vor allem im Gewerkschaftsverband DISK ist das Potential der marxistisch orientierten Türken bis zu 25% stark.

Der eigentliche Grund, warum die klassische marxistisch-leninistische Partei in dem Lande nie richtig hat Fuß fassen können, ist im Ursprungsstadium der modernen Türkei zu suchen, in den Umwälzungen Mustapha Kemal Paschas. Die KPT konnte oder wollte von Anfang an einfach nicht sehen, daß Atatürks Neuerungen bonapartistisch waren und damit auch und gerade in dem Sinne den unteren Bevölkerungsschichten zugute kamen, in dem Karl Marx seine Einschätzungen vom „18. Brumaire des Louis Napoléon Bonaparte" zu Papier gebracht hatte. Das türkische Wort *devrim*, das seiner eigentlichen Bedeutung nach „Revolution" heißt, de facto aber recht bald im Sinne von „Reform" verwendet wurde, wird bis heute nur in Zusammenhang mit Atatürks Taten verwendet, nicht jedoch im Hinblick auf die Ziele der KPT, so sehr sie diesen Zentralterminus auch für sich beanspruchen möchte.

Dies führte mit der Zeit dazu, daß die Partei ähnlich wie Kemal innenpolitisch für ein „progressives Bündnis" zwischen Arbeitern, Bauern, Mittelschichten und „aufgeklärtem" Bürgertum eintrat, aber um hiermit Erfolg zu haben, kam sie zu spät. Deshalb äußerte sie schließlich sogar, daß selbst ein „fortschrittliches" militärisches Regime gewisse gesellschaftliche Verbesserungen, z. B. eine wirksame Agrarreform, einleiten könne. Auch hier war das Einschwenken auf kemalistische Positionen unverkennbar, so marxistisch-leninistisch die Partei in ihrer inneren Organisation auch blieb. „In der Tat hat die KPT als Organisation darauf verzichtet, in irgendeiner Weise maßgeblich das politische Leben in der Türkei zu beeinflussen."[373] Statt dessen wurde lange Zeit in der Armee der eigentliche Vollstrecker der Ideen Atatürks gesehen, die auch der eigenen Sache nutzten, so zuletzt noch bei der Machtübernahme der Militärs vom 27. Mai 1960. Aber damit ist es heute vorbei. Die Militärputsche von 1971 und 1980 wurden von der KPT scharf verurteilt, ohne daß ihre Position dadurch auch nur irgendwie gestärkt wurde. Heute „sind die Republikanische Volkspartei, die kemalistische Ideologie, die sozialistische Linke und selbst die extreme Linke für junge Offiziere wahrscheinlich attraktiver als eine kommunistische Partei, die viel von ihrem früheren Prestige eingebüßt hat."[374] Schon allein deshalb ist in der Türkei eine Entwicklung wie in Portugal, wo es linksgerichtete und kommunistische Offiziere waren, die die Revolution entfachten, kaum denkbar.

Die KPT ist bis auf den heutigen Tag genauso moskauhörig wie illegal. Ihre Mitglieder sind im eigenen Lande unerwünscht, ihre Führungskader agieren meist von Ost-Berlin und von der sowjetischen Hauptstadt aus. Noch im Frühjahr 1985 verurteilte ein türkisches Militärgericht 234 Personen wegen Mitgliedschaft in der verbotenen KP zu bis zu 18 Jahren Haft. Im November 1987 spielte sich auf dem Istanbuler Flughafen jene Szene ab, daß Haydar Kutlu und Nihat Sargin, die Generalsekretäre von KPT und TIP, wohl sowohl im Einvernehmen der EG als auch Gorbatschows, von München aus in die Türkei zurückzukehren versuchten. Noch vor Betreten der Gangway wurden sie in Handschellen gelegt und mit verbundenen Augen abgeführt. Staatspräsident Kenan Evren, der einen eigenständigen türkischen Eurokommunismus noch kurz zuvor als „später möglich" bezeichnet hatte, wie auch Ministerpräsident Turgut Özal mit seinem Spiegel-Interview schienen ihre Worte von gestern vergessen zu haben. Özal erklärte: „Wenn wir heute den Kommunismus erlauben, darf auch keiner etwas dagegen haben, wenn der islamische Fundamentalismus gestattet werden muß." Deshalb gilt im Lande Atatürks nach wie vor: Gerade für Kommunisten schlagen die Uhren am Bosporus anders als im übrigen Westeuropa. Die von Kutlu und Sargin angestrebte „Vereinigte Kommunistische Partei der Türkei" bleibt vorerst nichts als ein Luftschloß.

20. Zypern

„Die kommunistische Partei Zyperns (AKEL) ist die einzige kommunistische Partei der kapitalistischen Welt, die seit 1943 bis heute einen zwischen 30% und 40% schwankenden Anteil der Wähler ihres Landes auf sich vereinigen konnte und die bei einer Einwohnerzahl von 500 000 eine stabile Zahl von 10 000 aktiven Mitgliedern aufweist; das Verhältnis Mitglieder-Einwohnerzahl bleibt somit nur hinter dem der kommunistischen Partei Italiens zurück."[375]

Die im ethnischen Sinne griechisch-zypriotische „Fortschrittspartei des Werktätigen Volkes" *(Anorthotikon Komma Ergazomenou Laou)* wurde 1941 als Nachfolgerin der 1921 gegründeten und 1933 verbotenen KP Zyperns gebildet. Sozialistisches Gedankengut hatte sich schon 1914, dem Jahr, in dem die Insel auch offiziell unter die Herrschaft des Britischen Empire geriet, auf der Insel verbreitet. Dieses erhielt durch die russische Oktoberrevolution einen zusätzlichen radikalen Impuls.

Auf dem ersten Parteitag der KP 1926 - die Insel selbst war ein Jahr zuvor zur britischen Kronkolonie erklärt worden - wurden die „Thesen zur politischen und ökonomischen Situation" verabschiedet. In dem hier erstmals verwendeten Terminus von der „antiimperialistischen Einheitsfront" wird das Bündnis von Arbeitern und Bauern als „historische Notwendigkeit der heute bestehenden sozialen Situation"[376] bezeichnet. In der Wochenzeitschrift der Partei „Der Neue Mensch" hieß es, „alle antibritisch eingestellten Personen, unabhängig davon, ob sie Bourgeois oder Proletarier, Griechen oder Türken sind, müssen im Kampf gegen die Fremdherrschaft zusammenstehen."[377]

1931 begannen die Briten, die Insel mit ihren Truppen zu besetzen. Seitdem ließen die Oberhäupter der autokephalen (d. h. vom Patriarchen in Konstantinopel unabhängigen) griechisch-orthodoxen Kirche, die vor dem mit dem Jahre 1878 einsetzenden britischen Zugriff auch die politischen Repräsentanten der griechischen Mehrheitsbevölkerung auf der Insel gewesen waren, nicht wieder von der Forderung nach der politischen Vereinigung der zypriotischen Griechen mit dem Mutterland, der sogenannten *Enosis*, ab. Die türkische Minderheit war erst mit Beginn der osmanischen Herrschaft im Jahre 1573 auf die Insel gekommen.

Natürlich erlangte die Frage der *Enosis* auch für die AKEL sofort eine entscheidende Bedeutung. Bedingt aber durch die klerikale Funktion ihrer hauptamtlichen Sachwalter stellte sich dadurch automatisch auch die Frage nach dem Verhältnis der Partei zu Religion und Transzendenz im allgemeinen. Sie ist bis heute nicht eindeutig beantwortet. Viel eher herrscht in dieser Hinsicht „eine gewisse Verlegenheit"[378]. Die meisten Mitglieder und Wähler der AKEL gehen zur Kirche, lassen ihre Kinder taufen und bestehen bei der Eheschließung auf dem kirchlichen Segen, insofern sind auch hier die Parallelen zu der „anderen" großen kommunistischen Partei des Westens, der KPI, unübersehbar. Beide haben nicht nur in dieser Hinsicht praktisch den Charakter einer Volkspartei angenommen.

Dies zeigt sich auch in der soziologischen Zusammensetzung der AKEL-Mitglieder und ihrer Sympathisanten. Obwohl sie in ihren eigenen Verlautbarungen immer wieder felsenfest darauf beharrt, „die Partei der Arbeiterklasse" zu sein, kann von einer starren „Klassenunterscheidung" oder „Klassengrenzen" in der zypriotischen Gegenwartsgesellschaft kaum die Rede sein. Arbeiter, Bauern, Handwerker, Kleinhändler und Freiberufler sind keine homogenen Gruppen. Es ist durchaus keine Seltenheit, daß ein Inselbewohner eine, zwei oder gar alle dieser Berufsbezeichnungen für sich geltend machen kann. Die „Betriebszellen" am Arbeitsplatz, die klassische leninistische Organisationseinheit einer kommunistischen Partei, haben für die AKEL deshalb auch keine große Bedeutung. Bevorzugt wird die Territorialorganisation nach Wohngebieten. In der Festansprache zum 50jährigen Bestehen der Partei wurde zum Beispiel die Rolle der Mittelschichten, der Händler und Handwerker, aber auch die der Intellektuellen, der Lehrer, Wissenschaftler und Künstler, als ausgesprochen positiv und prägend für die Partei hervorgehoben. Trotzdem besteht ein gewisser, unterschiedlich stark ausgeprägter Zusammenhang zwischen der wirtschaftlichen Situation und dem sozialen Status innerhalb der griechischen Bevölkerung auf der Insel und der Zuordnung zur politischen Linken. Hieraus resultiert auch die eigentliche Machtbasis der AKEL: ihre Stellung im Gewerkschafts- und Genossenschaftswesen der Insel. Der linke Gewerkschaftsverband PEO, der mit seinen 60 000 Mitgliedern zu 80% die gewerkschaftlich organisierten Zyprioten umfaßt, fungiert praktisch als verlängerter Arm der Partei. Der PEO-Vorsitzende ist gleichzeitig im Vorstand der AKEL, eine Personalunion, wie sie in Frankreich zwischen CGT und KPF praktiziert wird. Eng sind auch die Verflechtungen mit dem Bauernverband EKA, hinzu kommen eine Reihe kultureller und sportlicher Organisationen, die von der Partei unterstützt und gefördert werden. So gibt es in einigen Dörfern sogar zwei Fußballmannschaften: eine rechte und eine linke.[379] Die Sozial- und Wirtschaftspolitik der AKEL ist eindeutig reformistisch. Sie will die Klein- und Mittelbetriebe stärken, das Auslandskapital zurückdrängen und die existenzielle Absicherung im Not- und Krankheitsfalle verbessern. Ihr alles andere dominierendes außenpolitisches Ziel ist die Erhaltung der Unabhängigkeit und Blockfreiheit der Insel sowie die Überwindung der Spaltung, die einem friedlichen Zusammenleben zwischen Griechen und Türken in einer föderativen Republik weichen soll.

Nach ihrer Wiederzulassung (nicht in der Form der ursprünglichen KP, sondern der heutigen AKEL) galt für die Partei die Parole „*Enosis* und nur *Enosis*". Den bewaffneten, terroristischen, von der Befreiungsorganisation EOKA getragenen Kampf gegen die Besatzungsherrschaft lehnte sie allerdings ab. In der ersten Phase nach der Relegalisierung hatte sie noch dem Kampf gegen Nationalsozialismus und Faschismus oberste Priorität eingeräumt und sich sogar bereiterklärt, zur Erreichung dieses Ziels für einen gewissen Zeitraum an die Seite der Engländer zu treten. Elf Mitglieder ihres Zentralkomitees meldeten sich freiwillig zum Eintritt in das zypriotische Kontingent der britischen Armee. Als die AKEL 1947 an der Konferenz der kommunistischen Parteien der Commonwealth-Länder in London teilnahm und dort Gespräche über die Zukunft Zyperns führte, zog sie sich die scharfe Kritik der griechischen Kommunisten zu. Nicos Zachariádes, der Generalsekretär der KP Griechenlands, soll gesagt haben: „Es ist undenkbar, daß ihr zypriotischen Genossen euch in einem Augenblick zu Kompromissen mit dem englischen Imperialismus bereitfindet, um Verfassungsreformen zu erlangen, in dem wir in Griechenland mit dem Gewehr in der Hand gegen denselben Imperialismus kämpfen".[380] 1948 wurde die *Enosis*-Forderung der AKEL deshalb wieder deutlich verstärkt.

In den Kommunalwahlen zwei Jahre zuvor hatte die Partei ihre ersten aufsehenerregenden Erfolge errungen (55% der Stimmen). Mit Nicosia, Limassol, Famagusta und Larnaka übte sie die Verwaltungsherrschaft über die wichtigsten Städte des Landes aus. 1949 wählte sie sich mit Ezekias Papaioannou die bis heute beherrschende Figur des zypriotischen Kommunismus zum Vorsitzenden. Papaioannou hat seine entscheidenden Erfahrungen in der britischen KP sowie im spanischen Bürgerkrieg gesammelt. Bei den Kommunalwahlen 1949 konnte die Partei mit 40% erneut einen großen Erfolg für sich verbuchen.

Das alles andere dominierende Problem blieb aber dasjenige der *Enosis.* Daß die AKEL hier letztlich keine eindeutige Position bezog, hat sie wahrscheinlich um den entscheidenden politischen Einfluß auf der Insel gebracht. Der nationale Befreiungskampf „konnte im folgenden vielmehr von der Rechten nahezu monopolisiert werden."[381] Sie konnte es sich sogar erlauben, vom „Verrat" der AKEL zu sprechen, nämlich weil „es für die Kommunisten unmöglich ist, *Enosis* mit den strategischen, diplomatischen und politischen Interessen der Sowjetunion zu versöhnen, da sich diese gegen eine Vereinigung Zyperns mit dem NATO-Mitgliedstaat Griechenland richteten."[382]

In der zweiten Hälfte der 50er Jahre verschärften sich diese Widersprüchlichkeiten. Obwohl die AKEL von 1955 bis 1959 erneut verboten war, schlug sie sich - gesamtstaatlich und verantwortlich handelnd - nicht auf die Seite der Widerstandskämpfer, die in der Nacht zum 1. April 1955 unter dem griechisch-zypriotischen Offizier der griechischen Armee Georgios Grivas, der von Stund an den Decknamen Digenis annahm, ihre Terroraktionen gegen die britische Besatzungsmacht begannen. Dies hatte ihrerseits zur Folge, daß auch die AKEL den Verfolgungen der EOKA ausgesetzt war. Grivas selbst war „ein fanatischer Antikommunist, der die Existenz der AKEL als Provokation empfand."[383] Die kommunistische Partei konnte sich das Verdienst zuschreiben, als einzige Partei (über ihre Gewerkschaftsorganisation) bis 1959 enge Kontakte mit der türkischen Bevölkerung auf der Insel zu halten. Das gleiche Jahr brachte in der Frage des Besatzungs- und Kolonialstatus die entscheidende Wende.

Am 23. Februar 1959 wurde die Insel Zypern durch die Verträge von Zürich und London zwischen Großbritannien, Griechenland und der Türkei aus der britischen Kolonialherrschaft entlassen. Das unabhängig gewordene Land wurde bald Mitglied der UNO, des Europarats und assoziierter Partner der EWG. Die offizielle Proklamation der Unabhängigkeit erfolgte am 16. August 1960, zwei Wochen vor den ersten Parlamentswahlen. Der neue Status der Insel spaltete das national-zypriotische Lager in die Grivas-Anhänger auf der einen und die Befürworter des Erzbischofs Makarios auf der anderen Seite, der von den Engländern 1956 auf die Seychellen exiliert worden war. Erst 1964 sollte es Makarios gelingen, Grivas und seine Leute zu besänftigen und sich mit ihnen zu versöhnen.

Die von Makarios vertretene außenpolitische Position war - und hier begannen die Gemeinsamkeiten - derjenigen der AKEL nicht unähnlich. Beide lehnten die Verträge von London und Zürich ab, beide kämpften für eine Revision der Unabhängigkeitsverfassung mit der Zielvorgabe der Blockfreiheit und Neutralität der Insel. Zwar hatte die AKEL bei den Präsidentschaftswahlen 1959 - das Jahr, in dem Makarios aus der Verbannung zurückkehren durfte - einen eigenen Kandidaten aufgestellt, sich nach dessen Niederlage aber für den Erzbischof ausgesprochen.

Weit inkonsequenter mutete ihr Verhalten bei den Parlamentswahlen von 1960 an. Obwohl ihr aufgrund des vorweg geschätzten (und tatsächlich erreichten) Stimmenanteils von 30% das Recht zustand, mindestens zehn Kandidaten aufzustellen, begnügte sie sich mit fünf, die natürlich prompt alle Abgeordnete wurden. Dadurch machte sie es möglich, daß Makarios' Koalition mit dreißig Mandaten die erdrückende Mehrheit erreichte. Diese auf eine reale Selbsterniedrigung hinauslaufende Politik findet ihre Erklärung darin, daß die auf das Innere des Landes bezogene reformistische Partei hinsichtlich ihrer außenpolitischen Orientierung bedingungslos den Weisungen Moskaus folgt, denn für den Kreml, der schon im Dezember 1961 ein Handelsabkommen mit dem gerade erst unabhängig gewordenen Staat abschloß, bedeutete die um Neutralität und Blockfreiheit kämpfende Regierung Makarios eine größere Chance zur Einflußgewinnung im strategisch wichtigen östlichen Mittelmeer als eine kommunistische Administration, die doch nur die ängstliche Kontrolle der Weltöffentlichkeit, speziell der ehemaligen Kolonialmächte, auf sich gezogen hätte. Wenn man deshalb das genauso stillschweigende wie dauerhafte Einvernehmen zwischen den Kommunisten und dem Erzbischof in Anlehnung an die Koalitionskonstellationen im Italien der 70er Jahre auch als „historischen Kompromiß“ bezeichnet[384], dann besteht der entscheidende Unterschied doch darin, daß der eine von Moskau gewollt und (wahrscheinlich) verfügt worden ist, der andere sich hingegen parteigeschichtlich autonom entwickelte und der KPdSU-Führung eher ein Dorn im Auge war.

Trotzdem war Makarios bereit, auch innenpolitisch seinen Teil zu dem Bündnis zwischen den Systemopponenten zu leisten. Die Kirche, der auf Zypern noch heute ca. 40% des kultivierten Bodens gehört, verkaufte Ländereien und förderte die Genossenschaftsbewegung.

Aber noch in einer zweiten Hinsicht gab es ein genauso großes und stillschweigendes Einvernehmen zwischen der AKEL und Makarios' bürgerlicher Koalition: in der Frage der *Enosis*. Der Erzbischof brach mit der uralten Tradition der Oberhäupter der autokephalen Kirche und machte die Forderung nach Wiedervereinigung mit dem griechischen Mutterland nicht zum Primärziel seiner Politik - ähnlich wie die kommunistische Partei, die sich freilich hütete, in der *Enosis*-Frage eine eindeutige Stellung zu beziehen. Vielmehr deklarierte sie sich auch weiterhin als die eigentliche Interessenvertretung der griechischen und türkischen Werktätigen auf der Insel, so gering die Zahl ihrer Anhänger unter den letzteren auch immer war. Die türkischen Zyprioten hatten bereits 1958 unter Rauf Denktasch ihre eigene Dachorganisation gebildet. In den Jahren nach der Unabhängigkeit eskalierten die Feindseligkeiten zwischen den beiden Volksgruppen. Arnold Hottinger urteilt heute:

> „Die Ängste der türkischen Zyprioten vor den rund fünfmal zahlreicheren, geschäftstüchtigeren und über bessere Verbindungen mit Europa und der modernen Welt verfügenden Griechen auf der Insel gehen auf die Erfahrungen von 1963/64 zurück. Damals wurden die Türken, die verstreut in vielen Dörfern und allen Städten der Insel lebten, im Verlauf von mörderischen Auseinandersetzungen zwischen den beiden Volksgruppen von den Griechen so weit besiegt und niedergehalten, daß sie gezwungen waren, in vielen Fällen ihre Häuser und Felder zu verlassen und sich in enge, festungsartige Schutzbezirke zurückzuziehen. Vielleicht haben sie nur die UN-Truppen, die seitdem auf der Insel stehen, davor bewahrt, ausgerottet zu werden. Jedenfalls glauben sie dies.“[385]

De facto war es aber gleichfalls die Landung der UNO-Streitkräfte im März 1964, die zur (auch territorialen) Trennung zwischen Griechen und Türken auf der Insel geführt hat. An den schweren Ausschreitungen zwischen den beiden Volksgruppen änderte sich jedenfalls auch in den folgenden Jahren nichts.

Die AKEL selbst unterstützte die UN-Resolution, die ein einheitliches, unabhängiges, nicht-paktgebundenes und entmilitarisiertes Zypern forderte - und lag auch insofern nicht auf der Linie der klassischen *Enosis.* Als eigentlichen Garanten dieser außenpolitischen Orientierung sah die Partei auch weiterhin den Erzbischof Makarios an. Deshalb wiederholte sich bei den 1970er Wahlen jenes seltsame Schauspiel, daß die Partei ihre eigene politische Potenz auf geradezu groteske Art und Weise selbst beschnitt. Die AKEL hätte in ihrem Wahlbündnis mit der 1969 gegründeten sozialistischen Partei EDEK (*Eniéa Dimokratiki Enosis Kéntru,* „Vereinigte Demokratische Zentrumsunion") des Arztes Lyssarides mit an Sicherheit grenzender Wahrscheinlichkeit alle 35 den griechischen Zyprioten zustehenden Mandate errungen, wiederum stellte sie aber nur so wenig Kandidaten auf, daß es nur zu neun Sitzen reichte (EDEK: zwei), und das bei einem prozentualen Wähleranteil des Bündnisses von 40%! Aber damit nicht genug. In einer Verlautbarung der AKEL hieß es wörtlich: „Es wäre eine Katastrophe, nicht nur allein, wenn wir alle, sondern auch schon, wenn wir die Mehrheit der Sitze erringen würden."[386] Nirgendwo auf der Welt dürfte es sicherlich eine kommunistische Parteibasis geben, der auf Dauer eine die eigene Stärke geradezu verleugnende Kompromißbereitschaft abverlangt werden könnte.[387] Als der praktisch mit Hilfe der Kommunisten an der Macht gehaltene Makarios dann 1971 die Sowjetunion besuchte, schlugen die Wellen im westlichen Ausland hoch, und das Wort vom „Castro im Priesterrock" war in aller Munde.[388] Besonders in den Vereinigten Staaten wurde Zypern als „Kuba des östlichen Mittelmeers" bezeichnet. In den Folgejahren eskalierten die Ereignisse, und die Fronten verhärteten sich. Ausgerechnet der sozialdemokratische türkische Regierungschef Bülent Ecevit war es dann, der nach dem Scheitern von Genfer Verhandlungen am 21. Juli 1974 ca. 40% des Inselgebietes (mit den wirtschaftlich wichtigsten Gebieten) militärisch besetzen und die griechische Bevölkerung vertreiben ließ. Dem ein Jahr später entstandenen „Föderativen Türkisch-Zypriotischen Staat" im Norden der Insel blieb die internationale Anerkennung versagt, obgleich ihn die dort lebenden Türken zu fast 100% wollten. Mit der Existenz dieses Gebildes war die Spaltung der Insel praktisch abgeschlossen. Kommunistische Aktivitäten im türkischen Teil waren von nun an - wie im Mutterland - illegal. Auf der zyprischen Insel stehen sich bis heute zwei NATO-Staaten mit Stellvertreterarmeen haßerfüllt gegenüber.

Erzbischof Makarios verstarb 1977. Spyros Kyprianou, ein Mann seines Vertrauens, wurde zum Nachfolger benannt und 1978, da sich kein Gegenkandidat fand, für fünf weitere Jahre im Amt bestätigt. 1981 unterschrieb die AKEL zusammen mit der Kyprianou nahestehenden „Demokratischen Partei" DIKO ein Regierungsfähigkeit demonstrierendes Programm, dem auch die sozialistische EDEK Lyssarides' zustimmte. Erklärtes Ziel war es, die konservative, auf eine Vereinigung mit Griechenland abzielende DISY-Partei auszugrenzen. Die Parlamentswahlen im gleichen Jahr brachten ein Kopf-an-Kopf-Rennen zwischen AKEL und DISY (32,8 bzw. 31,9% und jeweils 12 Mandate), während die DIKO (19,5% und 8 Mandate) und mehr noch die EDEK (8,2% und 3 Mandate) abgeschlagen landeten. Trotz der scharfen gesellschaftspolitischen Gegensätze arbeiteten - der „historische Kompromiß" zypriotisch - Kommunisten und Konservative im Parlament wie auch in der Regierung Hand in Hand. Die AKEL praktizierte mit den von ihr kontrollierten Gewerkschaften und Bauerngenossenschaften eine eher konservative Politik. Mehr und mehr galten ihre Mitglieder als salonfähig und nahmen bereits Positionen bei der Polizei und im höheren Staatsdienst ein. Bei den am 13. Februar 1983 stattfindenden Präsidentschaftswahlen unterstützten die Kommunisten Kyprianou, der 56,5% der Stimmen gewann, weil man im Außenpolitischen von einer großen programmatischen Übereinstimmung ausgehen konnte: der Ablehnung der Unabhängigkeitsverträge von 1959 und der Fortsetzung des Dialogs mit der inzwischen auch territorial abgespaltenen türkischen Volksgruppe. Der konservative Kandidat Klerides, der mit der Parole vom „Kuba im Mittelmeer" in den Wahlkampf gezogen war, erreichte 34% und der Sozialist Lyssarides 9,5%.

Überraschenderweise kündigte Kyprianou die Zusammenarbeit mit der AKEL im Dezember 1984 auf, weil er eine neue Regierung mit „einem größeren politischen Spektrum" bilden wollte. Die

Kommunisten machten aus ihrer Enttäuschung über das Ende der Handlungsgemeinschaft „zweier befreundeter Parteien“ keinen Hehl. Kyprianou ging davon aus, daß die Distanzierung von den Kommunisten die Erfolgschance der für den Januar 1985 in New York wiederanberaumten Gespräche mit Rauf Denktasch, dem „Präsidenten“ der „Türkischen Republik Nordzypern“, wie sie sich seit 1983 nennt, verbessern würde, aber nach Ablauf des Treffens sah er sich in dieser Erwartung getäuscht. AKEL und DISY, mithin Kommunisten und Konservative, warfen dem Präsident in dem nunmehr einsetzenden Wahlkampf vor, er habe die Verhandlungen mit Denktasch „nicht flexibel genug geführt und sei für ihr Scheitern verantwortlich.“[389] Kyprianou konterte, indem er die Vertreter von AKEL und DISY immer wieder aufforderte, Vorschläge zu unterbreiten, wie sie sich die Vereinigung der Insel vorstellten und wie sie es vor allem erreichen wollten, daß Zypern frei von türkischen Truppen werde. Dieser Schachzug verfehlte seine Wirkung nicht. Kommunisten und Konservative konnten bei den Dezemberwahlen des Jahres 1985 ihr gemeinsam erklärtes Ziel nicht realisieren, Kyprianou durch eine Zweidrittelmehrheit im Parlament zum Rücktritt zu zwingen und vorgezogene Präsidentschaftswahlen ausschreiben zu lassen. Zwar wurde die DISY mit 33,5% und 19 Sitzen stärkste Partei, die AKEL sackte mit 27,4% (15 Sitze) jedoch kräftig ab und wurde sogar noch knapp von der DIKO (27,6% bzw. 16 Sitze) überrundet. Dadurch, daß sich auch die EDEK verbessern konnte (11,7% bzw. 6 Sitze), wurden die Kommunisten zum eigentlichen Verlierer. Die (griechische) Bevölkerung scheint ihren Rang und ihre Funktion auf der Insel nach wie vor im „historischen Kompromiß“ mit dem Staatspräsidenten am positivsten ausgefüllt zu sehen.

Die Zukunft der Insel erscheint damit als genauso ungewiß wie die der auf ihr beheimateten kommunistischen Partei. Ihre Stärke, ja ihre Hegemonie im innergesellschaftlichen, dörfischen, genossenschaftlichen und allgemeinpolitischen Sektor hatte immer auf dem ungeschriebenen Konsens mit dem Staatspräsidenten beruht. Ein Abbröckeln dieses Konsenses könnte für die Partei langfristig gefährliche Wirkungen zeitigen. Vielleicht steht Papaioannou mit seiner nach wie vor gut 10 000 Mitglieder zählenden AKEL am Ende seines Lebens hier vor seiner größten Herausforderung. Vielleicht macht es sich jetzt aber auch in einem fatalen Sinne bemerkbar, was jahrzehntelang keine Rolle spielte, nämlich daß die ansonsten so kooperationsbereite Partei in ihrem Innern nach wie vor leninistisch demokratisch-zentralistisch organisiert ist und daß sie hinsichtlich ihrer außenpolitischen Orientierung unvermindert starr und orthodox auf die Sowjetunion ausgerichtet ist. Der Kreml wird als der „naturgegebene Partner" Kyprianous wie auch der AKEL beim Kampf um Einheit und Unabhängigkeit der Insel angesehen. Möglicherweise entfernte sich der Präsident 1985 auch deshalb von der lange zuvor geübten Zusammenarbeit mit der zypriotischen KP und beendete somit die von Makarios zeit seines Lebens vertretene Linie. „Offensichtlich ist es für einen Beobachter von außen recht schwierig, die theoretische Starrheit der AKEL, ihr der Dritten Internationale entstammendes Vokabular und ihre in internationalen Fragen totale Ausrichtung an der Sowjetunion in Einklang zu bringen mit der Flexibilität, ... ihrer Bereitschaft zum Kompromiß und ihrer Ablehnung der frontalen Auseinandersetzung."[390]

Interessanterweise liegt ihre Präferenz hinsichtlich der Beziehungen zu den beiden griechischen KPen zwar bei der moskauorientierten KKE, die eurokommunistische KKE hat sie andererseits aber auch nie direkt angegriffen. Die in diesem Zusammenhang naturgemäß wieder aufgeworfene *Enosis*-Forderung möchte sie im Grunde genommen nie erfüllt sehen, weil Zypern dann unter der Kontrolle eines NATO-Landes stünde. Freilich hütet sie sich, dies offen auszusprechen.

So ungelöst wie die Probleme der Insel, so widersprüchlich und (im westeuropäischen Maßstab) singulär bleibt auch der Charakter ihrer kommunistischen Partei. Für die einen ist sie bolschewistisch, stalinistisch und kremlhörig, für die anderen ist sie „dagegen eine sozialdemokratische Partei, die unterwürfig und harmlos und bar jeglichen Klassencharakters ist."[391] In der Tat ist sie - je nach Perspektive, Standort und Aktionsrahmen - beides in einem.

Die Spaltung Zyperns schreitet unterdessen voran. Die beiden Volksgruppen entwickeln sich immer weiter auseinander. Nach wie vor stehen 25 000 türkische Soldaten auf der Insel, die das Überleben von einem Fünftel der Bevölkerung in einem eigenen, von niemandem außer von Istanbul anerkannten „Staat" garantieren. Die nachwachsenden Griechen und Türken können im sprachlichen und damit wahrsten Sinne des Wortes nicht mehr miteinander kommunizieren, und die einstmals beiden gemeinsamen Englischkenntnisse verschlechtern sich zusehends.[392] Zypern geht einen ungewissen Weg, und die kommunistische Partei geht ihn wie alle anderen Parteien hilf- und machtlos mit.

V
Ergebnis und Perspektiven: Die kommunistischen Parteien in Westeuropa, die kommunistische Weltbewegung und das Erneuerungspotential Gorbatschows

Europa - nur Sonderwege? Auch wenn es sich sicherlich nicht ganz so verhält, so hat doch dieser Durchgang durch die Staatenwelt im freien Teil des Alten Kontinents gezeigt, daß begründete Aussagen zu dessen kommunistischer Linker nur auf dem Hintergrund der nationalen Tradition und Geschichte und dem jeweiligen partei- und gesellschaftspolitischen Umfeld möglich sind. Dabei wird sichtbar, daß die Übereinstimmungen auf der von Helsinki nach Istanbul und von Reykjavik nach Nikosia führenden Wegstrecke durch die Unterschiede mehr als aufgewogen werden. Trotzdem lassen sich einige im Maßstab des westeuropäischen Kommunismus allgemeingültige Erkenntnisse formulieren.

Die in dieser Einführung behandelten KPen waren und sind überall dort stark, erfolgreich und geschichtsmächtig, wo sie ohne Abweichungen und Brüche an einer programmatischen Linie festgehalten haben. Diese mag eurokommunistisch wie in Italien, stalinistisch-orthodox wie in Portugal oder aber beides in einem wie in Zypern sein - die Verläßlich- und insofern die Berechenbarkeit garantiert die politische Potenz. Auch wenn hieraus auf eine gewisse Gleichrangigkeit der Positionen geschlossen werden mag, so läßt sich am Schluß dieser Untersuchung doch mit aller Vorsicht vertreten, daß die Bereitschaft zum Wandel den Erhalt bzw. den Ausbau des Machtpotentials, aber gleichzeitig auch den Weg zu Eurokommunismus, Linkssozialismus und Sozialdemokratie bedeutet und daß die ideologische Beharrung mit dem Einschrumpfen in Richtung auf Sektendasein und Bedeutungslosigkeit einhergeht. Ausnahmen bestätigen die Regel. Weder von Einheitlichkeit, ja nicht einmal von gleichartigen Entwicklungstendenzen im westeuropäischen Kommunismus kann die Rede sein. Von den hier beheimateten zwanzig KPen sind sieben (Portugal, Frankreich, Bundesrepublik Deutschland, Österreich, Türkei, Irland und Luxemburg) orthodox-moskauorientiert, acht (Finnland, Griechenland, Zypern, Spanien, Dänemark, Schweden, Norwegen und Großbritannien) in sich oder in Form von zwei Parteien eurokommunistisch-reformistisch und orthodox-moskauorientiert gespalten, drei (Niederlande, Belgien und die Schweiz) suchen weiterhin mit unterschiedlicher Akzentsetzung ihren endgültigen ideologischen Haltepunkt, eine (die KP Islands) kann insgesamt als eurokommunistisch bezeichnet werden, und die Kommunistische Partei Italiens, die allein über mehr als achtmal soviel Mitglieder verfügt wie die nächstgrößere westeuropäische KP, der große Sonderfall der freien Welt, ist wie die dänische SF und die interne griechische KP dabei, das Stadium des Eurokommunismus in Richtung Linkssozialismus und Sozialdemokratie zu verlassen.

Ein buntscheckiges Panorama, fürwahr. Und doch spricht aufgrund der äußeren Rahmenbedingungen alles dafür, die kommunistischen Parteien Westeuropas als eine in sich zusammengehörige Besonderheit gegenüber denjenigen im osteuropäischen Machtbereich, dem Sinokommunismus und den KPen in der sogenannten dritten Welt aufzufassen, so wie es Wolfgang Leonhard in seiner „Dreispaltung des Marxismus" Anfang der 70er Jahre bereits vorgezeichnet hatte. Vor die Herausforderung, sich gleichzeitig Konkurrenten von allen Seiten eines pluralistischen Parteiensystems, einer marktwirtschaftlichen Ordnung sowie der außenpolitisch nach Westen ausgerichteten institutionellen und vertraglichen Einbettung (NATO, EG, EWS) zu stellen, sehen sich nur KPen im hier abgesteckten geographischen und geopolitischen Rahmen gestellt.

Sie sind von der Begründung der Komintern bis nach dem Zweiten Weltkrieg einen gemeinsamen, fast identischen Weg gegangen. Von der Zwangsbolschewisierung und der Installation des demokratischen Zentralismus Anfang der zwanziger Jahre, der die Sozialdemokraten und nicht die Faschisten bzw. Nationalsozialisten zum Hauptfeind deklarierenden Sozialfaschismusthese am Ende des Jahrzehnts und der zu spät, aber immerhin noch erfolgten Wendung zur

Volksfront auf dem 7. Weltkongreß der Komintern 1935 über die mit dem Hitler-Stalin-Pakt abrupt vollzogene Wendung hin zu den den Weltkrieg entfesselnden deutschen Truppen erfolgte alles auf Moskaus diskussionslos befolgte Order. In Griechenland wurde der Einmarsch der Wehrmacht von der dortigen kommunistischen Partei sogar als „antiimperialistische Aktion gegen den englischen Hauptfeind" bezeichnet. Einzig die Kommunistische Partei Italiens vollzog am Ende des Krieges mit der *svolta di Salerno* eine eher noch vorsichtige, wenn nicht opportunistische Distanzierung von den Handlungsmaximen des Marxismus-Leninismus zu den Denkmodellen und zur politischen Praxis der parlamentarisch-pluralistischen Gesellschaften des Westens. Aber auch hier kam das Plazet von Stalin. Er selbst war es, der alle westeuropäischen KPen angewiesen hatte, sich in scheindemokratischer Drapierung an den nationalen Regierungen ihrer Länder zu beteiligen, um so idealiter einen bis an die Küsten des Atlantiks reichenden sowjetischen Einfluß geltend machen zu können und die wirtschaftliche und militärische Etablierung der Vereinigten Staaten auf dem westlichen Teil des Alten Kontinents zu unterminieren. Die Strategie erschien erfolgversprechend, hatte der (nota bene erst seit 1941, dem Bruch des Stalin-Hitler-Pakts und dem Einmarsch der deutschen Truppen in die Sowjetunion) heldenhafte Widerstand der Kommunisten gegen die landfremden deutschen Besatzer der jeweiligen KP doch zu einem ungeahnten und oft bis heute unerreichten Aufschwung verholfen. Nur die kommunistischen Parteien in Italien, Zypern und Island, die heute die stärksten Kräfte im westeuropäischen Kommunismus darstellen, setzten nicht nur in diesem Zeitraum, sondern auch danach ihren kontinuierlichen Erstarkungsprozeß fort.

Die Verabschiedung des Marshallplans 1947 und die Herauskatapultierung der kommunistischen Minister aus den westeuropäischen Regierungskabinetten stehen in einem ursächlichen Zusammenhang. Von nun an wurden, zunächst noch heimlich, still und leise, eigene nationale Wege beschritten, schließlich hatte die Sowjetunion mit ihrer blockierenden und die eigene Machtsphäre abriegelnden Reaktion auf den Marshallplan den westlichen Kommunismus de facto bereits zu dem Zeitpunkt „als Sündenbock für die verlassene gesamteuropäische Strategie ... in die Isolation geschickt" und sich selbst überlassen (Lutz Niethammer). Gramscis modifiziert leninistisches Transformationskonzept begann zunächst im süd-, später vereinzelt auch im nordeuropäischen Bereich an Einfluß zu gewinnen, und Titos unbestraft gebliebenes Ausscheren aus der Moskauer Kommandosphäre wirkte wie ein Wetterleuchten auf die sich aufspaltende kommunistische Weltordnung von morgen. Die Jahre 1956, 1968 und 1981 wurden zu den eigentlichen Evaluationszäsuren der kommunistischen Weltbewegung.

Der KPI-Vorsitzende Palmiro Togliatti interpretierte das Geheimreferat Chruschtschows auf dem 20. Parteitag der KPdSU 1956, das sich mit den Verbrechen und dem Vermächtnis Stalins auseinandersetzte, dahingehend, daß es mit der lupenreinen Einheit im Weltkommunismus nun endgültig vorbei sei. Statt dessen sei von einem „Polyzentrismus", von einer „Einheit in der Vielfalt" auszugehen. Aber auch Aksel Larsen, die große Figur der nichtsozialdemokratischen Linken in Dänemark, von der Impulse für einen Weg jenseits von Washington und Moskau bis weit über die Landesgrenzen hinausgingen, erlebte 1956 sein Damaskus. Maßgeblich unter seinem Einfluß wurde 1959 die SF gegründet, die mit einigem Recht als erste eurokommunistische Partei lange vor der eigentlichen Prägung dieses Begriffs bezeichnet wird. Sie lehnte die Formel von der „Diktatur des Proletariats" ab und arbeitete bald mit der KPI fruchtbar zusammen. Ähnlich begannen auch die österreichische KP unter Franz Marek sowie die finnische und die norwegische KP schon in den 60er Jahren Wesensmerkmale sowjethöriger Parteien abzuschütteln. Es handelte sich hierbei um Wandlungsprozesse, die ihren Ursprung im Innern des Parteigefüges hatten oder Reflexe auf Entwicklungen im nationalen Umfeld – das des trotz wirtschaftlicher und gesellschaftlicher Krisen stabilen und überlebensfähigen pluralistisch-parlamentarischen Staates – darstellten. Der eigentliche, dauerhafte und für viele West-KPen endgültige Anstoß kam von außen. Für ihn sorgte Moskau selbst. Der Einmarsch der Warschauer-Pakt-Staaten 1968 in die ČSSR zur Eliminierung des Reformexperiments von Alexander Dubček, in dem so mancher Westkommunist seinen Geistesverwandten entdeckt hatte, führte die Italiener endgültig auf einen eurokommunistischen Weg und bewirkte, daß sich die Genossen in Finnland, Schweden, Spanien und Griechenland über kurz oder lang in eine moskauhäretische und in eine moskauhörige Partei aufspalteten. Die sowjetisch inspirierte Unterdrückung der unabhängigen polnischen Gewerkschaftsbewegung „Solidarität" dreizehn Jahre später sollte diese Entwicklungstendenz noch einmal verfestigen und verschärfen.

Enrico Berlinguer sprach aus eben diesem Anlaß davon, daß „die vorwärtstreibenden Kräfte der Oktoberrevolution nunmehr erschöpft seien", und rief dazu auf, Westeuropa zu einem neuen „Epizentrum", zum Vorbild für die Arbeiterbewegung in der ganzen Welt zu machen, wobei er die ideologische Führungsfunktion unausgesprochen für sich und seine römische Zentrale beanspruchte. Sein Ruf verhallte ungehört. Die kommunistischen Parteien in Westeuropa waren und blieben uneinig, inhomogen und zerstritten. Auch beim begrifflichen Umgang mit Transformationsprozessen, von denen der eurokommunistische sicherlich der weitreichendste und bedeutsamste ist, blieb Vorsicht geboten. Es ist zwar richtig, daß eurokommunistische Spezifika schon relativ früh in den nordischen KPen auszumachen sind, dadurch daß europäische oder gar atlantische Optionen bis heute nicht zum Eurokommunismus in den Farben der skandinavischen Staaten gehören, kann dieser nicht einmal als einheitliches Phänomen aller reformorientierten KPen auf dem westlichen Teil des Alten Kontinents perzipiert werden. Am ehesten lassen sich verallgemeinernde Aussagen noch dann machen, wenn man (wie in dieser Einführung praktiziert), der geographischen Gestalt Westeuropas folgend, eine Dreiteilung vornimmt. Diese führt zu dem Ergebnis, daß die KPen in Skandinavien und Nordeuropa fast durchweg zweigeteilt sind, wobei die (mit den genannten Einschränkungen) eurokommunistische Partei die orthodoxe grundsätzlich majorisiert. Diese führt gleichzeitig zu dem Urteil, daß die KPen in der kontinentalen Mitte, dem höchstindustrialisierten Teil Europas, wo Lenin ursprünglich aufgrund der sich zuspitzenden antagonistischen gesellschaftlichen Entwicklungen das unvermeidliche Entfachen der Weltrevolution vermutete, im großen politischen Geschäft de facto keine Rolle mehr spielen. Sie sind derart klein, sektenhaft, ideologisch starr und unbedeutend, daß zunehmend andere Kräfte in die im parteipolitischen Spektrum dieser Staaten praktisch unbesetzte Stelle der radikalen Linken eindringen, von denen die grünen und ökologischen Gruppierungen vor allen anderen zu nennen sind. Die Untersuchung ging hier (insbesondere am Beispiel der Bundesrepublik Deutschland) deshalb auch der Frage nach, ob bzw. inwieweit dieser Wechsel mit inhaltlichen oder gar personellen Kontinuitäten durchsetzt und somit aufgefangen wird. Sind die Grünen faktisch an die Stelle der nicht mehr parlamentsfähigen KP getreten?

Einzig und allein im südeuropäischen Raum verdichtet sich das gemeinsame geographische Umfeld nicht zu einem für alle KPen gültigen ideologischen Typus. Von einem homogenen und in sich abgeschlossenen mediterranen oder lateineuropäischen Kommunismus kann jedenfalls nicht die Rede sein. Die portugiesische KP ist durch ihre ideologische Orthodoxie groß und mächtig, die französische fast redundant geworden. Die KPI hat das Stadium des Eurokommunismus hinter sich gelassen und setzt, wenn die Zeichen nicht trügen, zum Auszug aus dem Kommunismus an. Mehr und mehr wendet sie sich der westdeutschen SPD zu und drängt innerparteilich die alte kommunistische Organisation nach dem Betriebszellenprinzip zurück. Sie kann in ihrem Kern als eine pluralistische Partei bezeichnet werden. Achille Occhetto, ihr Kronprinz, bezeichnet den Pluralismus innerhalb der KPI als „vollkommen normal und legitim". Seine eigene Wahl zu Nattas Stellvertreter Mitte 1987 war hierfür das beste Beispiel. Erstmals kam es zur offenen, auch quantitativ kundgegebenen Scheidung in Mehr- und Minderheit, was einen neuerlichen Beweis für die Überwindung des demokratischen Zentralismus leninistischer Herkunft bedeutete. Die „Neue Zürcher Zeitung" kommentierte: „Die Partei totalitären Ursprungs gibt den Mythos der Einstimmigkeit preis."[393] Auf ihrem 1986er Parteitag wurde offiziell erklärt, daß die Ära des Polyzentrismus der Vergangenheit angehöre und daß die Partei sich als „integrierender Bestandteil der westeuropäischen Linken" verstehe. Die Niederlage bei den Parlamentswahlen ein Jahr später hat diesen Transformationsprozeß eher verstärkt. Rein rechnerisch war erstmals eine Mehrheit aller Linksparteien gegeben. Claudio Martelli, der stellvertretende Vorsitzende der sozialistischen Partei, und Achille Occhetto zeichneten Ende der 80er Jahre bereits die Konturen einer gemeinsamen „demokratischen Einheitspartei, einer Partei des Fortschritts, des

Volkes, der Reformen, einer Partei, die sozialistisch, kommunistisch, grün, radikal und sozialdemokratisch sein wird". Der gemeinsame Tenor wurde in dem Satz zusammengefaßt: „Man muß für ein größeres Haus der italienischen Linken arbeiten."[394]

Völlig konträr stellt sich die kommunistische Welt im östlichen Mittelmeer dar. Griechenland ist der einzige Staat, in dem die orthodoxe KP stärker als die eurokommunistische ist, in der Türkei ist die als einzige verbotene KP Westeuropas in den Untergrund verwiesen, und der „historische Kompromiß" auf Zypern sieht so aus, daß die enorm starke, nach außen moskauorientierte und nach innen eurokommunistische Partei in bewußtem und gewolltem Nichtausschöpfen ihrer eigenen Potenz die sowjetfreundlich-neutralistische Regierung des Erzbischofs Makarios und seiner Nachfolger an der Macht hält bzw. hielt.

Wenn man versucht, alle kommunistischen Parteien Westeuropas gleichzeitig in den Blick zu nehmen, dann ergibt sich ein Bild derart großer Heterogenität, Disparität und Uneinheitlichkeit, wie es kaum alle bürgerlichen, sozialdemokratischen und sozialistischen Parteien auf dem Westteil des Kontinents in toto voneinander trennt.

Die am Ende dieses Jahrhunderts gleichzeitig vertretenen Grundhaltungen und Positionen reichen von einem orthodoxen, dem Weltbild und der Gesellschaftsinterpretation der III. Internationale nach wie vor verhafteten Marxismus-Leninismus, ja Stalinismus bis hin zur De-Facto-Sozialdemokratie parlamentarisch-pluralistischer Provenienz unter Einschluß einer prioritär auf NATO und EG ausgerichteten Westorientierung. Der marxistische Philosoph Ernst Bloch hat zur Analyse des Aufkommens und der Wirkungsmächtigkeit von Faschismus und Nationalsozialismus in genialischer Erkenntnisschärfe das antinomische Begriffspaar von der „Ungleichzeitigkeit der Gleichzeitigkeit" gebraucht.[395] Vieles spricht dafür, daß es auch auf die gegenwärtige (west-)europäische kommunistische Welt anwendbar ist, in der überkommene ideologische Fossilien gleichzeitig neben zukunftsfähigen und entwicklungsoffenen Parteiformationen fortbestehen. Euro- und reformkommunistische Transformationsprozesse, die – hier ist Wolfgang Leonhard unumwunden zuzustimmen[396] – in Politik, Wissenschaft und öffentlicher Meinung nicht oder nur unzureichend wahrgenommen werden, erfüllen in dieser Hinsicht die geradezu historische Funktion der Hinführung kommunistischer Parteien vom Bolschewismus zur westlichen Demokratie. Sie dauern in den meisten West-KPen gegenwärtig in unterschiedlicher Intensität und Reichweite an. Deshalb ist es notwendig und nützlich, Intention, Wesen und Bestandteile des Eurokommunismus heute einer abschließenden Analyse zu unterziehen.

Das von Karl Dietrich Bracher 1982 in seiner „Zeit der Ideologien" geprägte Diktum, der Eurokommunismus habe die „Vereinbarkeit des Kommunismus mit westlicher Demokratie und Pluralismus" nur behauptet, sei ansonsten aber „mit einer betont legalen Machtergreifung ... kaum über eine gewisse Differenzierung des Kommunismus und seine taktischen Anpassungsversuche an weltpolitische Veränderungen" hinausgegangen, und seine abschließende Einschätzung: „Der ideologische Glaube und das strategische Fernziel werden nicht wirklich in Frage gestellt"[397] müssen aus heutiger Sicht als nicht zutreffend angesehen werden. Karl Dietrich Erdmann hatte schon 1984 - mit aller gebotenen Vorsicht - von der „Wahrscheinlichkeit einer fortschreitenden Pluralisierung" eurokommunistischer Parteien gesprochen,[398] und Richard Löwenthal urteilte fast gleichzeitig aus Anlaß des Todes von Enrico Berlinguer, „daß die eurokommunistische Bewegung für die romanischen Länder unseres Kontinents verspätet eine Aussöhnung der Arbeiterbewegung mit der modernen Demokratie gebracht hat, zu der sich die überwiegende sozialdemokratische Arbeiterbewegung Nord- und Mitteleuropas von vornherein bekannt hatte".[399] Dies geschah sicherlich auch und nicht zuletzt aus elektoralen Sachzwängen heraus. Wiederum Richard Löwenthal war es ja gewesen, der den West-Kommunisten schon in den 60er Jahre prophezeit hatte, daß sie sich entweder zur Sozialdemokratie oder zur utopischen Sekte entwickeln würden.[400] In dieser Schicksalsrolle zwischen ideologischer Reinheit und Mehrheitsbeschaffer für die Sozialdemokratie leben die meisten westlichen KPen noch heute, wobei die Verlagerung unübersehbar in Richtung Sozialdemokratie erfolgt, wenn eine gewisse Stärke bewahrt werden soll. Allein, hier geraten sie in die nächste Kalamität. Stärke der Sozialdemokratie und Schwäche des Kommunismus bedingen sich in fast allen westeuropäischen Parteiensystemen gegenseitig. „Eine Partei, die sich voll auf den Boden des Parlamentarismus und des Parteienpluralismus stellt ..., kann in letzter Konsequenz nur sozialdemokratisch sein."[401] Bedeutet diese von fachkundiger Seite attestierte Wandlung deshalb den Gewinn bzw. die Erhaltung von politischer Stärke, gleichzeitig aber auch die ideologische Selbstauslöschung?

So weit ist es noch nicht. Einstweilen ist die KPI zum Beispiel die im Grunde einzige nennenswerte Kraft, die aus dem Dilemma des Status quo, der Ausrichtung auf den jeweiligen „Block" und der herkömmlichen Dialektik von Abschreckungs- und Entspannungspolitik herausführen kann, indem sie die Rolle des „ehrlichen Maklers" zwischen Ost und West einnimmt, so wie sie es bei der Anbahnung der Ostpolitik zwischen der Bundesrepublik Deutschland und der UdSSR in den späten 60er Jahren vorexerziert hat. Egbert Jahn spricht deshalb nicht zu Unrecht von der „ökumenischen Dimension" des Eurokommunismus.[402] Es ist außerdem immer wieder verblüffend, in persönlichen Gesprächen erfahren zu können, wie hoch namhafte Wissenschaftler aus Osteuropa den Eurokommunismus (auch als Remedur für das eigene System) einschätzen und welche Hoffnungen sie ihm beimessen. Wenn aus diesen (kritischen) Repräsentanten des Ostens in den Westen übergewechselte Dissidenten geworden sind, die frei sprechen können, dann hört sich das so an: „Es gibt keinen anderen Weg als den, den die Eurokommunisten unter Enrico Berlinguer ... gewiesen haben. Mögen die Politiker und die Völker Westeuropas die Kraft finden, ihn zu gehen, bevor es zu spät ist. (...) Die Arbeiterbewegung Westeuropas kann in der EG über die Sozialistische Internationale, den Europäischen Gewerkschaftsbund und den demokratischen Reformkommunismus den Weg zu ihrer ideellen Einheit und damit zur völlig gleichberechtigten Mitbestimmung in Politik und Ökonomie finden, ..."[403]

Dieses aus den Staaten des real existierenden Sozialismus herübergetragene Hoffnungspotential mag den tatsächlichen Wirkungsmöglichkeiten des Eurokommunismus nicht gerecht werden. Es sollte aber nicht den Blick dafür verstellen, welche Rolle er in der Gesamtheit der kommunistischen Parteien Westeuropas einerseits und im politischen, gewerkschaftlichen und gesellschaftlichen System zahlreicher westeuropäischer Staaten andererseits gespielt hat und spielt. Er hat beim Absterben der Diktaturen und bei den großen Machtwechseln im romanischen und mediterranen Europa den Fall vom einen Extrem ins andere verhindert und dabei in gewisser historischer Dialektik nicht sich selbst, sondern die sozialistischen Parteien gestärkt und ihnen zur Regierungsübernahme verholfen, und er stabilisiert in der Vielfalt seiner Erscheinungsformen auch in Skandinavien und Nordeuropa de facto das bestehende System. Es ist ein hochrangiger westdeutscher Diplomat, der deshalb urteilt: „Zu sagen, der Eurokommunismus sei gescheitert, widerspräche den historischen Tatsachen."[404] Er ist darüber hinaus Teil und gegenwärtiger Ausdruck jenes säkularen Prozesses, der als Entproletarisierung der arbeitenden Massen in die Geschichte eingegangen ist und den die deutsche Sozialdemokratie bereits vor, während und nach der Jahrhundertwende mit unendlichen Kontroversen und tiefgreifenden Spaltungen ausgetragen hat. Dieser zeigt sich gegenwärtig in der soziologischen Herkunft (euro-)kommunistischer Wähler und Parteimitglieder, unter denen der Arbeiteranteil zugunsten der Angestellten, Ingenieure, Techniker und Geistesschaffenden beständig sinkt, aber auch im Ablegen alter Revolutionsmythen und überkommener leninistischer Gesellschaftsanalysen („Diktatur des Proletariats"). Der „Abschied vom Proletariat"[405] und das „Ausbleiben der Revolution in den Industriegesellschaften"[406] stehen in einem ursächlichen Zusammenhang. Dies wiederum hat zu einer unablässig fortschreitenden Befreiung vom ideologischen Führungsanspruch der Sowjetunion und zur Angleichung an das parteipolitische System der Staaten Westeuropas geführt. Auch der Eurokommunismus hat seinen Anteil an der Homogenisierung und am Zusammenwachsen der westeuropäischen Staatengemeinschaft.

Die hieraus für die betroffenen Parteien selbst resultierenden Konsequenzen sind überaus weitreichender Natur. Sie haben die West-KPen in einigen (wenigen) Fällen bis an die Schwelle der Volkspartei herangeführt, was ihre Abgrenzung und Identitätsbestimmung gegenüber den sozialistischen Parteien, mit denen man sich ja gerade hinsichtlich der Wähler aus den Mittelschichten in einer erbitterten Auseinandersetzung befindet, mit der Zeit unmöglich machen und in eine hier und da schon von beiden Seiten geforderte Wiedervereinigung zwischen sozialistischen und kommunistischen Parteien in Westeuropa einmünden könnte.[407] Diese durch die Entwicklung auf eine sozialistische bzw. sozialdemokratische Gesellschaftsauffassung bewirkte Auslöschung der Spaltung von 1919 würde zwei grundsätzliche Probleme aufwerfen: Welche Veränderungen resultieren hieraus für das nationale politische System und welche für die internationale kommunistische Bewegung?[408] In der Tat wäre das unwiderrufliche Abdriften der westlichen Bruderparteien für die Sowjetunion fatal:

„Mit einem solchen Bruch müßten die Sowjets endgültig einen wichtigen Faktor der Legitimierung ihrer Herrschaft und der Propagierung ihrer Außenpolitik abschreiben. Vor dem Hintergrund eines die bürgerlichen Freiheiten einschließenden Sozialismus in Westeuropa bestünde sogar die Gefahr, daß das Sowjetsystem in den Rang einer regionalen Variante des Sozialismus - eines Sozialismus auf historisch und kulturell rückständiger Basis zudem - zurückgestuft und damit in seinem Vorbildanspruch vollends unglaubwürdig würde.“[409]

Da hülfe es auch nichts, sagen zu können, daß man nach dem sinosowjetischen das westeuropäische Schisma und damit die Entwicklung zu einem tripolaren Weltkommunismus verhindert habe, wenn dort, wo einst die eigenen Genossen waren, im parteipolitischen System der westeuropäischen Staaten nur noch eine Leerstelle, eine utopische, wenn auch gefügige Sekte, eine grün-alternative Bewegung mit Restbeständen der alten KP oder aber eine starke sozialistische bzw. sozialdemokratische Partei wäre.

Derjenige, der dieses Dilemma in voller Tragweite erkannt hat, ist der 1985 ins Amt getretene sowjetische Generalsekretär Michail Gorbatschow, und er trachtet danach, es in der ihm gemäßen, scheinbar durch keinerlei Systembefangenheiten oder Systemgrenzen ein für allemal kodifizierten Seh- und Vorgehensweise aufzulösen. Gorbatschow denkt nach allem, was bislang an Zeugnissen verfügbar ist, nicht im geringsten daran, die kommunistischen Parteien in Westeuropa - mögen sie noch so unbedeutend, machtlos und ohne Regierungsteilhabe sein - sich selbst oder dem anderen „Lager“ zu überlassen, auch um den Preis, daß die Signale zu Wandel und Anpassungsbereitschaft nicht von Rom, Athen oder Helsinki, sondern von Moskau ausgehen müssen. Schon auf dem Begräbnis Enrico Berlinguers 1984 hatte er als offizieller Vertreter der Sowjetunion ausgerufen: „Wir haben dieselben Ansichten und dieselbe Linie." Mochte man dies noch als deklamatorisch und einen dem traurigen Ereignis gezollten Tribut ansehen, der ein Jahr später zum Generalsekretär Gekürte ließ den Worten Taten folgen. So insbesondere auf dem 27. Parteitag der KPdSU im Frühjahr 1986, wo Gorbatschow ausführte: „Der Parteitag geht davon aus, daß die Mannigfaltigkeit der kommunistischen Bewegung nicht ihre Zersplitterung bedeutet. Genauso hat die Einheit nichts gemein mit Uniformität, mit Hierarchie, mit der Einmischung der einen Partei in die Angelegenheiten der anderen, mit dem Anspruch einer Partei auf den Monopolbesitz der Wahrheit." Auch über die kommunistische Weltbewegung hinaus gesehen, letztlich auf die ganze Welt bezogen, stellte er fest: „Im Miteinander des Wettbewerbs, der historischen Auseinandersetzung zweier Systeme (bildet sich eine) widerspruchsvolle, aber wechselseitig abhängige und vielfach in sich geschlossene Welt heraus."[410]

Derartige Zugeständnisse und Verlautbarungen müssen auf dem Hintergrund vergangener sowjetischer ideologisch-globaler Ansprüche als das beginnende Aufbrechen des doktrinären marxistisch-leninistischen Systems angesehen werden. Das Postulat einer ganzheitlichen Welt geht deutlich über Lenins Lehre von der „friedlichen Koexistenz" hinaus.[411] Im Hinblick auf die Staaten Osteuropas wird die Breschnjewdoktrin von der begrenzten Souveränität der sozialistischen Länder „durch ein Toleranzedikt von der begrenzten Pluralität ersetzt"[412], dessen Folgewirkungen natürlich auch auf die kommunistischen Parteien im freien Teil Europas ausstrahlen. Das Wort von der Ökumene und vom „ökumenischen Verhalten", das bislang im Ost-West-Verhältnis, nicht nur der kommunistischen Parteien, von der KPI für sich beansprucht wurde, es wird jetzt von sowjetischen Wissenschaftlern für die Motivation und Intention Gorbatschows verwendet.[413]

Ob er selbst dabei tatsächlich von einer „schwindenden Bindekraft des Marxismus-Leninismus" ausgeht, muß vorerst dahingestellt bleiben, auf jeden Fall sieht er aber nur zu genau, daß „weitere Bemühungen Moskaus, die westeuropäischen Kommunisten über ideologische Hebel auch in Zukunft auf die sowjetische Linie zu verpflichten, sinnlos und sogar kontraproduktiv (wären). Das gilt um so mehr, als die konkurrierende KP Chinas nach ihrer Wiedereinschaltung in das kommunistische Parteiensystem seit 1980 ein attraktives Alternativmodell zum sowjetischen Führungskonzept anbietet, das die Unabhängigkeit aller kommunistischen Parteien mit gleichrangigen Beziehungen auch zu sozialdemokratischen und sozialistischen Parteien verbindet."[414] Immerhin stellte Li Zhong Jie, einer der wissenschaftlichen Vordenker hinter der Riege der aktiven chinesischen Politiker, 1986 die Mitte der 50er Jahre einsetzende Emanzipation des chinesischen Kommunismus von Moskau in direkte Parallele zu der zwanzig Jahre später erfolgten Unabhängigkeitsbewegung des Eurokommunismus.[415]

Gorbatschow will im Wettbewerb um und innerhalb der kommunistischen Weltbewegung auf keinen Fall den Zug in die Zukunft verpassen, und sei es um den Preis, daß Moskaus deutlich modifizierte Vormachtposition nur noch durch geradezu undenkbare Konzessionen aufrecht zu erhalten ist - Konzessionen, die so weit gehen, daß die Frage unumgänglich ist, ob überhaupt noch von einer kommunistischen Weltbewegung gesprochen werden kann. „Ja, nein und vielleicht", so hatte John F. Kennedy diese Frage schon Anfang der 60er Jahre beantwortet,[416] und Régis Debray konstatiert heute: „Das kommunistische ‚System' ist nicht eine Welt, sondern eine Krise in der Expansion".[417] Enzo Bettiza spricht gar metaphorisch als „Naturkatastrophe" vom „totalen Zusammenbruch" des Mythos der kommunistischen Weltbewegung, indem er den Verlust und das notorische Dahinschwinden ihrer zentralen Wesensbestandteile aufzählend exemplifiziert: „Der Glaube an das von Lenin erfundene und von Stalin konsolidierte System der absoluten sozialen wie produktiven Überlegenheit gegenüber allen historisch bisher bekannten Systemen; die Gewißheit von der Unvermeidlichkeit der allgemeinen Krise des Kapitalismus und seines Zusammenbruchs im planetarischen Maßstab; das Vertrauen in die endgültige Ausschaltung sozialer und nationaler Konflikte, mithin der Bürger- und zwischenstaatlicher Kriege innerhalb der neuen auf den Grundsätzen des Marxismus-Leninismus errichteten sozialistischen Gemeinschaft".[418]

Zweifellos sind die Zeiten einer festgefügten institutionalen und internationalen Organisation der kommunistischen Bewegung ein für allemal vorbei. Komintern und Kominform sind Bestandteile der

Geschichte, und dies werden sie auch bleiben. Gorbatschow wird sich hüten, sie in veränderter oder getarnter Form zu neuem Leben zu erwecken. Es ist auch richtig, „daß der Kommunismus heute in geringerem Maße eine Weltbewegung ist als etwa der Katholizismus".[419] Trotzdem versucht der charismatische KPdSU-Chef durch subtiles Vorgehen und flexibles ideologisches Zurückweichen, nicht die letzten Klammern zwischen den Proletariern aller Länder zu zerbrechen. Zu diesen gehört das in Prag erscheinende Theorieorgan „Probleme des Friedens und des Sozialismus", mit dem Moskau in der Vergangenheit immer den Genossen in aller Welt die verbindliche ideologische Linie kundtat. Dies geschah zumeist in programmatischen Artikeln, deren Autoren relativ unbedeutend oder deren Verfasser gar anonymisiert, deren Intention und Charakter aber recht schnell und zweifelsfrei zu identifizieren waren. So dürfte auch Gorbatschow verfahren sein, als bald nach seinem Machtantritt ein ungarischer ZK-Sekretär den Aufsatz „Kurs auf Festigung der Einheit" in der Zeitschrift publizierte. Der Inhalt ist differenzierender, als es der Titel erwarten läßt: Unstimmigkeiten zwischen KPen seien etwas völlig Normales, sie sollten aber den Dialog und die Zusammenarbeit nicht stören; die formelle Einheit, wie sie in der Zeit der Komintern bestand, gehöre der Vergangenheit an; heute solle es keine „unerwünschten Spannungen in den Beziehungen" geben, denn schließlich existiere „kein universales, für alle verbindliches Modell des Sozialismus oder des Weges dahin".[420] Dieses ist, wie auch von fachwissenschaftlicher Seite bestätigt wird,[421] der mit 30jähriger Verspätung – und diesmal von Moskauer Seite! – vorgetragene Versuch, wenigstens zu Palmiro Togliattis Polyzentrismus-Konzept der „Einheit in der Vielfalt" der kommunistischen Weltbewegung zurückzukehren, aber vieles spricht dafür, daß das Einlenken des Kreml um Jahrzehnte zu spät kommt. Die KPI als der in diesem Zusammenhang wichtigste westliche Adressat des Gorbatschowschen Entgegenkommens hat sich längst anderen Partnern zugewandt, wobei der westdeutschen SPD eine vorrangige Rolle zukommt.

Die italienische KP hatte auf ihrem 17. Parteitag im April 1986 zwar klipp und klar festgestellt, daß sie sich „weder als Bestandteil eines ideologischen Lagers noch einer organisierten Bewegung auf europäischer oder globaler Ebene" versteht.[422] Trotzdem war es spätestens seit Mitte der 70er Jahre unübersehbar, daß sich ihr Hauptaugenmerk auf den westlichen Teil des Alten Kontinents und die hier beheimateten Linksparteien richtete. Darüber hinaus verstärkte sie ihr Engagement in und für die Europäische Gemeinschaft, in deren Einrichtungen ihre Vertreter und Abgeordneten heute allseits anerkannte Funktionen ausüben. Die Idee der europäischen Einigung ist für sie realer als die Chimäre der fortbestehenden kommunistischen Weltbewegung. In Erkenntnis dieses Wandlungsprozesses versucht Gorbatschow nun in einem geradezu atemberaubenden Schwenk, nicht die Bindung zur größten kommunistischen Partei der westlichen Welt zu verlieren. Sicherlich nicht zufällig war es eine Ende 1986 in Mailand durchgeführte Veranstaltung der KPI, auf der der Kremlchef seinen wohl profiliertesten Westeuropafachmann Vadim Sagladin verlautbaren ließ, für die Sowjetunion käme es jetzt darauf an, analog zur „Ostpolitik" der Bundesrepublik Deutschland Anfang der 70er Jahre eine eigene aktive „Westpolitik" gegenüber Westeuropa zu entwickeln.[423] Gorbatschow selbst hatte bereits zuvor gegenüber dem KPI-Politiker Cervetti, dem italienischen Sozialistenchef Craxi und dem SPD-Vorsitzenden Brandt geäußert, vorrangiger Ausdruck dieser neuen sowjetischen „Westpolitik" müsse eine Anerkennung der Europäischen Gemeinschaft sein, und zwar nicht nur als Wirtschafts-, sondern auch als politische Einheit! Die Sowjetunion wolle mit ihr „nach einer gemeinsamen Sprache auch in bezug auf konkrete internationale Probleme suchen".[424] „Die enger werdende Zusammenarbeit zweier wichtiger EG-bejahender Komponenten der ‚Eurolinken' – der SPD und des PCI (= KPI) – wird von ihr nicht länger unter dem Aspekt ideologischer Gefahren für die Kohäsion des kommunistischen Parteisystems gesehen und bekämpft; vielmehr wird sie von Moskau mit Blick auf den möglichen politischen Nutzen für die sowjetische Außenpolitik heute eher begrüßt."[425] Es ist in diesem Zusammenhang nicht unerheblich, daß sich Gorbatschow wiederum des Forums der KPI und ihrer Parteizeitung „l'Unità" bediente, um auch Wege zur Lösung des Afghanistan-Problems anzudeuten. (Die KPI hatte 1979 zu den schärfsten Kritikern des sowjetischen Einmarschs gehört!) Es sei, so Gorbatschow, eine „zutiefst falsche Einschätzung", daß die UdSSR nur eine solche politische Regelung in Afghanistan befürworte, durch die das Land in der sowjetischen „Einflußsphäre" bleibe.[426]

Dies alles mögen Verlockungen und Schalmeienklänge von der Moskwa sein, sicherlich. Es kann sich um die Balzrufe eines nur reformistisch getarnten Altleninisten handeln, durchaus. In der Tat ist aus sowjetischer Sicht die Hoffnung unübersehbar, mit derartigen Absichtsbekundungen Einfluß auf die großen Linksparteien Westeuropas zu nehmen, in denen - wie z. B. in der KPI oder der SPD - bereits die Handlungsmaxime von der „Europäisierung" bzw. „Selbstbehauptung Europas" im Schwange ist, und so die Abkopplung des westlichen Kontinentteils von den Vereinigten Staaten und der westlichen Verteidigungsgemeinschaft zu forcieren. Dieses den prima vista frappierenden Konzessionen Gorbatschows möglicherweise inhärente, die weltpolitischen Kräftekonstellationen entscheidend verändernde Kalkül und Raffinement darf nicht verharmlost werden. Trotzdem spricht die Mehrzahl der zu berücksichtigenden Faktoren und Analysekriterien für die Ernsthaftigkeit der umfassenden Gorbatschowschen Systemrevision. Der Westen täte gut daran, ihn beim Wort zu nehmen. Auch was das Verhältnis der kommunistischen Parteien in Westeuropa zur (einstigen) Moskauer Führungszentrale angeht, so werden Wesen und Charakter dieser Beziehungen durch die Politik des neuen Kremlchefs im Grundsätzlichen berührt, wenn nicht auf den Kopf gestellt. War es ein Zufall, daß Armando Cossutta, der Vertreter des in seiner Bedeutung schwindenden traditionalistischen, ideologisch orthodoxen Flügels der KPI schon 1986 an die Adresse der KPdSU gerichtet die Frage stellte, ob sie beabsichtige, den Sozialismus zu liquidieren und im sicherheitspolitischen Bereich den Vereinigten Staaten gegenüber weich zu werden beginne?[427] Fast gleichzeitig begrüßte Giorgio Napolitano, der eurokommunistisch-linkssozialistische „Schattenaußenminister" der gleichen Partei nicht nur Gorbatschows Kurs, sondern forderte ihn zu weiteren einschneidenden institutionellen Reformen und zur Vergrößerung der Freiräume der in Osteuropa lebenden Menschen auf.[428] Gorbatschow dürfte erkannt haben, welchem der beiden KPI-Vertreter die Zukunft gehört. Sicherlich wäre es ein gefährlicher und letztlich unzulässiger Analogieschluß, wollte man ihn an die Seite der Erneuerer um Enrico Berlinguer stellen, die Mitte der

70er Jahre für weltpolitische Aufmerksamkeit sorgten, auch wenn die Übereinstimmung von *glasnost* und *perestroika* im Hinblick auf eine Reihe von Reformimpulsen geradezu augenfällig ist. Die Auflockerung staatlicher Planungsvorgaben, das Entlassen des ökonomischen Sektors aus staatlicher Bevormundung auf mittlerer und unterer Betriebsebene, das Streben nach sicherheitspolitischem Konsens und Abrüstung, die Liberalisierung von Wissenschaft und Kultur, die Orientierung auf Europa, dies alles ist genuin eurokommunistisches Gedankengut. Insofern laufen die moskautreuen Sekten in der kontinentalen Mitte Westeuropas, die DKP und die KPÖ, Gefahr, ihren einflußreichsten Bundesgenossen zu verlieren. Für Gorbatschow rangieren Stärke, Macht und politische Potenz vor ideologischer Observanz und Unterwürfigkeit.

Richard Löwenthal konnte noch 1984 formulieren: „Vielleicht wird der Eurokommunismus in die Geschichte als der Anfang des Auflösungsprozesses der kommunistischen Parteien in den industriell entwickelten Demokratien eingehen, in denen sie nie eine Chance hatten, an die Macht zu kommen.“[429] Diese ernüchternde Perspektive hat durch das Auftreten Gorbatschows eine einschneidende Qualitätsveränderung erfahren. Der Generalsekretär scheint nicht gewillt, dem Vorgang der Marginalisierung bzw. Selbstauslöschung der westeuropäischen KPen durch Wiedervereinigung mit den sozialistischen und sozialdemokratischen Parteien der 1919 zerbrochenen Arbeiterbewegung tatenlos zuzusehen. Er kann den in Italien, Spanien, Griechenland, Finnland, Schweden, Dänemark, Island, Großbritannien und Zypern bereits in voller Fahrt befindlichen Zug nur noch aufhalten, wenn er das Signal auf Reform, Eurokommunismus und Pluralismus setzt. Das aber würde nur eine Fortsetzung der Reise in die bereits eingeschlagene Richtung und keine Kursänderung bedeuten. Sowohl für die sowjetische Führung wie auch „für die westeuropäischen Demokratien ist damit die ‚kommunistische Frage‘, das Problem der dauerhaften Einbindung der kommunistischen Parteien in ihre politischen Systeme, noch lange nicht erledigt und schon gar nicht gelöst“.[430]

VI
Anmerkungen

1 Heinz Timmermann, Die Kommunistische Partei Finnlands, in: Thomas Meyer et al. (Hrsg.), Lexikon des Sozialismus, Köln 1986, S. 357

2 vgl. Arvo Tuominen, Stalins Schatten über Finnland - Erinnerungen des ehemaligen Führers der finnischen Kommunisten, dt. Übersetzung v. Hans Jürgen Baron v. Koskull, Reihe: „Europäische Zeit-Zeugen", hrsg. v. Wolfgang Leonhard, Freiburg i. Br. 1986

3 zit. nach John H. Hodgson, Die Linke in der finnischen Politik, in: Hans Rühle und Hans-Joachim Veen (Hrsg.), Sozialistische und kommunistische Parteien in Westeuropa, Bd. 2: Nordländer, Opladen 1979, S. 293-336, hier: S. 311

4 zit. nach Hodgson, a. a. O., S. 312

5 Hermann Beyer, Finnlands Kommunisten vor großen Problemen - Die finnische KP und die Parlamentswahlen von 1983, in: „Osteuropa", Nr. 5/1984, S. 352-364, hier: S. 353

6 zit. nach Timmermann, a. a. O., S. 357

7 vgl. den Artikel von Seija und I. W. Spring, in: David Childs (Hrsg.), The Changing Face of Western Communism, New York 1980, S. 172-204

8 Christian Zänker, Die endgültige Spaltung der finnischen Kommunisten, in: „Die Neue Gesellschaft", Nr. 1/1987, S. 83-88, hier: S. 86

9 Zänker, a. a. O., S. 87.

10 Bernd Henningsen, Die Linke in Schweden - Geschichte, Programme, Politik, in: Rühle/Veen, Sozialistische und kommunistische Parteien ..., a. a. O., S. 123-200, hier: S. 179

11 Henningsen, a. a. O., S. 180

12 ebenda, S. 182

13 ebenda

14 ebenda, S. 188

15 zit. nach Henningsen, a. a. O., S. 192

16 Heinz-Joachim Kasten, in: Helmut Richter und Günter Trautmann (Hrsg.), Eurokommunismus - Ein dritter Weg für Europa? Hamburg 1979, S. 197

17 „Der Spiegel", Nr. 39/1985, S. 146

18 Daniel Tarschys, The Unique Role of the Swedish CP, in: „Problems of Communism“, Vol. XXIII, Nr. 3/1974, S. 36–44, hier: S. 38

19 zit. nach Nils Ørvik, Die Norwegische Linke, in: Rühle/Veen (Hrsg.), a. a. O., S. 79–121, hier: S. 104

20 Ørvik, a. a. O., S. 120

21 Wolfgang Leonhard, Eurokommunismus – Herausforderung für Ost und West, München 1978, S. 294. Als umfassendste Untersuchung zum norwegischen Kommunismus gilt immer noch: Trond Gilberg, The Soviet Communist Party and Scandinavian Communism: the Norwegian Case, Oslo 1973

22 Schätzung des Bundesinstituts für ostwissenschaftliche und internationale Studien, Köln, für 1984

23 vgl. Trond Gilberg, Communism in the Nordic Countries: Denmark, Norway, Sweden and Iceland, in: David Childs (Hrsg.), The Changing Face of Western Communism, a. a. O., S. 205–259, hier: S. 248

24 ebenda, S. 254

25 Bergholt Holmgaard, in: Aake Sparring (Hrsg.), Kommunisten im Norden, Köln 1966 (dt. Ausgabe), S. 51–74 passim

26 zit. nach Ursula Schmiederer, Die Sozialistische Volkspartei Dänemarks, Frankfurt/M. 1969, S. 33

27 vgl. ebenda, S. 7

28 vgl. ebenda, S. 114

29 Maria Eysell, Geschichte, Programmatik und Politik der Dänischen Linken, in: Rühle und Veen (Hrsg.), Sozialistische und kommunistische Parteien ..., a. a. O., S. 201–292, hier: S. 286

30 vgl. Schmiederer, a. a. O., S. 166

31 vgl. Eysell, a. a. O., S. 290

32 ebenda, S. 232

33 ebenda, S. 283

34 vgl. ebenda, S. 287

35 vgl. als Zustandsbeschreibung der SF: Baastrup Lund, Sozialistische Volkspartei (SF) und Linkssozialisten (VS) – Dänische Parteien zwischen Sozialpartnerschaft und Klassenkampf, in: Jürgen Baumgarten (Hrsg.), Linkssozialisten in Europa – Alternativen zu Sozialdemokratie und Kommunistischen Parteien, Hamburg 1982, S. 58–84

36 vgl. als Darstellung bis zu diesem Zeitpunkt: Rüdiger Wenzel, Das Parteiensystem Dänemarks – Entwicklung und gegenwärtige Struktur, Neumünster 1982

37 vgl. als früheren Versuch einer derartigen Gesamtschau: Trond Gilberg,

Patterns of Nordic Communism, in: „Problems of Communism", May-June 1975, S. 20-35

38 David Watt, Die Linke in Großbritannien, in: Rühle/Veen, a. a. O., S. 35-78, hier: S. 54; vgl. besonders für die Frühphase der CPGB: Stuart MacIntyre, A proletarian science. Marxism in Britain 1917-1933, Cambridge 1980, und Rudolf Klepsch, Die Auswirkungen der russischen Revolutionen von 1917 in der britischen Arbeiterbewegung. „Labour-Sozialismus" und Kommunismus in Großbritannien, Vortrag auf dem 16. Internationalen Kongreß der Geschichtswissenschaften in Stuttgart 1985, überarbeitet abgedruckt in: „Geschichte in Wissenschaft und Unterricht", Nr. 4/1987, S. 193-203

39 vgl. J. Klugmann, History of the Communist Party of Great Britain, 2 Bde., London 1968, und H. Pelling, British Communist Party, London [2]1975

40 zit. nach Paul-Wolfgang Hermann, Die Communist Party of Great Britain - Untersuchungen zur geschichtlichen Entwicklung, Organisation, Ideologie und Politik der CPGB von 1920-1970 (phil. Diss.), Reihe: Marburger Abhandlungen zur Politischen Wissenschaft, hrsg. v. Wolfgang Abendroth, Bd. 31, Meisenheim am Glan 1976, S. 104

41 vgl. Reiner Luyken, Die große Macht einer kleinen Partei - Die Kommunisten haben starken Einfluß auf die britischen Gewerkschaften, in: „Die Zeit" v. 29.3.1985

42 Klepsch, a. a. O., S. 201

43 vgl. Hermann, a. a. O., S. 253

44 zit. nach Hermann, a. a. O., S. 406

45 Hermann, a. a. O., S. 252

46 zit. nach Hermann, a. a. O., S. 413

47 Grundlegend für die Geschichte der CPI bleibt für einen unabsehbaren Zeitraum die umfassende Untersuchung von Mike Milotte, Communism in Modern Ireland - The Pursuit of the Workers' Republic since 1916, Dublin und New York 1984

48 Hermann Weber, Kommunistische Partei Deutschlands, in: „Lexikon des Sozialismus", a. a. O., S. 325

49 zit. nach Dietrich Staritz, Die Kommunistische Partei Deutschlands, in: Richard Stöss (Hrsg.), Parteien-Handbuch. Die Parteien der Bundesrepublik Deutschland 1945-1980, Reihe: Schriften des Zentralinstituts für sozialwissenschaftliche Forschung der Freien Universität Berlin, Bd. 38, 2. Teilband, Opladen 1983, S. 1663-1809, hier: S. 1677

50 vgl. Arnold Sywottek, Deutsche Volksdemokratie, Studien zur politischen Konzeption der KPD 1935-1946, Düsseldorf 1971

51 zit. nach Staritz, a. a. O., S. 1679

52 zit. nach Staritz, a. a. O., S. 1680

53 vgl. Staritz, a. a. O., S. 1682

54 zit. nach Staritz, a. a. O., S. 1668

55 vgl. Staritz, a. a. O., S. 1673

56 ebenda, S. 1674

57 ebenda

58 ebenda, S. 1806

59 Siegfried Heimann, Die Deutsche Kommunistische Partei, in: Richard Stöss (Hrsg.), Parteien-Handbuch, a. a. O., 1. Teilband, S. 901–982, hier: S. 902

60 Staritz, a. a. O., S. 1748

61 ebenda, S. 1807

62 vgl. ebenda, S. 1808

63 vgl. Göttrik Wewer, Kommunistische Unternehmungen in der Bundesrepublik Deutschland – Wissenschaftliche Fragestellungen nach österreichischen Erfahrungen, in: „Beiträge zur Konfliktforschung", Nr. 1/1986, S. 87–109, bes. S. 88, 94 und 97

64 Rolf Schönfeldt, Die Deutsche Friedens-Union, in: Richard Stöss (Hrsg.), Parteien-Handbuch, a. a. O., 1. Teilband, S. 848–876, hier: S. 875

65 Siegfried Heimann, Die Deutsche Kommunistische Partei, a. a. O., S. 907

66 vgl. Gustav Heinemann, Wiederzulassung der KPD?, in: Juristenzeitung 1967, S. 425, sowie Günter Olzog und Hans-J. Liese, Die politischen Parteien in der Bundesrepublik Deutschland. Geschichte, Programmatik, Organisation, Personen und Finanzierung, München und Wien [14] 1983, S. 151

67 Knorr, zit. nach Schönfeldt, a. a. O., S. 863

68 Jürgen Bacia, Die Kommunistische Partei Deutschlands/Marxisten-Leninisten, in: Stöss, a. a. O., 2. Teilband, S. 1831–1851, hier: S. 1850

69 ebenda, S. 1843

70 Jürgen Bacia, Der Kommunistische Bund Westdeutschlands, in: Stöss, a. a. O., 2. Teilband, S. 1648 1662, hier: S. 1648

71 zit. nach Bacia, a. a. O., S. 1652

72 zit. nach Bacia, ebenda

73 ebenda, S. 1662

74 vgl. Hans Jakob Ginsburg, Viel Frieden, wenig Klassenkampf–Die DKP sucht ihr Heil jetzt in der Bündnispolitik, in: „Die Zeit" vom 18.4.1986

75 zit. nach Heimann, in: Stöss, a. a. O., S. 929

76 Ossip K. Flechtheim, Wolfgang Rudzio, Fritz Vilmar und Manfred Wilke, Der Marsch der DKP durch die Institutionen – Sowjetmarxistische Einflußstrategien und Ideologien, Frankfurt/M. 1979, S. 135

77 Der Verf. weiß dies aus seiner eigenen Referendarzeit am Seminar Flensburg für Gymnasien 1978/80 zu bestätigen.
78 a. a. O.; vgl. zu diesem Komplex auch: Gerd Walter, Theoretischer Anspruch und politische Praxis der DKP. Eine Analyse am Beispiel der Betriebsarbeit, Meisenheim am Glan 1973
79 zit. nach Ginsburg, Viel Frieden ..., a. a. O.
80 Axel Minrath, Friedenskampf - Die DKP und ihre Bündnispolitik in der Anti-Nachrüstungsbewegung, Köln 1986, S. 132
81 so auch Minrath, a. a. O., S. 133
82 zit. nach Rainer Diehl, Auf dem kurzen Marsch in die Selbstisolation - Die DKP und die real existierende Sozialdemokratie, in: „Die Neue Gesellschaft“, Nr. 4/1986, S. 354–359, hier: S. 354
83 zit. nach Diehl, a. a. O., S. 355
84 ebenda
85 zit. nach Diehl, a. a. O., S. 358
86 zit. nach Heimann, a. a. O., S. 977
87 zit. nach Ginsburg, Viel Frieden ..., a. a. O.
88 zit. nach Minrath, a. a. O., S. 10
89 Verfassungsschutzbericht 1985, hrsg. vom Bundesminister des Innern, Bonn 1986, S. 39
90 zit. nach Minrath, a. a. O., S. 42
91 „DKP-Bildungsjahr 1984/85“, Heft 4, S. 6 f., und Heft 3, S. 3
92 Minrath, a. a. O., S. 43
93 Heimann, a. a. O., S. 978
94 zit. nach Heimann, a. a. O., S. 942
95 Hans-Peter Schwarz, Prinzip Toleranz, in: „Trend“, Zeitschrift für soziale Marktwirtschaft, Nr. 29, Dezember 1986, S. 80 ff., hier: S. 82
96 zit. nach Ginsburg, Viel Frieden ..., a. a. O.
97 Diehl, a. a. O., S. 359
98 Vgl. Wewer, Kommunistische Unternehmungen in der Bundesrepublik Deutschland, a. a. O., S. 100. Zur Gesamtorientierung über die DKP sind unentbehrlich: H. Weyer, Die DKP-Programm, Strategie, Taktik, Bonn 1979, und Gerd Langguth, Protestbewegung - Entwicklung, Niedergang, Renaissance. Die Neue Linke seit 1968, Köln 1983
99 Heinz Gärtner, Zwischen Moskau und Österreich. Die KPÖ - Analyse einer sowjetabhängigen Partei, Reihe: Studien zur österreichischen und internationalen Politik, hrsg. v. Peter Gerlich und Anton Pelinka, Bd. 3, Wien 1979, S. 20
100 ebenda
101 Margareta Mommsen-Reindl, Österreich, in: Frank Wende (Hrsg.), Le-

xikon zur Geschichte der Parteien in Europa, Stuttgart 1981, S. 441–470, hier: S. 456

102 Gärtner, a. a. O., S. 35.

103 zit. nach Gärtner, a. a. O., S. 41 f.

104 zit. nach Gärtner, a. a. O., S. 44

105 zit. nach Gärtner, a. a. O., S. 45

106 ebenda, S. 46

107 vgl. hierzu insbesondere die Stellungnahmen Herbert Steiners auf dem Internationalen Historikerkongreß in Stuttgart 1985; s. dazu: Klaus Kellmann, Zeitgeschichte, in: „Geschichte in Wissenschaft und Unterricht", Nr. 2/1985, S. 90

108 vgl. Gärtner, a. a. O., S. 90, Anm. 14

109 zit. nach Anton Pelinka, Auseinandersetzung mit dem Kommunismus, in: Erika Weinzierl und Kurt Skalnik (Hrsg.), Österreich – Die Zweite Republik, Bd. 1, Graz, Wien, Köln 1972, S. 169–201, hier: S. 170

110 vgl. ebenda, S. 171

111 ebenda, S. 173

112 ebenda, S. 179

113 Wolfgang Leonhard, Die Revolution entläßt ihre Kinder, o. O. 1963, S. 350

114 Pelinka, a. a. O., S. 180

115 ebenda

116 Adolf Schärf, Österreichs Erneuerung 1945–1955, Wien [2] 1960, S. 107

117 Wewer, a. a. O., S. 90

118 vgl. Pelinka, a. a. O., S. 186

119 ebenda

120 zit. nach Pelinka, a. a. O., S. 185

121 zit. nach Pelinka, a. a. O., S. 192 f.

122 Mommsen-Reindl, a. a. O., S. 456

123 Gärtner, a. a. O., S. 119

124 Pelinka, a. a. O., S. 198 f.; andere Einschätzung dieser Vorgänge bei: Fritz Weber, Die österreichische Sozialdemokratie zu Beginn des Kalten Krieges, in: Othmar N. Haberl und Lutz Niethammer (Hrsg.), Der Marshall-Plan und die europäische Linke, Frankfurt/M. 1986, S. 169–193, bes. S. 184 ff.

125 so auch Gärtner, a. a. O., S. 124

126 zit. nach Pelinka, a. a. O., S. 199

127 Pelinka, a. a. O., S. 201

128 zit. nach Wewer, a. a. O., S. 90

129 zit. nach Wewer, a. a. O., S. 92

130 zit. nach Wewer, a. a. O., S. 91

131 vgl. ebenda

132 in: „Weg und Ziel", theoretisches Organ der KPÖ, November 1957

133 vgl. Prager, Bekenntnisse eines Revisionisten. Zwischen London und Moskau, Wien 1975, S. 147

134 Mommsen-Reindl, a. a. O., S. 456

135 Fritz Keller, Die Spaltung der KPÖ 1969/70 - Ungenutzte Chance für eine linkssozialistische Partei in Österreich, in: Baumgarten (Hrsg.), Linkssozialisten in Europa, a. a. O., S. 149-158, hier: S. 150

136 zit. nach Leopold Spira, Der „österreichische Weg" - Die Diskussion in der KPÖ, in: Heinz Gärtner und Günter Trautmann (Hrsg.), Ein dritter Weg zwischen den Blöcken? Die Weltmächte, Europa und der Eurokommunismus, Wien 1985, S. 305-311, hier: S. 307

137 zit. nach Gärtner, a. a. O., S. 161

138 zit. nach Spira, a. a. O., S. 310

139 Fritz Keller, Die Spaltung der KPÖ, a. a. O., S. 154

140 vgl. Gärtner, a. a. O., S. 162

141 zit. nach Spira, a. a. O., S. 310

142 zit. nach Spira, ebenda.

143 Spira, a. a. O., S. 311; vgl. zusammenfassend auch: ders., Ein gescheiterter Versuch. Der Austro-Eurokommunismus, Wien und München 1979, sowie zur Rolle der SED: Kurt Seliger, SED: Gute Beziehungen zur normalisierten KPÖ, in: „Deutschland Archiv", Nr. 8/1976, und Karl Stadler, Austria: from Orthodoxy to ‚Normalisation', in: David Childs (Hrsg.), The Changing Face of Western Communism, a. a. O., S. 260-275, bes. S. 274

144 vgl. hierzu übergreifend: E. Fischer, Das Ende einer Illusion, Wien 1973

145 Keller, a. a. O., S. 153

146 Gärtner, a. a. O., S. 163

147 in: Vorwort zu Gärtner, a. a. O., S. 5

148 vgl. Erich Gruner, Schweiz, in: Frank Wende (Hrsg.), Lexikon zur Geschichte der Parteien in Europa, Stuttgart 1981, S. 617

149 ebenda, S. 618

150 Norbert Lepszy et al., Belgien, Niederlande, Luxemburg: Grundwissen - Länderkunde: Politik-Gesellschaft-Wirtschaft, Opladen 1985, S. 192

151 ebenda, S. 42

152 Rob Gerretsen und Marcel van der Linden, Die Pazifistisch-Sozialistische Partei (PSP) der Niederlande, in: Jürgen Baumgarten (Hrsg.), Linkssozialisten in Europa, a. a. O., S. 85-106, hier: S. 86

153 Wolfgang Leonhard, Die Dreispaltung des Marxismus, Düsseldorf und Wien 1970

154 Lepszy et al., a. a. O., S. 130

155 vgl. für die Geschichte der CPN bis zu dem Zeitpunkt: A. A. de Jonge, Het communisme in Nederland. De geschiedenis van een politieke partij, Den Haag 1972

156 vgl. Togliatti, La via italiana al socialismo, Rom 1956, S. 57

157 vgl. Togliatti, Memoriale di Yalta, in: „Rinascità", Nr. 35 v. 3.9.1964

158 Enrico Berlinguer, Gedanken über Italien nach den Ereignissen in Chile, in: „Rinascità" v. 28.9., 5. und 9.10. 1973; vollständige deutsche Übersetzung nach: Manfred Steinkühler, Eurokommunismus im Widerspruch, Köln 1977, S. 90–109

159 Berlinguer in: „Rinascità" v. 28.9., 5. und 9.10. 1973; vollständige deutsche Übersetzung nach: Manfred Steinkühler, Eurokommunismus im Widerspruch, a. a. O., S. 90–109

160 vgl. besonders die gemeinsame Erklärung der KPI und KPS, abgedruckt in der „Unità" (Parteizeitung der KPI, Rom) vom 12.7.1975, der KPI und KPF in der „Unità" vom 18.11.1975 sowie aller drei Parteien vom 2. und 3.3.1977 in Madrid (deutsche Übersetzung in: „Deutschland Archiv", Nr. 4/1977)

161 vgl. besonders den Leitartikel „Breschnjews Fälligkeiten" von Frane Barbieri in „Il Giornale Nuovo" (Mailand) vom 26.6.1975

162 pers. Stenogramm Eugenio Scalfaris vom 18.2.1978, veröffentlicht in „La Repubblica" v. 14.10.1978

163 Franca Magnani, in: Götz Hohenstein (Hrsg.), Der Umweg zur Macht – Eurokommunismus, München 1979, S. 76

164 Deutsche Übersetzung der Briefe in: Werner Raith, In höherem Auftrag. Der kalkulierte Mord an Aldo Moro, Berlin 1984

165 zit. nach Hansjakob Stehle, Ein Schweigen, das zählt, in: „Die Zeit" v. 28.1.1983

166 Nando Dalla Chiesa, Der Palazzo und die Mafia. Die italienische Gesellschaft und die Ermordung des Präfekten Dalla Chiesa, Köln 1985 (deutsche Übersetzung v. Werner Raith)

167 Christoph Bertram, Anstöße für Europa. Ein Gespräch mit Giulio Andreotti, in: „Die Zeit" v. 19.7.1985

168 vgl. Hansjakob Stehle, Ein Moralist, der die Ohnmacht kennt, in: „Die Zeit" v. 28.6.1985

169 Interview mit: „Der Spiegel", Nr. 34/1984, S. 93; vgl. zur breiteren Einordnung: Klaus Kellmann, Die Entführung und Ermordung des Aldo Moro. Terrorismus und Politik in Italien, in: „Die Neue Gesellschaft/Frankfurter Hefte", Nr. 3/1986, S. 232 ff., sowie M. Scarano und M. De Luca, Il mandarino marcio. Terrorismo e cospirazione nel caso Moro, Rom 1985

170 Original in: La politica e l'organizzazione dei comunisti italiani, Rom 1979
171 Heinz Timmermann, Moskau und die Linke in Westeuropa (II), in: „Osteuropa", Nr. 6/1980, S. 497
172 zit. nach Timmermann, Der „neue Internationalismus" der KPI - Zum außenpolitischen Programm der italienischen Kommunisten nach ihrem 15. Parteitag, in: „Osteuropa", Nr. 10/1979, S. 788 f.
173 Berlinguer, L'iniziativa del PCI in Europa e nel mondo, in: „l'Unita" v. 5.4.1980; deutsche Übersetzung nach Timmermann, Neue Tendenzen im europäischen Kommunismus, in: „Europa-Archiv", Folge 14/1980, S. 456
174 Michael Strübel, Neue Wege der italienischen Kommunisten. Zur Außen- und Sicherheitspolitik der KPI (1973-1981), Baden-Baden 1982, S. 161
175 zit. nach: Hansjakob Stehle, Italien: Späte Einsicht, in: „Die Zeit" v. 17.12.1980
176 Riflessione sui drammatici fatti di Polonia: Aprire una nuova fase della lotta per il socialismo (Überlegungen zu den dramatischen Ereignissen in Polen: Eine neue Phase des Kampfes für den Sozialismus eröffnen), Resolution der KPI-Führung in: „l'Unità" v. 30.12.1981, deutsch in: „Osteuropa", Nr. 6/1982, S. A 298 ff.
177 So wörtlich im Referat Berlinguers vor dem ZK („l'Unità" v. 12.1.1982) sowie im Interview des CGIL-Vorsitzenden Lama mit der „Rinascità" v. 18.12.1981
178 Timmermann, Die italienischen Genossen gehen auf Distanz - Zur jüngsten Kontroverse zwischen der KPI und der KPdSU, in: „Osteuropa", Nr. 6/1982, S. 443
179 in: „l'Unità" v. 7.1.1982
180 Norbert Leser, Eurokommunismus und Austromarxismus. Referat auf der Konferenz „Eurokommunismus zwischen den Blöcken" am 6. und 7.5.1982 in Laxenburg bei Wien, S. 8
181 Interview mit „l'Unità" v. 21.2.1982
182 ebenda
183 Karin Priester, Hat der Eurokommunismus eine Zukunft?, München 1982, S. 101
184 Antonio Bassolini in: „l'Unità" v. 21.2.1982
185 Die KPI als eigentlicher Verlierer der Wahl büßte zum ersten Mal seit Kriegsende Stimmen ein und sank von 34,4% 1976 auf 30,4%.
186 L'intervento di Berlinguer, in: „l'Unità" v. 5.11. 1979
187 Lily Elena Marx, Kommunistische Partei und Gewerkschaften in Italien, in: „Frankfurter Hefte", Nr. 1/1981, S. 30

188 Andreotti, Diari 1976–1979, Mailand 1981, S. 302

189 Angelo Bolaffi e Giacomo Marramao, Chi ha paura di Bad Godesberg?, in: „Rinascità", Nr. 37/1980

190 so Unità-Chefredakteur Alfredo Reichlin am 9.8. 1979, zit. nach Hansjakob Stehle, Kommunist ohne Selbstverleugnung?, in: „Die Zeit" v. 17.8.1979

191 deutsche Übersetzung nach: Timmermann, Die genetischen Mutationen der KPI – Italiens Kommunisten überwinden den „demokratischen Zentralismus", in: „Die Neue Gesellschaft", Nr. 5/1983, S. 454

192 ebenda, S. 455

193 „Nach dem 16. Parteitag der KPI – Bojan Grobovšek im Gespräch mit Giorgio Napolitano", in: „Europäische Rundschau", Nr. 3/1983, S. 103; sogar von konservativer Seite hieß es zur Stationierung der Raketen: „Die KPI ist imstande, Abstimmungen wochenlang hinauszuzögern, die Partei zu entnerven, die Regierung konfus und unentschlossen zu machen. Bei der Nachrüstungsdebatte geschah dies nicht. Man wollte es also nicht." (Franz Pahl, Italienische Ängste als Mittel der Politik in der Ost-West-Auseinandersetzung, Schriftenreihe der Gesellschaft für Deutschlandforschung, Bd. 17, West-Berlin 1986, S. 29–42, hier: S. 37.) Noch nach seiner ersten Kontaktaufnahme mit dem neuen KPdSU-Generalsekretär Gorbatschow im März 1986 erklärte der neue KPI-Vorsitzende Natta, „daß es ein unverzeihlicher, wirklich wesentlicher Fehler gewesen wäre ..., wenn wir nicht die Wahrheit zur Installation der SS-20 gesagt hätten ..." (zit. nach Hansjakob Stehle, Italiens schwierige Stabilität, in: „Europa-Archiv", Folge 20/1986, S. 583–590, hier: S. 586)

194 zit. nach Timmermann, Die italienischen Genossen gehen auf Distanz, a. a. O., S. 459

195 K. v. Beyme, Parteien in westlichen Demokratien, München 1982, S. 313

196 zit. nach Timmermann, Die KPI – Profil einer eurokommunistischen Partei, in: „Osteuropa", Nr. 6/1978, S. 520

197 Jens Petersen, Der italienische Kommunismus zwischen Reform und Revolution, in: „Politische Bildung", Nr. 1/1979, S. 57

198 vom 15.3.1985

199 Montanelli: „Il carissimo nemico", in: „Il Giornale Nuovo" v. 12.6.1984, deutsche Übersetzung nach: Manfred Steinkühler, Eurokommunismus – gescheiterte Strategie?, in: „Außenpolitik", Nr. 4/1985, S. 371–392, hier: S. 378 f.

200 erschienen: Frankfurt 1985

201 in: „Die Zeit" v. 18.4.1986; Luigi Vittorio Ferraris urteilt hierzu allerdings: „Das () Referendum steht ... für das Ende des kommunistischen Monopols über die Arbeiterklasse oder zeigt zumindest deren Fähigkeit zu ei-

ner kritischen Reaktion." (Ferraris, Staat und Gesellschaft in Italien: Kurze Betrachtungen zur Einführung in ein italienisches Problem, in: Manfred Hättich, Zum Staatsverständnis der Gegenwart, München 1987, S. 151-163, hier: S. 160)

202 Trautmann, Italien in den achtziger Jahren, in: „Aus Politik und Zeitgeschichte". Beilage zu der Wochenzeitung „Das Parlament", Nr. 8/1986, S. 28-46, hier: S. 37

203 Viktor Meier, In den Fesseln des Systems, FAZ v. 25.9.1985

204 vgl. Hansjakob Stehle, „Als Deutscher wäre ich in der SPD", in: „Die Zeit" v. 4.4.1986, mit Verweis auf: Aldo Schiavone, Per il nuovo PCI, Bari und Rom 1985/86; wichtig zur weiteren Einordnung sind die „vor Ort" erstellten Analysen: Aris Accornero, Renato Mannheimer und Chiara Sebastiani (Hrsg.), L'identità comunista. I militanti, le strutture, la cultura del PCI, Rom 1983 sowie Gianfranco Pasquino, Il partito comunista nel sistema politico italiano, in: ders. (Hrsg.), Il sistema politico italiano, Rom und Bari 1985

205 vgl. den Artikel „Die westeuropäische Option der KP Italiens. Ebnung des Wegs zur politischen Macht?", in: „Neue Zürcher Zeitung" v. 17.4.1986

206 „L'Unità" v. 23.6.1985, deutsche Übersetzung nach Steinkühler, Eurokommunismus - ..., a. a. O., S. 376 f.

207 Stehle in: „Die Zeit" v. 4.4.1986, a. a. O.

208 Giorgio Ruffolo, Weder Frosch noch Prinz - Die KPI nach ihrem Parteitag in Florenz, in: „Die Neue Gesellschaft", Nr. 8/1986, S. 737 ff., hier: S. 737

209 Manfred Steinkühler, Zum 17. Parteitag der italienischen Kommunisten, in: „Deutschland Archiv", Nr. 5/1986, S. 452 ff., hier: S. 455

210 Parteitagsthese Nr. 16, zit. nach Heinz Timmermann, Italiens Kommunisten zwischen Stagnation und Wandel - Die IKP nach ihrem 17. Parteitag vom April 1986, Berichte des Bundesinstituts ..., Nr. 35/1986, S. 27

211 Parteitagsthese Nr. 1, zit. nach Timmermann, a. a. O., S. 16

212 vgl. Timmermann, a. a. O., S. 18

213 in: „Die Zeit" v. 7.2.1986

214 zit. nach Manfred Steinkühler, Zum 17. Parteitag der italienischen Kommunisten, in: „Deutschland Archiv", Nr. 5/1986, S. 452 ff., hier: S. 453, Anm. 3

215 Heinz Timmermann, Der XXVII. KPdSU-Kongreß und das internationale kommunistische Parteiensystem, Berichte des Bundesinstituts für ostwissenschaftliche und internationale Studien, Nr. 16/1986, S. 8

216 vgl. für die originalen Belegstellen: „L'Unità" v. 12.3.1985, „Prawda" v.

16.10.1985 bzw. v. 26.2.1986, hier zit. nach: „Berichte des Bundesinstituts für ostwissenschaftliche und internationale Studien“, Köln, Nr. 16/1986, a. a. O., S. 43.

217 Minucci in „L‘Unità“ v. 20.4.1986

218 „La Stampa“ v. 11.4.1986, dazu übergreifend: Rolf Uesseler, Die neue Identität der italienischen Kommunisten, in: „Die Neue Gesellschaft“, Nr. 6/1986, S. 556 ff.

219 Interview mit „La Repubblica“ (Rom) v. 12.4.1986, zit. nach Timmermann, Der XXVII. KPdSU-Kongreß ..., a. a. O., S. 21

220 vgl. u. a. A. Accornero et al., L‘identità comunista, i militanti, le strutture, la cultura del PCI, Rom 1983

221 Timmermann, Kommunistische Parteien in Westeuropa: Programme, Strukturen, Perspektiven, Teil I: Italien, Frankreich, Spanien, Berichte des Bundesinstituts ..., Nr. 18/1985, S. 6

222 Timmermann, Demokratischer Zentralismus heute. Zur Diskussion über Organisationsprinzipien und Modellfunktion kommunistischer Parteien, Berichte des Bundesinstituts .., Nr. 54/1984, S. 15; vgl. als fundierte, zu einem gegensätzlichen Ergebnis kommende Studie: Renato Mieli et al., Il PCI allo specchio. Venticinque anni di storia del comunismo in Italia, Mailand 1983

223 vgl. Heinz Gärtner und Günter Trautmann, in: dies. (Hrsg.), Ein dritter Weg zwischen den Blöcken? Die Weltmächte, Europa und der Eurokommunismus, Wien 1985, S. 27, und Günter Trautmann, Italien - Eine Gesellschaft mit gespaltener Kultur, in: Peter Reichel (Hrsg.), Politische Kultur in Westeuropa, Bonn 1984, S. 220–261, hier: S. 257

224 in: „Die Neue Gesellschaft“, Nr. 3/1986, S. 205 ff.

225 „Ich wähle weder Gorbatschow noch Brandt“ - KPI-Generalsekretär Alessandro Natta über den Kurs seiner Partei und die Annäherung an die europäische Linke, in: „Der Spiegel“, Nr. 22/1986, S. 136

226 vgl. als Gesamtbild: Wolfgang Merkel, Die Sozialistische Partei Italiens. Zwischen Oppositionssozialismus und Staatspartei, Bochum 1985, sowie als jüngste Detailstudie: Dieter Boden, Italien unter Craxi: Neue Perspektiven der Stabilität?, in: „Beiträge zur Konfliktforschung“, Nr. 2/1986, S. 77–92

227 Trautmann in Reichel, a. a. O., S. 258

228 ebenda, S. 256

229 Stehle, Wechsel ohne Wende in Italien, in: „Europa-Archiv“, Folge 3/1984, S. 81–90, hier: S. 81

230 Theodor Wieser und Frederic Spotts, Der Fall Italien. Dauerkrise einer schwierigen Demokratie, Frankfurt/M. 1983; vgl. aber auch für andere Ge-

wichtungen und Urteile: Peter Fritzsche, Die politische Kultur Italiens, Habilitationsschrift, Frankfurt/Main und New York 1987, bes. S. 269!

231 Bracher, Die Krise Europas 1917-1975, Propyläen Geschichte Europas, Bd. 6, Berlin und Frankfurt/M. 1977, S. 380

232 Löwenthal, Was wird aus dem Eurokommunismus? Die Absetzbewegung von Moskau wurde nicht mit Macht belohnt, in: „Die Zeit" v. 22.6.1984

233 Original in: „Il Popolo" v. 12.2.1983, hier zit. nach Stehle, Wechsel ohne Wende ..., a. a. O., S. 210

234 in: „Die Neue Gesellschaft", Nr. 3/1986, S. 210

235 Beyme, Unregierbarkeit ..., in: „Leviathan", Nr. 1/1984, S. 39-50, hier: S. 48

236 Stehle, Wechsel ohne Wende, a. a. O., S. 81

237 Nando Dalla Chiesa, Der Palazzo und die Mafia, Köln 1985; treffend auch Luigi Vittorio Ferraris: „Man kann von einer Republik ohne Regierung, einem System, das ohne zu regieren überlebt, sprechen. Die Frage, ob in Italien überhaupt eine Regierung existiert, wird berechtigt gestellt, wobei sich daraus die Frage nach dem Unterschied zwischen ziviler und politischer Gesellschaft, zwischen dem Land der Menschen und dem Land der Politik ergibt. (...) Vielleicht kann man abschließend mit Gramsci sagen, daß ‚die Krise in dem Umstand besteht, daß das Alte stirbt, doch das Neue nicht geboren wird'." (Ferraris, Staat und Gesellschaft ..., a. a. O., S. 162 f.)

238 Roxane Sajuk, Die Französische Kommunistische Partei oder Die Unfähigkeit zum Wandel, in: „Die Neue Gesellschaft", Nr. 8/1983, S. 753-761, hier: S. 755

239 Jorge Semprun, Federico Sanchez, Hamburg 1978, S. 305

240 Georges Lavau, Die PCF zwischen dem politischen System und der Revolution, in: Adolf Kimmel (Hrsg.), Eurokommunismus - Die kommunistischen Parteien Frankreichs, Italiens, Spaniens und Portugals, Köln 1977, S. 40 f.

241 zit. nach Catherine Nay, Mitterrand - Anatomie einer Karriere (Original: „Le Noir et Rouge ou l'histoire d'une ambition", Paris 1984), aus dem Französischen von Christel Kauder und Hans-Joachim Hartstein, Zürich und Köln 1986, S. 391

242 zit. nach Nay, a. a. O., S. 393

243 Mitterrand, L'abeille et l'architecte, Paris 1978, S. 336

244 Heinz Timmermann, Demokratische Sozialisten, Eurokommunisten und der Westen, Berichte des Bundesinstituts ..., Nr. 1/1979, S. 51

245 Interview mit der westdeutschen Zeitschrift „Sozialismus", Nr. 4/1981, S. 10

246 Es ist abgedruckt in „Le Monde", v. 26.6.1981, deutsche Übersetzung in „Europa-Archiv", Folge 18/1981, S. D 487 f.

247 zit. nach „Dokumente", Nr. 4/1981, S. 397

248 „Construire le socialisme aux couleurs de la France", rapport et résolution - 24ème congrès du PCF, Paris 1982

249 „Der Spiegel", Nr. 13/1983, S. 134

250 Alfred Frisch, Die Verstaatlichungen - Zahl, Form, Motive, Methode. Weder Bürokratie noch Mitbestimmung, in: „Dokumente", Nr. 1/1982, S. 6-13, hier: S. 10

251 zit. nach Henrik Uterwedde, Sozialistische Wirtschaftspolitik auf dem Prüfstand, in: „Dokumente", Nr. 2/1983, S. 125-132, hier: S. 131; vgl. hierzu auch: ders., Internationalisierung und politischer Wandel in Frankreich 1974-1986, Stiftung Wissenschaft und Politik, Ebenhausen 1987

252 abgedruckt u. a. in: „Le Monde" v. 20.7.1984

253 in: „Die Zeit" v. 6.9.1985

254 in: „Die Zeit" v. 14.9.1984

255 Abdruck der Parteitagsreden u. a. in: „L'Humanité" v. 7.2.1985

256 vom 28.2.1985

257 vom 15.2.1985

258 vom 15.2.1985

259 vgl. Bodo Morawe, „Ein Gespenst geht um ..." - Zur Krise der französischen Kommunisten, in: „Dokumente", Nr. 2/1985, S. 134-142, hier: S. 134. In seinem Spiegel-Interview „Das ist eine Revolution in der Revolution" (Nr. 7/1987, S. 119-124) zieht Juquin den folgenden Vergleich: „Der Staat Machiavellis und des absoluten Königtums hat auf die Kommunistische Partei abgefärbt. Also wiederholt die Partei die Fehler des autoritären monarchischen Staates, sie wird selbst monarchisch und eine Art Staat." Juquin, der eine „gewisse Schuld" akzeptiert, daß er das „archaische System" der KPF über mehr als drei Jahrzehnte mitgetragen hat, geht davon aus, daß das Protestpotential etwa ein Drittel der Parteimitglieder umfaßt, während ein weiteres Drittel zur Führung hält und das letzte Drittel hin- und hergerissen ist. Am 31. Januar 1987 trafen sich 35 ranghohe Kommunisten aus 15 Regionalverbänden an einem geheimen Ort in Paris, um ein Manifest gegen Marchais auszuarbeiten. Kritisch war auch bereits die Analyse eines - distanzierten - KPF-Mitglieds: Michel Cardoze, Nouveau voyage à l'intérieur du Parti Communiste Français, Paris 1986; vgl. außerdem: Heinz Timmermann, Die Französische KP im Zeichen historischen Niedergangs und politischer Selbstisolierung, Berichte des Bundesinstituts ..., Nr. 19/1987

260 Paris 1985

261 „Die Zeit" v. 15.2.1985

262 „Die Zeit" v. 14.3.1986

263 ebenda

264 vgl. Alfred Grosser, Die „cohabitation" - mehr als ein Modewort. Die Diskussion um eine große Koalition à la française, in: Ernst Weisenfeld (Hrsg.), Frankreich 1986 - Jahr der Wende?, Bonn 1986, S. 12-15

265 so Gustave Stern, Das Ende der kommunistischen Versuchung?, in: „Die Neue Gesellschaft", Nr. 5/1986, S. 468; vgl. auch: Pierre Juquin, Autocritiques, Paris 1985

266 ebenda

267 Morawe, a. a. O., S. 137

268 vgl. Roger de Weck in: „Die Zeit" v. 28.3.1986

269 in: „Außenpolitik", Nr. 4/1985, S. 379; ein Fachmann wie Claus Leggewie („Der König ist nackt Ein Versuch, die Ära Mitterrand zu verstehen", Hamburg 1986, S. 66) geht nur von 110.000 KPF-Mitgliedern aus.

270 Morawe, a. a. O., S. 141

271 vom 8.2.1985

272 „Die Zeit" v. 10.8.1984

273 anders, wenn auch vom Inhalt der Aussage her nicht völlig abweichend: Karlheinz Reif, Parlamentswahlen in Frankreich 1986 - Neues Wahlrecht, neue Partei, neue Koalitionsmuster, in: „Zeitschrift für Parlamentsfragen", Nr. 4/1986, S. 484-501, bes. S. 489

274 Morawe, a. a. O., S. 142

275 Guy Hermet, Die kommunistische Partei Spaniens, in: Adolf Kimmel (Hrsg.), Eurokommunismus - Die kommunistischen Parteien Frankreichs, Italiens, Spaniens und Portugals, Köln und Wien 1977, S. 215

276 vgl. hierzu: Zdenek Mlynár, Nachtfrost. Erfahrungen auf dem Weg vom realen zum menschlichen Sozialismus, Köln und Frankfurt/M. 1978, S. 301

277 vgl. Walther L. Bernecker, Spaniens Geschichte seit dem Bürgerkrieg, München 1984, S. 220 f.

278 „Mundo Obrero" v. 26.1.1978, zit. nach Günter Trautmann und Helmut Richter (Hrsg.), Eurokommunismus. Ein dritter Weg für Europa, Hamburg 1979, S. 169

279 deutsch: Hamburg 1979

280 So betitelt Heinz Timmermann die zweite „aktuelle Analyse" des Bundesinstituts für ostwissenschaftliche und internationale Studien in Köln vom 23.1.1981.

281 Auszüge aus dem Entwurf der Habilitationsschrift im Besitz des Verf. (S. 253). Das Erscheinen ist für 1987/88 (Paderborn) vorgesehen.

282 „La Stampa" (Turin) v. 2.8.1981, zit. nach Manfred Steinkühler, Der Eu-

rokommunismus nach der Repression in Polen, in: „Außenpolitik", Nr. 4/1982, S. 346–370, hier: S. 365

283 So bezeichnete Azcárate sich selbst in „Der Spiegel", Nr. 25/1982, S. 125

284 ebenda, S. 126

285 vgl. für die (auszugsweisen) Übertragungen ins Deutsche bes. Steinkühler, a. a. O., S. 355 ff.

286 vgl. zur Gesamteinordnung: Michael Buse, Die neue spanische Demokratie: Entwicklungen von Parteiensystemen und Wählerorientierungen in Spanien seit dem Tode Francos (1976–1983), Baden-Baden 1984

287 zit. nach „Der Spiegel", Nr. 46/1982, S. 164

288 Nr. 46/1982

289 beide Zitate in: „Frankfurter Allgemeine Zeitung" v. 22.4.1985

290 52,5% Ja- zu 39,8% Nein-Stimmen

291 vom 3.3.1986

292 vgl. hierzu ausführlich: Harald Wilkens, Die spanischen „Arbeiterkommissionen" in der Krise – Zum III. Kongreß der KP-nahen Richtungsgewerkschaften, Berichte des Bundesinstituts …, Nr. 40/1984. Auf dem 3. CCOO-Kongreß vom Juni 1984 wurden 26 Mitglieder des Iglesias- und 14 des Carrillo-Flügels sowie acht Anhänger Gallegos in den Vorstand gewählt. Der CCOO-Vorsitzende Camacho hatte sich schon 1982 aus dem Vorstand der KPS zurückgezogen.

293 alle Zitate in: „Mundo Obrero" vom 16.–22.12.1983, zit. nach Manfred Steinkühler, Eurokommunismus – gescheiterte Strategie?, in: „Außenpolitik", Nr. 4/1985, S. 371 ff.

294 Interview mit der Zeitschrift „konkret", Nr. 9/1985, S. 15

295 zit. nach Timmermann, Kommunistische Parteien in Westeuropa, Teil I, Berichte des Bundesinstituts …, Nr. 18/1985, a. a. O., S. 45

296 Nr. 19/1985, S. 125

297 Eusebio Mujal-León, Decline and Fall of Spanish Communism, in: „Problems of Communism", Nr. 2/1985, S. 1–27, hier: S. 24

298 Die exakten Ergebnisse der 1986er Wahl: Sozialisten 44,1%, Konservative *(Alianza Popular)* 26%, Zentrum (UCD von Adolfo Suarez) 9,2%, Vereinigte Linke 4,6% und „Gruppe Carrillo" 1,1%.

299 „El País" v. 26.11.1985, zit. nach Heinz Timmermann, Spaniens Kommunisten: Aufstieg und Niedergang, Berichte des Bundesinstituts für ostwissenschaftliche und internationale Studien, Nr. 9/1987, S. 11

300 erstmals in diesem Wortlaut formuliert von Nicolás Sartorius, einem der beiden (damaligen) Vize-Chefs der KPS in: „El País" v. 18.6.1982, zit. nach Timmermann, a. a. O., S. 19

301 Interview mit dem „Expresso" vom 2. Juli 1977, zit. nach Arnold Hot-

tinger, Die Portugiesische Kommunistische Partei, in: Heinz Timmermann (Hrsg.), Die kommunistischen Parteien Südeuropas, Baden-Baden 1979, S. 213-256, hier: S. 235

302 Hottinger, ebenda, S. 223

303 Philippe Schmitter, Le Parti Communiste Portugais entre le „Pouvoir Social“ et le „Pouvoir Politique“, in: „Etudes Internationales“, Jahrg. 6 (1975), S. 375 (eig. Übersetzung)

304 so Soares, vgl. Anm. 301

305 Heinz Timmermann, Kommunistische Parteien in Westeuropa: Programme, Strukturen, Perspektiven, Teil II, Berichte des Bundesinstituts für ostwissenschaftliche und internationale Studien, Nr. 19/ 1985, S. 15

306 Candida Ventura, Sozialismus, wie ich ihn erlebte - Erfahrungen einer ehemaligen Funktionärin der Kommunistischen Partei Portugals, Bern 1986, S. 126; aufschlußreich ist es außerdem zu verfolgen, wie Candida Ventura das spätere Verhalten der PCP in der Revolution vom April 1974 mit der Machtergreifung Clement Gottwalds in der ČSSR 1948 vergleicht (S. 62).

307 vgl. Alex Macleod, Portrait of a Model Ally: The Portuguese Communist Party and the International Communist Movement, 1968-1983, in: „Studies in Comparative Communism“, Nr. 1/1984, S. 31-52, hier: S. 37

308 Arnold Hottinger, Die kommunistische Partei Portugals, in: Adolf Kimmel (Hrsg.), Eurokommunismus - Die kommunistischen Parteien Frankreichs, Italiens, Spaniens und Portugals, Köln und Wien 1977, S. 248-282, hier: S. 258

309 Dieter Briesemeister, Die Iberische Halbinsel und Europa. Ein kulturhistorischer Rückblick, in: Beilage zur Wochenzeitung „Das Parlament“, Nr. 8/1986, S. 26

310 zit. nach Hottinger in Kimmel, a. a. O., S. 255

311 Timmermann, a. a. O., S. 15

312 vgl. Timmermann, a. a. O., S. 20, und Tom Gallagher, The Portuguese Communist Party and Eurocommunism, in: „The Political Quarterly“, Nr. 2/1979, S. 205-218, hier: S. 206 f.

313 vgl. als frühe Zusammenfassung dieser Diskussion: Gerhard Wettig, Entspannungs- und Klassenpolitik - Das sowjetische Verhalten gegenüber Portugal, in: „Beiträge zur Konfliktforschung“, Nr. 1/1976, S. 77-138

314 Vgl. „Zeit magazin“, Nr. 23/1986, S. 55

315 Henning von Löwis of Menar, Portugal als Schauplatz kommunistischer Subversion. Das DDR-Engagement nach dem April-Putsch 1974, in: „Beiträge zur Konfliktforschung“, Nr. 2/1981, S. 33-58, hier: S. 45

316 vgl. André Thomashausen, Portugal, in: Frank Wende (Hrsg.), Lexikon der Parteien in Europa, a. a. O., S. 507

317 so die Schätzung der „Washington Post" vom 26.9. 1975, S. A 6
318 zit. nach Löwis of Menar, a. a. O., S. 52
319 zit. nach ebenda, S. 46
320 Rainer Eisfeld, Sozialistischer Pluralismus in Europa - Ansätze und Scheitern am Beispiel Portugals, Köln 1984, S. 58
321 nach Thomashausen, a. a. O., S. 509
322 zit. nach Eisfeld, a. a. O., S. 60
323 Hottinger in Timmermann, a. a. O., S. 229
324 zit. nach Eisfeld, a. a. O., S. 67
325 zit. nach ebenda, S. 121
326 vgl. Thomashausen, a. a. O., S. 509
327 vgl. Tad Szulc, Washington & Lisbon: Behind the Portuguese Revolution, in: „Foreign Policy", Winter 1975/76, S. 3
328 so Hottinger in Kimmel, a. a. O., S. 266
329 zit. nach Hottinger in Timmermann, a. a. O., S. 220, Anm. 19
330 zit. nach Hottinger in Kimmel, a. a. O., S. 268
331 vgl. Eisfeld, a. a. O., S. 59
332 vgl. Fernando Pereira Marques, Die Linke und der Kampf um Demokratie in Portugal, in: Baumgarten (Hrsg.), a. a. O., S. 130–148, hier: S. 137
333 nach Horst Bieber, An der Freiheit gescheitert - In Spanien wie in Portugal hatten die Kommunisten keine Chance beim Wähler, in: „Die Zeit" v. 11.4.1986 (Klammerzusatz von mir, K. K.)
334 Hottinger in Kimmel, a. a. O., S. 269
335 Thomashausen, a. a. O., S. 509
336 vgl. Eisfeld, a. a. O., S. 96
337 deutsche Übersetzung nach Günter Schröder (Hrsg.), Portugal - Materialien und Dokumente, 3. Bd., Gießen 1976, S. 159 f. u. S. 164 f.
338 Hottinger in Kimmel, a. a. O., S. 269
339 zit. nach Schröder, a. a. O., 1. Bd., Gießen 1975, S. 91 ff.
340 vgl. Eisfeld, a. a. O., S. 130
341 deutsche Übersetzung nach „Sollen wir das portugiesische Drama ignorieren?", in: „Frankfurter Rundschau" v. 27.8.1975, S. 10; Original: Luca Pavolini, „Ancora sull' Portogallo", in: „l'Unità" v. 29.7.1975
342 zit. nach Hottinger in Kimmel, a. a. O., S. 271
343 Löwis of Menar, a. a. O., S. 45
344 ebenda, S. 46
345 Cunhal, zit. nach Eisfeld, a. a. O., S. 189
346 vgl. „Der Spiegel", Nr. 9/1986, S. 196, und „Frankfurter Allgemeine Zeitung" v. 11.2.1986
347 vgl. Hottinger in Timmermann, a. a. O., S. 224

348 Hottinger in Kimmel, a. a. O., S. 279; vgl. auch Thomashausen, a. a. O., S. 509

349 Klaus Hornung, Sozialismus und Kommunismus in Griechenland - Innenpolitisches Kräftefeld und außenpolitische Optionen, in: Veen/Oberndörfer (Hrsg.), Sozialistische und kommunistische Parteien ..., Bd. 1, a. a. O., S. 267-345, hier: S. 281

350 Heinz Richter, Griechenlands Kommunisten, in: Heinz Timmermann (Hrsg.), Die kommunistischen Parteien Südeuropas, a. a. O., S. 257-308, hier: S. 259

351 ebenda, S. 263

352 ebenda

353 Leonhard, Eurokommunismus - Herausforderung für Ost und West, Neuausgabe, München 1980, S. 318

354 zit. nach Leonhard, a. a. O., S. 320 f.

355 zit. nach Richter in Timmermann, a. a. O., S. 278

356 Richter in Timmermann, a. a. O., S. 293

357 „Die Zeit" v. 29.3.1985

358 zit. nach Andreas Kohlschütter, Bellen, ohne zu beißen, in: „Die Zeit" v. 19.10.1984

359 Heinz Richter, Die PASOK unter Andreas Papandreou, Teil I: Struktur, Programm, Einflußzonen, Aktuelle Analysen des Bundesinstituts für ostwissenschaftliche und internationale Studien, Nr. 3/1985, S. 8

360 Richter in Timmermann, a. a. O., S. 300

361 zit. nach „Der Spiegel", Nr. 23/1986, S. 127

362 Guy Hermet und Jean-François Bayart, Die Kommunistische Partei der Türkei, in: Timmermann (Hrsg.), Die kommunistischen Parteien Südeuropas, a. a. O., S. 383-405, hier: S. 383

363 Ahmet Samim, Die Tragödie der türkischen Linken, in: Ömar Seven (Hrsg.), Türkei zwischen Militärherrschaft und Demokratie, Hamburg 1984, S. 147-183, hier: S. 151

364 in: Klaus-Detlev Grothusen (Hrsg.), Türkei (= Südosteuropa-Handbuch, Bd. IV), Göttingen 1985, S. 99

365 ebenda

366 Hermet/Bayart, a. a. O., S. 383

367 ebenda, S. 397

368 in: Grothusen, a. a. O., S. 324

369 Samim in Seven, a. a. O., S. 154

370 ebenda, S. 175

371 Hermet/Bayart, a. a. O., S. 399

372 Nr. 12/1987, S. 168

373 Hermet/Bayart, a. a. O., S. 393

374 ebenda, S. 395

375 Anna Focà, Zyperns Kommunisten und die zypriotische Gesellschaft, in: Timmermann (Hrsg.), Die kommunistischen Parteien Südeuropas, a. a. O., S. 347–381, hier: S. 347

376 zit. nach ebenda, S. 349

377 zit. nach ebenda

378 ebenda, S. 361

379 vgl. ebenda, S. 364

380 zit. nach ebenda, S. 354

381 ebenda

382 Th. W. Adams, AKEL – The Communist Party of Cyprus, Stanford 1971, S. 192, zit nach Focà, a. a. O., S. 354 f.

383 Heinz Richter, Der griechisch-türkische Konflikt und die Haltung der Sowjetunion, Berichte des Bundesinstituts für ostwissenschaftliche und internationale Studien, Nr. 8/1987, S. 13

384 So wie dies auch Focà, a. a. O., S. 369, tut.

385 Arnold Hottinger, Das ungelöste Zypern-Problem, in: „Europa-Archiv", Folge 2/1986, S. 51–58, hier: S. 56

386 zit. nach Focà, a. a. O., S. 371

387 vgl. ebenda

388 vgl. Richter, a. a. O., S. 16 u. S. 51

389 Hottinger, a. a. O., S. 51

390 Focà, a. a. O., S. 373

391 ebenda, S. 347

392 vgl. Hottinger, a. a. O., S. 53

393 „Neue Zürcher Zeitung" v. 3.7.1987

394 Martelli und Occhetto, zit. nach Hansjakob Stehle: Ein neues großes Haus der Linken?, in: „Die Zeit" v. 10.7.1987

395 Ernst Bloch, Der Faschismus als Erscheinungsform der Ungleichzeitigkeit, in: ders., Erbschaft dieser Zeit, Neuausgabe Frankfurt a. M. 1962, S. 104–132

396 Wolfgang Leonhard, Dämmerung im Kreml, Stuttgart 1984, S. 225

397 Karl Dietrich Bracher, Zeit der Ideologien – Eine Geschichte politischen Denkens im 20. Jahrhundert, Stuttgart 1982, S. 363 f.

398 Karl Dietrich Erdmann, Einführung zu: Klaus Kellmann, Pluralistischer Kommunismus? – Wandlungstendenzen eurokommunistischer Parteien in Westeuropa und ihre Reaktion auf die Erneuerung in Polen, Stuttgart 1984, S. 12

399 Richard Löwenthal, Nach dem Tod Enrico Berlinguers - Was wird aus dem Eurokommunismus?, in: „Die Zeit" v. 22.6.1984, S. 5
400 vgl. dazu mit bibliographischen Angaben: Pierre Hassner, Postwar Western Europe: The Cradle of Eurocommunism, in: R. L. Tökés (Hrsg.), Eurocommunism and Détente, New York 1978, S. 64 f.
401 Anton Pelinka, Sozialdemokratie und Eurokommunismus. Zur Unmöglichkeit einer inhaltlichen Abgrenzung, in: Heinz Gärtner und Günter Trautmann (Hrsg.), Ein dritter Weg zwischen den Blöcken? Die Weltmächte, Europa und der Eurokommunismus, Wien 1985, S. 167-178, hier: S. 175
402 Egbert Jahn, Eurokommunismus und Osteuropa. Eine spannende Konzeption gesamteuropäischer Politik, in: Gärtner/Trautmann, a. a. O., S. 43-64, hier: S. 45
403 Hermann von Berg, Die Analyse. Die Europäische Gemeinschaft - das Zukunftsmodell für Ost und West, Köln 1985, vgl. auch den Abschnitt „Eurokommunismus" (Verf. Ignacio Sotelo) in: Iring Fetscher und Herfried Münkler (Hrsg.), Pipers Handbuch der politischen Ideen, Bd. 5, München und Zürich 1987, S. 468 ff.
404 Manfred Steinkühler, Eurokommunismus - gescheiterte Strategie?, in: „Außenpolitik", Nr. 4/1985, S. 381
405 André Gorz, Abschied vom Proletariat. Jenseits des Sozialismus, Frankfurt/Main 1980
406 Richard Löwenthal, Das Ausbleiben der Revolution in den Industriegesellschaften, in: „Historische Zeitschrift", Nr. 1/1981, S. 1-24
407 vgl. Klaus Kellmann, Pluralistischer Kommunismus?, a. a. O., S. 346
408 Vgl. ebenda, S. 347
409 Heinz Timmermann, Moskau und die Eurokommunisten, Berichte des Bundesinstituts für ostwissenschaftliche und internationale Studien, Nr. 5/1979, S. 24
410 zit. nach „Die Zeit" v. 14.3. und 25.4.1986
411 so auch „Die Zeit" v. 25.4.1986
412 Christian Schmidt-Häuer in „Die Zeit" v. 18.4.1986
413 vgl. Alexander Dallin, in: Heinz Timmermann (Hrsg.), Kommunistische Weltbewegung heute - Divergierende Positionen repräsentativer Parteien, Berichte des Bundesinstituts ..., Nr. 40/1986, S. 102 und 105
414 Heinz Timmermann, Gorbatschow, die „Eurolinke" und die SED, in: „Deutschland Archiv", Nr. 3/1987, S. 285-292, hier: S. 288
415 vgl. die dpa-Meldung „China bricht mit der These von der ‚einen reinen Lehre'", abgedruckt u. a. in den „Kieler Nachrichten" v. 17.6.1986
416 vgl. Alexander Dallin, a. a. O., S. 98
417 Régis Debray, Les empires contre l'Europe, Paris 1985, S. 181

418 Enzo Bettiza, Il mistero di Lenin, Mailand 1982, S. 13, zit. nach Manfred Steinkühler, Eurokommunismus – gescheiterte Strategie?, in: „Außenpolitik", Nr. 4/1985, a. a. O., S. 381 f.
419 Dallin, a. a. O., S. 98
420 vgl. für exakte bibliographische Angaben Kevin Devlin in: Timmermann (Hrsg.), Kommunistische Weltbewegung heute, a. a. O., S. 59, Anm. 7
421 vgl. Timmermann in: ders., Kommunistische Weltbewegung heute, a. a. O., S. 14
422 zit. nach Timmermann, Kommunistische Weltbewegung heute („Kurzfassung")
423 vgl. „l'Unità" v. 14.9.1986
424 „Prawda" v. 30.5.1986, zit. nach Timmermann, Gorbatschow, die „Eurolinke" ..., a. a. O., S. 289
425 Timmermann, Gorbatschow ..., a. a. O., S. 290; Klammerzusatz von mir, K. K.
426 vgl. die dpa-Meldung „Gorbatschow: Afghanistan ist nicht Einfluß-Sphäre der UdSSR", abgedruckt u. a. in den „Kieler Nachrichten" v. 21.5.1987
427 „la Repubblica" v. 15.9.1986, wiedergegeben in: Heinz Timmermann, Die sowjetische Westeuropapolitik unter Gorbatschow, Berichte des Bundesinstituts ..., Nr. 15/1987, S. 22
428 vgl. Timmermann, Die sowjetische Westeuropapolitik unter Gorbatschow, a. a. O., S. 23, Anm. 40
429 Löwenthal, Nach dem Tod Enrico Berlinguers, a. a. O.
430 Steinkühler, Eurokommunismus – gescheiterte Strategie?, a. a. O., S. 371

VII
Grundlegende Literatur

Baumgarten, Jürgen (Hrsg.): Linkssozialisten in Europa - Alternativen zu Sozialdemokratie und Kommunistischen Parteien, Hamburg 1982

Beyme, Klaus von: Parteien in westlichen Demokratien, München 1982

Bracher, Karl Dietrich: Die Krise Europas 1917-1975, Propyläen Geschichte Europas, Bd. 6, Berlin und Frankfurt am Main 1977

Carrillo, Santiago: „Eurokommunismus" und Staat, Hamburg 1977; Original: ‚Eurocomunismo' y Estado,Madrid 1977

Gärtner, Heinz, und Trautmann, Günter (Hrsg.): Ein dritter Weg zwischen den Blöcken? Die Weltmächte,Europa und der Eurokommunismus, Wien 1985

Kellmann, Klaus: Pluralistischer Kommunismus? - Wandlungstendenzen eurokommunistischer Parteien in Westeuropa und ihre Reaktion auf die Erneuerung in Polen, Stuttgart 1984

Leonhard, Wolfgang: Die Dreispaltung des Marxismus, Düsseldorf und Wien 1970

ders.: Eurokommunismus - Herausforderung für Ost und West, München 1978, Neuausgabe 1980

Meyer, Thomas, et al. (Hrsg.): Lexikon des Sozialismus, Köln 1986

Priester, Karin: Hat der Eurokommunismus eine Zukunft?, München 1982

Richter, Helmut, und Trautmann, Günter (Hrsg.): Eurokommunismus - Ein dritter Weg für Europa?, Hamburg 1979

Rühle, Hans, und Veen, Hans-Joachim (Hrsg.): Sozialistische und kommunistische Parteien in Westeuropa, Bd. 1: Südländer, Bd. 2: Nordländer, Opladen 1978 und 1979

Steinkühler, Manfred: Eurokommunismus im Widerspruch, Köln 1977

Timmermann, Heinz (Hrsg.): Die kommunistischen Parteien Südeuropas - Länderstudien und Queranalysen, Baden-Baden 1979

ders.: Kommunistische Parteien in Westeuropa: Programme, Strukturen, Perspektiven. Teil I und II, Berichte des Bundesinstituts für ostwissenschaftliche und internationale Studien, Köln, Nr. 18 und Nr. 19/1985

Wende, Frank (Hrsg.): Lexikon zur Geschichte der Parteien in Europa, Stuttgart 1981

VIII
Mitgliederbestand und Vorsitzende der kommunistischen Parteien Westeuropas

Land	kommunistische Partei(en)	Vorsitz	Zahl der Mitglieder
Italien	KPI (eurokommunistisch-linkssozialistisch)	Alessandro Natta	1,65 Mio.
Frankreich	KPF (orthodox)	Georges Marchais	ca. 200 000
Portugal	PCP (orthodox)	Alvaro Cunhal	ca. 200 000
Spanien	KPS (eurokommunistisch-linkssozialistisch)	Gerardo Iglesias	ca. 50 000
	PCPE (orthodox)	Ignacio Gallego	ca. 20 000
	PCEMR (orthodox)	Santiago Carrillo	keine Angaben
Bundesrepublik Deutschland	DKP (orthodox)	Herbert Mies	50 000
Griechenland	KKE (extern) (orthodox)	Charilaos Florakis	40 000
	KKE (intern) (linkssozialistisch-eurokommunistisch)	Leonidas Kyrkos	12 000
Finnland	Volksdemokratische Union (eurokommunistisch)	Arvo Aalto	20 000
	Demokratische Alternative (orthodox)	Taisto Sinisalo	8 000
Schweden	Vänsterpartiet Kommunisterna (eurokommunistisch)	Lars Werner	16 000
	Arbeiterpartei Kommunisten (orthodox)	Rolf Hagel	5 000

(Fortsetzung)

Land	kommunistische Partei(en)	Vorsitz	Zahl der Mitglieder
Großbritannien	CPGB (eurokommunistisch)	Gordon McLennan	16 000
	NCP (orthodox)	Eric Trevet	ca. 400
Österreich	KPÖ (orthodox)	Franz Muhri	12 000
Norwegen	SV (eurokommunistisch)	Reidar Larsen	10 500
	NKP (orthodox)	Hans Kleven	2 000
Zypern	AKEL (außenpolitisch: orthodox, innenpolitisch: eurokommunistisch-linkssozialistisch)	Ezekias Papaioannou	10 000
Niederlande	CPN (unbestimmt)	Elli Izeboud	10 000
Belgien	PCP/CPB (wieder überwiegend orthodox)	van Geyt	10 000
Dänemark	DKP (orthodox)	Ole Sohn	10 000
	SF (eurokommunistisch)	Gert Petersen	5 500
Schweiz	Partei der Arbeit (weitgehend orthodox)	Armand Magnin	4 500
Island	Arbeiterbund (eurokommunistisch)	Svavar Gestsson	2 000
Türkei	KPT (orthodox)	Haydar Kutlu	2 000
Luxemburg	LKP (orthodox)	René Urbany	600
Irland	CPI (orthodox)	James Stewart	300

Quellen: Bundesinstitut für ostwissenschaftliche und internationale Studien, Köln; Yearbook of International Communism, Washington, und eigene Angaben der Parteien

IX
Verzeichnis der benutzten Abkürzungen

ADF	Aktion Demokratischer Fortschritt (linke Splitterpartei, Bundesrepublik Deutschland)
ADGB	Allgemeiner Deutscher Gewerkschaftsbund
AIK	Informationskomitee der Arbeiterbewegung (Norwegen)
AKEL	Anorthotikon Komma Ergazomenou Laou, „Fortschrittspartei des Werktätigen Volkes“ (Zypern)
AP	Alianza Popular (konservative Partei, Spanien)
APK	Arbeiterpartei Kommunisten (Schweden)
APU	Aliança Povo Unido, „Allianz Vereintes Volk“ (kommunistisches Wahlbündnis, Portugal)
ARA	Acção Revolucionária Armada, „Revolutionäre Bewaffnete Aktion“ (linke paramilitärische Terrororganisation, Portugal)
CCOO	Comisiones Obreras (kommunistisch orientierte Gewerkschaft, Spanien)
CDE	Commissão Democrática Eleitoral, „Demokratische Wählervereinigung“ (kommunistisches Wahlbündnis, Portugal)
CDU	Coligação Democrática Unitária (kommunistisch dominierte Wahlallianz, Portugal)
CEUD	Comissão Eleitoral da União Democrática, „Wählervereinigung der Demokratischen Einheit“ (sozialistisches Wahlbündnis, Portugal)
CGIL	Confederazione Generale Italiana Lavoratori (sozialistisch-kommunistische Gewerkschaft, Italien)
CGT	Confederação Geral do Trabalho (anarcho-syndikalistische Gewerkschaft, Portugal)
CGT	Confédération Générale du Travail (kommunistisch orientierte Gewerkschaft, Frankreich)
CGTP-IN	Confederação Geral dos Trabalhadores Portugueses – Intersindical Nacional (kommunistisch orientierter Gewerkschaftsbund, Portugal)

CIA	Central Intelligence Agency (Geheimdienst der Vereinigten Staaten von Amerika)
COPCON	"Kommando Portugal Kontinent" (Oberkommando über alle in Portugal stehenden Militäreinheiten in der Revolutionsphase 1974/75)
CPGB	Communist Party of Great Britain
CPI	Communist Party of Ireland
CPN	Communistische Partij Nederland
DC	Democrazia Cristiana (Italien)
DDR	Deutsche Demokratische Republik
DFU	Deutsche Friedens-Union (linke Splitterpartei, Bundesrepublik Deutschland)
DIKO	Demokratische Partei (Zypern)
DISK	Konföderation revolutionärer Arbeitergewerkschaften (Türkei)
DISY	konservative Partei (Zypern)
DGB	Deutscher Gewerkschaftsbund
DKP	Dänische Kommunistische Partei
DKP	Deutsche Kommunistische Partei
DNA	Det Norske Arbeiderparti (gegründet 1887, Norwegen)
EAM	Nationale Befreiungsfront (gegründet 1941, Griechenland)
EDA	Eniaia Dimokratiki Aristera, „Vereinigte Demokratische Linke" (sozialistisch-kommunistisches Wahlbündnis, Griechenland)
EDEK	Eniéa Dimokratiki Enosis Kéntru, „Vereinigte Demokratische Zentrumsunion" (sozialistische Partei, Zypern)
EG	Europäische Gemeinschaft
EKA	linksorientierter Bauernverband (Zypern)
EOKA	terroristische Befreiungsorganisation auf Zypern gegen die englische Besatzungsherrschaft
EWG	Europäische Wirtschaftsgemeinschaft
FDJ	Freie Deutsche Jugend (DDR)
GSEE	Allgemeiner Bund der Arbeiter Griechenlands (Gewerkschaftsorganisation)
IG	Interessengemeinschaft
IKP	s. KPI
KBW	Kommunistischer Bund Westdeutschlands
K-Gruppen	Kommunistische Gruppen
KKE	Kommunistikó Kómma Elládas, Kommunistische Partei Griechenlands

KKE (intern)	Kommunistische Partei Griechenlands (eurokommunistisch-linkssozialistische)
KKE (extern)	Kommunistische Partei Griechenlands (orthodox-moskauorientiert)
KKW	Kernkraftwerk
Kominform	Kommunistisches Informationsbüro (1947 gegründet)
Komintern	Kommunistische Internationale (1919 gegründet), auch „Dritte Internationale"
KP	Kommunistische Partei
KPD	Kommunistische Partei Deutschlands
KPD/ML	Kommunistische Partei Deutschland/Marxisten-Leninisten (gegründet 1968)
KPDÖ	Kommunistische Partei Deutschösterreichs (1918–1920)
KPdSU	Kommunistische Partei der Sowjetunion
KPF	Kommunistische Partei Frankreichs
KPFi	Kommunistische Partei Finnlands
KPI	Kommunistische Partei Italiens
KPÖ	Kommunistische Partei Österreichs
KPS	Kommunistische Partei der Schweiz (1921–1944)
KPS	Kommunistische Partei Spaniens
KPT	Kommunistische Partei der Türkei
KSZE	Konferenz über Sicherheit und Zusammenarbeit in Europa
KZ	Konzentrationslager
LKP/PCL	Letzeburger Kommunistesch Partei/Parti Communiste Luxembourgeois
MDP	Movimento Democrática Português, „Portugiesische Demokratische Bewegung" (kommunistisch orientiertes Wahlbündnis)
MFA	Movimento das Forças Armadas, „Bewegung der Streitkräfte" (Portugal)
MUD	Movimento de União Democrática, „Bewegung der demokratischen Einheit" (kommunistisch orientierte Tarnorganisation in Portugal, gegründet 1945)
NATO	North Atlantic Treaty Organisation
NCP	New Communist Party (Großbritannien, gegründet 1977)
ND	Nea Demokratia (konservative Partei, Griechenland)
NKP	Norges Kommunistiske Parti (Norwegen)
NSDAP	Nationalsozialistische Deutsche Arbeiterpartei
NUM	National Union of Miners (britische Bergarbeitergewerkschaft)

PASOK	Panellinio Sosialistiko Kinima, „Panhellenische Sozialistische Union“ (Griechenland)
PCB/CPB	Parti Communiste de Belgique/Communistische Partij van Belgie
PCE	Partido Comunista de España, s. KPS
PDF	Parti Communiste Français, s. KPF
PCI	Partito Comunista Italiano, s. KPI
PCP	Partido Comunista Português
PCPE	Partido Comunista de los Pueblos de España (orthodoxe Splitterpartei, Spanien)
PCEMR	Partido Comunista de España Marxista Revolucionario (kommunistische spanische Splitterpartei Santiago Carrillos)
PdA	Partei der Arbeit, KP der Schweiz
PEO	linksorientierter Gewerkschaftsverband (Zypern)
PKP	s. PCP
PRD	Partido Renovador Democrático, „Partei der Demokratischen Erneuerung“ (linksorientiert, Portugal)
PS	Partido Socialista (Portugal)
PS	Parti socialiste (Frankreich)
PSD	Partido Social Democrata (liberalkonservativ, Portugal)
PSOE	Partido Socialista Obrero Español (Spanien)
PSUC	Partit Socialista Unificat de Catalunya (formal autonome kommunistische Partei Katalaniens)
RAF	Rote Armee Fraktion
RFFU	Rundfunk-Fernseh-Film-Union (Bundesrepublik Deutschland)
RPR	Rassemblement pour la République (gaullistische Partei, Frankreich)
SBZ	Sowjetische Besatzungszone
SDAJ	Sozialistische Deutsche Arbeiterjugend (Jugendorganisation der DKP)
SDI	Strategic Defense Initiative
SDP	Sosialdemokraattinen Puolue (Sozialdemokratische Partei, Finnland)
SED	Sozialistische Einheitspartei Deutschlands
SF	Sozialistische Volkspartei (Norwegen)
SF	Sozialistische Volkspartei (Dänemark)
SKDL	Suomen Kansan Demokraattinen Liitto, „Demokratischer Bund des Finnischen Volkes“ (kommunistisch gesteuerter Wahlverband)

SKP	Sveriges Kommunistika Parti (Schweden)
SKP	Suomen Kommunistinen Puolue (Finnland)
SPD	Sozialdemokratische Partei Deutschlands
SPÖ	Sozialistische Partei Österreichs
SSV	Sveriges Socialdemokratiska Vänsterparti (Schwedische Sozialdemokratische Linkspartei, bestand von 1917–1921)
SV	Sosialistik Venstreparti (sozialistische Linkspartei, gegründet 1975, Norwegen)
TIP	Türkiye Isçi Partisi, Türkische Arbeiterpartei (sozialistisch-kommunistisch)
Türk-Is	regierungsfreundlicher Gewerkschaftsbund der Türkei
UCD	Union de Centro Democrática, Demokratisches Zentrum (Spanien)
UDF	Union pour la démocratie française (giscardistische Partei, Frankreich)
UdSSR	Union der Sozialistischen Sowjetrepubliken
UGT	União Geral dos Trabalhadores, „Generalunion der Arbeiter“ (sozialistisch orientierte Gewerkschaft, Portugal)
UGT	Unión General de Trabajadores (sozialistisch orientierte Gewerkschaft, Spanien)
UIL	Unione Italiana dei Lavoratori (sozialistisch orientierte Gewerkschaft, Italien)
UNO	United Nations Organisation
US	United States (of America)
USIA	Uprwljenje Sowjetskowo Imuschtschestwa Awstrij (der sowjetischen Militärverwaltung unterstellte Betriebe in der sowjetischen Besatzungszone Österreichs)
USPD	Unabhängige Sozialdemokratische Partei Deutschlands
VPK	Vänsterpartiet Kommunisterna, „Linkspartei Kommunisten“ (Schweden)
VS	Venstresocialisterne Partiet (linkssozialistische Partei, gegründet 1967, Dänemark)
ZK	Zentralkomitee

X
Personenregister